KB098095

내 그림자에 **빛**이 들어오기 시작했다

내 그림자에
빛이 들어오기 시작했다

A Light in the Dark

어느 정신분석학자의 꿈 일기

김서영 지음

생각속의집

수동에서 능동으로

약함에서 강함으로

닫힘에서 열림으로

주변에서 중심으로

마침내

그림자에서 빛으로

꿈이라는 나의 소중한 보물창고

추천의 말

누군가의 신간을 기다리며 이렇게 설레본 적이 있었을까. 김서영의 글은 내게 너무 소중해서 내가 잠깐이라도 잘못 만지면 어디선가 불이 확 나거나 피가 흐를 것처럼 조마조마해진다. 내가 추천사를 써서 이 책의 의미가 조금이나마 왜곡되면 어떡하나 하는 두려움이 생길 정도로 가슴 시리게 그녀의 글을 사랑하는 나를 발견했다. 설렘이 자꾸만 사라져가는 시대, '세상이 원래 그렇지 뭐', '내가 노력해봤자 무슨 소용이 있겠어'라는 체념에 익숙해지는 시대에 김서영의 글은 '그럼에도 우리가 희망을 잃지 않아야 하는 이유'를 온몸으로 증명한다. 김서영 작가에게 『내 무의식의 방』 속편은 언제 나오냐고 늘 묻고 싶었는데, 내 간절한 물음을 향한 답장이 비로소 도착한 느낌이다.

'왜 아무도 나를 도와주지 않는 걸까'라는 질문으로 스스로를 괴롭히는 사람이라면, 이 책을 통해 '나 자신의 무의식'이라는 최고의 호위무사가 당신을 지켜주고 있음을 발견하게 될 것이다. 매일 밤,

우리를 찾아오는 온갖 꿈들이야말로 무의식이라는 비밀창고에 숨어 있는 수많은 인류의 지혜를 실어 나르는 아름다운 메신저이니까.

용감하게 자신의 온갖 슬픔과 상처로 가득 찬 꿈이라는 비밀창고를 열어 보이는 김서영이라는 눈부신 안내자를 통해 당신의 꿈은 비로소 '그냥 잊어버려도 되는 개꿈'이 아니라 '그 어떤 순간에도 포기할 수 없는 나 자신의 무한한 잠재력'이 들어 있는 보물섬의 지도임을 알게 될 것이다. 이 책을 통해 당신의 꿈, 당신의 무의식이야말로 바로 세상에서 가장 소중한 희망의 보물창고였음을 온몸으로 깨닫게 될 것이다.

– 정여울, 『나를 돌보지 않는 나에게』, 『오직 나를 위한 미술관』 저자

내 안의 환상 공간을 찾아서

프롤로그

저는 제 안에 두 개의 서로 다른 모습들을 가지고 있습니다. 밝고 맑고 힘찬 모습과 어둡고 우울하고 비참한 모습, 이 두 가지의 모습 중 늘 밝은 모습이 어두운 모습을 가려 덮고 있었던 것 같아요. 그런데 어느 순간, 절망이 점점 더 큰 소리로 제 안에서 이야기하기 시작했고, 전 그동안 쌓아온 모든 것들이 다 사라지는 듯한 허탈감을 느꼈습니다. 이상한 건 바로 이때 비로소 어떤 변화가 시작되었다는 거예요. 그리고 마침내 다시 삶의 방향으로 나아갈 수 있게 되었죠. 그 여정 속에서 꿈의 기록들이 어떻게 저를 도와주었는지, 어떻게 제가 꿈과 소통했는지 보여드리고 싶어요. 꿈과의 대화 속에서 제가 어떻게 근본적인 콤플렉스를 들여다보고 제 태도의 문제를 인식하는지, 어떤 꿈의 세부들이 제 현실을 바꾸어주는지 한 번 관찰해보세요.

아주 개별적인 꿈들이지만, 정신분석은 언제나 개별적이고 고유한 경험 속에서 보편적 진실에 관해 이야기합니다. 꿈은 제가 좋아하는 기억과 대상과 사람과 공간을 선물하기도 하는데, 그 선물 같은 세부들이 제게 힘을 주게 됩니다. 그건 저만의 이야기가 아니에요. 싫은 걸 좋다고 말할 수 없고, 불합리한 걸 정상이라고 말할 수 없죠. 우린 다 알아요. 내가 뭘 좋아하는지, 내가 언제 편안하게 느꼈는지 나 자신이 제일 잘 알고 있습니다. 몸이 힘들고 마음이 아프다면, 그건 정상적인 게 아닙니다.

가장 편안한 공간, 가장 나다운 그 장소를 우리는 '환상 공간'이라고 부를 수 있습니다. 지금 이 순간, 제 환상 공간은 바로 이곳, 제 컴퓨터 앞이에요. 여기서 시공을 초월하여 독자들과 만나고 있거든요. 지금은 밤 11시 45분이고 방 안에 혼자 있지만, 저는 여러분과도 함께 있답니다. 공상과학 영화 같죠. 저는 여기도 있고, 저기도 있어요. 그렇게 만들어주는 신비한 공간, 그게 환상 공간이에요. 우리의 이야기는 거기서 시작됩니다.

정신분석에서 환상은 현실의 편에 존재합니다. 현실에서 안 되는 게 환상에서 이루어지는 게 아니라, 현실 속에서 출구를 찾을 수 있게 돕는 게 바로 환상입니다. 환상 공간이란 나만의 공간, 내가 좋아하는 공간, 내가 꿈꿀 수 있는 공간을 뜻합니다. 그 반대편에 빅브라더가 감시하는 감옥 같은 공간이 있을 거예요. 그냥 명령에 따라야 하는 곳, 심지어 불합리한 명령도 일상이 되는 곳, '나', '내 삶'이 사라지는 곳이 있다면, 반대편에는 나다워지는 곳, 내 잠재력이 발휘되는 공간, 내가 힘을 받는 장소가 있겠죠. 영화 〈트루먼 쇼〉에서 주인공은 처음부터 끝까지 계속 피지에 가야 한다고 말합니다. 피지는 그가 사랑하는 여인이 있는 곳인데, 피지가 바로 환상 공간이에요.

그가 행복해지는 곳, 그를 기쁘게 만드는 장소죠. 이 환상 공간이 있기에 그가 모든 것을 견디며 앞으로 나아갑니다. 나 자신이 될 수 있는 곳은 어디든 '환상 공간'이라고 부를 수 있습니다.

환상 공간은 우리를 보호하고 우리를 우리답게 만들어주며, 우리가 쉴 수 있는 보금자리를 제공하기도 합니다. 누군가 내 환상 공간에 침입하여 내가 좋아하는 것들을 짓밟는다면 그것은 폭력입니다. 슬라보예 지젝이라는 철학자는 정신분석의 윤리를 '타인의 환상 공간에 침입하지 않는 것'이라고 정의합니다. 콤플렉스는 내가 나 자신을 해치게 하거나 내 환상 공간을 나 스스로 파괴하게 만들기도 합니다. 까치가 집을 짓듯 내가 사랑하는 것들을 하나씩 물어 와 내 환상 공간을 꾸며야 하는데, 우리는 가끔 그 대신, 내가 아끼는 걸 다 부숴버린 후, 나를 황무지에 던져놓고 그 상태로 방치하죠.

환상 공간에서 보호받는 내가 있다면 그 반대편, 카프카적인 어둠 속에 있는 나도 있습니다. 후자는 우리의 '그림자'입니다. 꿈은 우리가 그림자와 이야기를 나누어야 한다고 말합니다. 그리고 언젠가 그림자를 내 환상 공간에 초대할 수 있어야겠죠. 그 절망과 우울을 가로지르지 않는다면, 나는 내 환상 공간을 지어내고 지켜낼 수 없습니다. 밝은 모습 아래 길게 늘어져 있는 그림자가 어떻게 지내고 있는지, 왜 그렇게 악을 쓰고 분노하고 치를 떨고 있는지, 그의 이야기를 들어보아야 합니다. 물론 내 그림자를 만나는 장소는 '꿈'입니다.

진정한 어른은 아마도 타인의 환상 공간을 지어줄 수 있는 사람, 그들의 환상 공간을 지켜줄 수 있는 사람일 거예요. 그들은 멘토의 얼굴, 영웅의 얼굴로 우리를 찾아옵니다. 그리고 자신들의 환상 공간을 우리에게 나누어주죠. 환상 공간에 진입하면 우리는 그림자의 이야기가 결코 절망과 우울의 산물만이 아니었으며, 그것이 오히려 찬란한 삶의 기록이었다는 것을 이해하게 됩니다. 빛과 어둠이 함께 내 환상 공간을 만들고, 그 속에서 우리는 온전한 나 자신으로서 내 이야기를 시작할 수 있게 됩니다. 이제 뭔가를 가려 덮지 않아도 돼 요. 온 마음을 다하여 소원의 길을 걸으면 됩니다. 그 길 위에서 마음이 맞는 사람들을 만나고, 친구가 되고, 함께 여행하게 되겠죠. 행복한 삶의 이야기가 그렇게 시작됩니다.

절망에서 희망으로, 무기력에서 계획으로, 증오에서 이해로, 분노에서 고요함으로 나아갈 수 있게 제 여정을 응원해 주신 모든 분들께 감사의 말씀을 올립니다. 제가 전해드리는 꿈 이야기가 내 환상 공간 속에서 온전한 나 자신이 되어가는 독자들의 여정에 조금이라도 도움이 될 수 있었으면 좋겠습니다.

2024년 2월 21일
김서영 드림

이 책의 구성 *

　2부 주제별 꿈 분석은 2004년부터 2023년까지의 꿈 일기들을 주제별로 모아 구성하였다. 『내 무의식의 방』을 쓸 때는 꿈을 해석하는 것이 가능하다는 걸 말하고 싶었다. 그런데 이번에 책을 시작하면서 제일 강렬하게 떠오른 이미지는, 너무나 자주 내 꿈의 배경이 되는, 물이었다. 나는 우선 물의 이미지가 나온 꿈들을 추린 후, 각각의 꿈 분석에 나타난 삶의 흐름에 따른 변화를 관찰했다. 그리고 꿈과의 대화 속에서 조금씩 성찰해 나가며 나 자신이 되어가는 여정이 물의 변화와 함께 제시된다는 걸 확인했다.

　20년 정도의 꿈들을 펼쳐 놓았을 때, 가장 눈에 띄는 것은 마음속 어둠이 표출되는 방식이었다. 의식적으로 알지 못했을 때도 내 마음은 죽음과 관련된 상이나 닫힌 공간의 이미지를 보여주었고, 내가 온전한 나 자신이 아닐 때는 꿈속에서조차 내가 주인공이 아니었다. 나는 죽음에서 삶으로 나아가는 여정과 닫힌 공간이 변해가는 과정, 그리고 다른 사람의 이야기에서 내 이야기로 꿈의 중심이 이동하는 변화를 강조하고 싶었다. 마지막으로 내 콤플렉스를 넘어 진정한 관계를 맺을 수 있게 되는 과정을 담고, 어떻게 내 삶의 이야기가 온전히 펼쳐질 수 있게 되었는지 그 여정을 이야기했다.

프로이트는 "우리를 움직이는 유일한 것은 소원이다"라고 말했다. 소원이 없다면 우리는 움직이지 않는다. 시간이 멈추고, 문이 닫히고, 사람이 사라지고, 내가 내 삶 속에서조차 엑스트라가 될 때도 우리가 그 어둠 어딘가에서 '소원'의 한 자락을 붙잡고 있다면, 다시 일어나 어두운 건물의 문을 열고 나갈 수 있게 된다. 삶을 시작하고 사람을 만나고 움직여 나갈 수 있게 된다. 멈추었던 시간이 흐르고, 나 같은 것한테는 오지 않을 듯했던 미래가 가능해진다.

물론 꿈은 발달 단계처럼 한번 극복하면 다시 돌아가지 않아도 되는 영역이 아니다. 그보다는 삶과 같아서 힘든 일들이 생기고, 다시 기가 죽고, 또 갇히게 되기도 한다. 그러나 꿈과의 대화를 지속하며 성장하고 있었다면, 그 전보다 쉽게 다시 일어설 수 있다. 삶의 에너지가 쌓이며 주위에 사람들이 나타나고, 그들의 삶과 내 삶이 융합되며 그 전과는 비교할 수 없을 정도로 내 삶의 기운이 강해진다.

＊　이 책은 개인 블로그(www.lacan.kr)에 기록한 내용들과 2023년에 발표한 아래 세 논문의 내용을 중심으로 구성되었다.

1. 김서영, (2023.10) 「프로이트 전집의 재해석: 삶의 예술 해석학으로서의 정신분석학」, 『현대유럽철학연구』 71호, 한국하이데거학회, 157-193.

2. 김서영, (2023.10) 「정신분석학과 문학치료학의 융합 가능성에 대한 고찰: 꿈 분석 실천과 서사 이론을 중심으로」, 『문학치료연구』 69집, 한국문학치료학회, 9-50.

3. 김서영, (2023.09) 「정신분석적 꿈 분석의 대중화를 위하여: ChatGPT-4, Midjourney, Runway, Gen-1, Gen-2, D-ID, Clova Dubbing을 이용한 꿈 그림 그리기를 중심으로」, 『문화와융합』 제45권 9호, 한국문화융합학회, 761-777.

꿈이 한 줄이거나 아주 희미한 이미지 한 컷인 경우도 많다. 그런 꿈들 역시 프로이트의 말대로 그 속에 책 한 권을 쓸 수 있을 만큼 많은 정보가 담겨 있다. 단어 하나 또는 이미지 한 컷만 떠올려도 그 속에 엄청난 양의 이야기가 들어 있다는 것이다. 이 경우에도 분석의 방법은 같은데, 그게 정말 가능할지 궁금해할 독자들을 위해 마지막 부분에 짧은 꿈들을 함께 담아 보았다.

이 책은 1부 '거꾸로 달리는 말' 꿈에서 시작하여, 3부 '바닷가 여행' 꿈으로 끝난다. 제일 기억하고 싶은 두 개의 꿈을 앞, 뒤에 배치했다. 여는 꿈이 내 삶의 방향을 바꿔준 선물이라면, 닫는 꿈은 소원의 길을 밝혀주며 내 미래를 축복해준 응원이었다. 마지막으로 4부 부록에는 꿈 분석과 관련한 못다 한 이야기들을 모아보았다. 우선 꿈을 기록하고 분석하는 과정을 적었고, 이 책에 기록된 모든 꿈들을 함께 볼 수 있는 꿈 지도도 만들어 보았다. 또한 꿈과의 오랜 대화 속에서 꼭 만나고 싶었던 인물에게 소원의 편지를 썼다.

꿈 분석은 내 이야기를 나 자신에게 돌려주는 작업이며, 사라진 이야기를 듣기 위해 꿈속에서 나 자신을 만나는 여정이다. 우리는 불편한 이야기를 마음 밖으로 추방하지만, 꿈은 우리가 잃어버린 이야기들을 다시 우리에게 되돌려준다. 꿈속으로 들어가 그 속에서 나를 만나고, 내 이야기를 듣는 과정에서 우리는 과거와 현재를 융합할 수 있게 되며, 그 순간 우리가 붙들고 있던 소원 한 자락이 빛을 발하며 우리를 미래로 안내한다. 이렇게 과거, 현재, 미래가 이어지는 가운데 내 삶이 전진하게 된다.

꿈을 정리하며 새롭게 보이는 것들이 너무 많았다. 꿈 일기를 그대로 옮기는 것만으로는 그 변화를 제대로 강조할 수 없어서 2023년 현재의 시점에서 가끔 개입하여 해석을 추가했다. 그 이후에 이야기가 어떻게 전개되는지 설명한 부분들도 있다. 그래서 갑자기 시간이 미래로 흐르는 경우들도 있는데, 전체의 변화 과정을 요약하는 것이 더 효과적이라고 판단했을 때, 반복하여 강조하고 싶은 부분이 있는 경우, 이렇게 시간을 넘나들기도 했다. 이때, 괄호 속에 현재의 목소리를 담았다. 그 중심에는 변화의 과정이 있다. 꿈과 현실이 소통하며 변화가 가능해지고, 이 변화 속에서 삶으로, 관계로, 미래로 나아가는 여정이 가능해진다.

차례

엉성한 목재 다리: 이상한 조합 • 알모도바르의 영화: 내가 좋아하는
것 • 푸른 바다: 재미있는 일 • 타이타닉호: 침몰 • 창문 없는 건물:
나를 만나러 가는 길 • 해운대 탈의실: 융합과 변신 • 다리 밑 작은
동물들: 내면의 힘 • 물의 길: 지혜로운 문제 해결 • 서커스 초대와
물놀이: 2시간 5분 동안 놀기 • 검은색 지갑: 제일 중요한 것 • 도개
교: 구조를 기다리는 사람들 • 다른 행성: 되찾은 보석 • 해파리: 나
만의 환상 공간 • 내 결혼식: 태도의 전환

Part 3. 소원의 길을 걷다

Part 1

나만의 길을 찾아서

꿈의 조언을 들으며

소원의 길을 걷다

꿈의 조언이 필요한 시간

꿈은 신비롭다. 꿈이 모든 걸 다 알고 있다는 생각이 들 때는 창피하기도 하고 놀랍기도 하다. 나는 가려 덮고 포장하느라 분주한데, 꿈은 모든 걸 공개한다. 정신분석 이론가로서 내가 가장 먼저 해야하는 작업은 바로 이런 꿈의 힘을 알리는 것이 아닐까? 프로이트가 『꿈의 해석』을 쓰며 목표로 삼았던 일 역시 꿈의 힘과 역할을 대중에게 알리는 것이었다. 물론 이 목표를 성취하기 위해서는 용기가 필요하다. 꿈이라는 게 너무나 개인적인 기록이기 때문이다. 프로이트는 꿈 이야기를 할 때 용기가 필요하다는 말을 여러 번 반복한다.

꿈을 녹음하고 기록하고 분석하고 해석하는 과정을 반복하면 우리는 이 여정 속에서 나 자신을 만날 수 있게 된다. 꿈은 나 자신을 대면하는 만남의 공간이다. 내 절망이 존중받지 못하고, 나를 이해하는 사람이 아무도 없이 혼자 남겨졌을 때조차 꿈은 대화할 수 있는 친구가 되어준다. 꿈을 기록하며 확신하게 된 한 가지는 꿈과의 대화 속에서 우리가 변화할 수 있다는 것이다.

돌아보면, 과거의 나 자신이 답답하게 보이기도 한다. 왜 "싫어"라고 해야 할 때 "네"라고 했을까? 왜 "하지 마!"라고 소리 질러야할 때 아무도 신경 쓰지 않는 깊은 한숨 속에서 그냥 "그럴게요"라고 답했을까? 나를 지키지도 못했고, 솔직하지도 못했고, 성숙하지도 않았다. 물론 최선을 다해 살았지만, 온전한 나로서 말하고 생각하고 행동하기보다는 눈치를 보고, 다른 사람들의 기준에 맞추고, 혼자 생각하며 무리한 결정들을 했던 순간들이 많았다. 열심히 살았다고 생각했는데, 10년 전의 내가, 5년 전의 내가, 그리고 작년의 내가 안쓰럽게 보인다. 그런 통찰이 가능해졌다는 건, 꿈과의 대화 속에서 내가 변하고 있다는 뜻이 아닐까? 매 순간 조금씩 온전한 내 모습에 가까워지고 있다는 뜻이 아닐까?

꿈을 만날 수 있는 용기

꿈 분석은 심각한 과정이다. 꿈이, 내 안에서 늘 나를 좌지우지하는 콤플렉스를 만나는 장소이기도 하기 때문이다. 꿈을 분석하는 건 해볼 만한 과정이지만, 사실 제일 어려운 건 용기를 내는 것이다. 꿈이 보여주는 걸 거침없이 분석하고, 그 의미를 이해한 후, 꿈의 메시지에 따라 현실을 조금씩 바꾸어가는 과정은 '솔직함'과 '용기'가 없이는 가능하지 않다. '그래, 난 원래부터 이걸 싫어했어', '난 늘 그게 좋았어', '난 늘 네가 그렇게 할 때 지긋지긋했어', '이게 바로 내가 원했던 거야', '너는 한 번도 나를 존중한 적이 없어'와 같은 생각은 삶의 모든 걸 뒤바꾸는 발언이다. 그냥 모른 척하고 지나치면 또 하루가 살아질 텐데, 굳이 분석하고 이해하고 생각해서 바꿀 필요가 있을까? 너무 시끄러워지지 않을까? 구구절절 설명도 해야 하고, 문제들이 발생하고, 수습도 해야 하지 않나. 그래서 아예 안 보는 게 낫겠다고 판단할 때도 많다.

늘 뭔가가 어긋나 있고, 조금 불편하고, 항상 뭔가를 참고 있지만 그냥 그대로 살았던 시간이 꽤 오래다. 그러나 내가 나 자신이 아니고, 그 때문에 내 삶이 행복하지 않다면, 진짜 나와 맞는 사람들, 온 마음을 다해 사랑할 수 있는 사람들, 뜻을 모아 뭔가를 함께할 수 있는 사람들을 찾는 것이 거의 불가능하다. 내가 나 자신에게조차 거짓말을 하고 있는 상황에서는 신명 나게 함께 놀 사람을 만나는 것도 어렵다. 그렇게 되면 인생은 그냥 참는 것, 견디는 것의 연속이 된다. 누군가를 돕거나, 좋은 일들을 함께하는 것도 거의 불가능하다. 안 보고, 안 듣고, 말도 안 하고 사는데 그런 상황에서 내 소원의 길을 찾는 건 쉬운 일이 아니다.

이런 난감한 상황에서도 꿈은 내게 새로운 기회들을 선물한다. 꿈과의 대화 속에서 꿈이 "저 사람 놓치면 안 돼"라고 말할 때가 있다. "꼭 저기 가봐. 너 지금 거기 가고 싶은 거야"라고 말하거나, "저 사람 조심해"라고 경고할 때도 있다. 꿈은 나를 온전한 나 자신으로 만들어주는 사람을 보내주기도 하고, 내가 화를 내야 하는 사람을 내 앞에 데려다 놓기도 한다. 새로운 사람들을 만날 때, 새로운 단체에 소속될 때, 꿈을 들여다보면, 내 마음이 어떻게 느끼고 있는지, 그 사람들과의 만남이 내 안에서 어떤 역할을 하는지 알 수 있게 되기도 한다. 이렇게 꿈은 삶의 지도를 펼쳐 보여준다. 문제도 보여주고,

이와 함께 대안도 제시한다.

꿈 분석은 재미있는 과정이기도 하다. 꿈과 현실의 상호소통 속에서 나 자신이 계속 변화하기 때문이다. 풀 한 포기 없는 황무지에 있다가도, 현실에서 내게 기쁨을 주는 사람들을 만나거나 그들과 함께 행복한 일들을 하면, 바로 꽃이 피고 신들이 나타나고 황금이 벽을 타고 쏟아져 내린다. 그런 선물 같은 꿈들은 따로 모으고 간직할 필요가 있다. 떠올리는 것만으로도 에너지가 차오르는 꿈들이 함께 모여 있으면 그 힘이 더욱 강력해진다.

나를 새롭게 분석하다

당장 힘든 부분, 지금 문제가 되는 삶의 태도 등은 쉽게 꿈에 드러난다. 꿈의 조언에 따라 현실 속에서 조금씩 삶을 개선해 나가면 꿈도 함께 바뀐다. 물론 더욱 근본적인 이야기들, 더 큰 문제들은 이해하는 데 시간이 오래 걸리기도 한다. 이 문제들을 대면하고 해결하게 될 때까지 꿈과 삶은 어딘가 부자연스럽게 전개된다. 내 경우 그 문제들 중 하나는 정신분석의 해석에 관련된 것이었다.

2018년까지 책도 쓰고 강연도 많이 하며 열심히 활동했는데, 2019년부터 2022년까지는 모든 것들이 느려졌다. 그동안은 책 작업을 할 수도 없었다. 건강 문제를 비롯하여 여러 문제가 있었지만 그중 가장 큰 문제는 내가 정신분석에 회의를 느끼고 있었다는 사실이었다. 프로이트를 반복해서 정독할수록 성 이론에 대한 반감이 점점 더 커져만 갔다. 나는 늘 내가 중요하게 생각하는 부분들을 중심으로 정신분석을 해석했었는데, 갑자기 불편한 부분에 대한 비판도 함께 해야 한다는 생각이 강하게 밀려왔다. 성 이론에 초점을 맞추지 않으면 된다고 말하는 대신, 그런 불편함 자체에 관해서도 이야기했어야 한다는 생각이 들었다. 프로이트 전집에는 분명히, 받아들일 수 없는 성 이론들이 담겨 있다. 마음이 복잡했다. 거의 아무 작업도 하지 못하고 시간을 보냈는데, 이 시기를 거치며 내가 나 자신이 될 수 있게 만들고, 이 문제를 해결할 수 있도록 도운 건 꿈과의 대화였다. 꿈을 통해 나는 새로운 사실들을 알게 되었고, 내가 그 지점들에 초점을 맞추기 시작하며 2022년에서 2023년까지 이전과는 눈에 띄게 다른, 근본적인 태도의 변화들이 일어났다. 그리고 뿌옇던 세상이 맑아지는 듯한 느낌이 들었을 때 책 작업들을 시작했다. 내 삶에 이런 엄청난 변화를 이끌어낸 꿈을 빨리 독자와 공유하고 싶었다.

꿈을 체험하고 꿈과 소통하며 대화의 결과를 현실에 반영하는 작업은 나 자신을 이해하는 여정이다. 현실의 작은 세부들이 바뀌면서 꿈도 함께 변화해 나가고, 다시 말을 걸어오는 꿈의 이야기에 귀를 기울이며 움직여 나가는 과정에서 우리는 눈앞의 어두운 베일이 걷히는 듯한 경험을 하게 된다. 이 여정에서 나는 내가 늘 조금 불편한 상태였다는 걸 깨닫게 되었다. 계속 전진하고 있는 줄 알았는데, 그냥 제자리걸음이었던 순간이 많았다. 가끔은 모든 것을 잃은 듯한 허탈함을 느꼈고, 그 상태에서 새로운 작업을 시작하는 것은 불가능했다. 몸도 이런 마음에 동조하듯 여기저기 건강 문제가 생기기 시작했고, 병원을 방문했을 때 의사들은 각각의 질병에 대하여 그 어느 것도 처음으로 되돌릴 수는 없다고 말했다. 더 나빠지지 않기 위해서는 관계와 일과 공부를 모두 재정비할 필요가 있었다. 그렇게 이번에는 다소 심각한 분위기에서 꿈과의 대화가 시작되었다.

힘들어 보이는 사람이 다가오면 나는 무장이 해제되곤 한다. 도와야겠다는 생각 뿐, 그 이외에 다른 계산이나 판단은 하지 않는다. 그리고 늘 내 능력 이상을 발휘하려다 몸이나 마음을 다치게 된다. 나는 그걸 '선의'라고 불렀는데, 지금 생각해보면 그건 증상이었다. 다른 사람의 문제라기보다는 내 근본적인 태도와 콤플렉스의 문제였다. 그 사람과 거리를 두거나 그의 요구를 거절하면 되는데, 나는 왜 나를 보호하지 못했던 걸까? 이 근본적인 질문에서 시작하여 나를 새롭게 분석하기 시작했다. 그리고 이번에는 더 근본적인 문제까지 대면하겠다고 다짐했다.

이와 같은 반복은 내 근본적인 구조에서 비롯된 문제였다. 여기서 주제어는 '어머니'다. 이런 상황에서 꿈은 악을 쓰듯 내게 이 문제에 대해 알려주는데, 나는 꿈의 이야기를 듣지 않고 있었다. 문제가 없다고 우기니, 문제도 꿈도 반복될 수밖에 없었던 것이다.

2014년에 출간한 『내 무의식의 방: 프로이트와 융으로 분석한 100가지 꿈 이야기』가 내 마음속 대극들을 통합해 가며 의무밖에 없던 삶에서 소원을 깨닫는 삶으로 변화해 나가는 기록이었다면, 『내 그림자에 빛이 들어오기 시작했다: 어느 정신분석학자의 꿈 일기』는 근본적인 문제와의 대결에 대한 기록이다. 융은 우리가 콤플렉스를 가지고 있는 것이 아니라 콤플렉스가 우리를 가지고 있는 것이라고 설명했다. 우리를 움직이는 것, 우리 속에서 우리도 모르게 소리 지르고 우리를 놀라게 만드는 것, 우리가 우리의 의지와 다르게 말하고 행동하고 생각한 후, 사죄하고 후회하고 자책하고 죄책감을 느끼게 만드는 바로 그것이 콤플렉스다. 프로이트는 충분히 깊이 꿈을 분석해 들어가면 항상 그 사람에게 제일 문제가 되는 부분을 대면하게 된다고 말했다. 꿈은 바로 그 지점까지 나를 이끌어주었다.

꿈은 나보다 '나'를 더 잘 알고 있다

꿈을 분석할 때 쉽게 보이는 문제들이 있는 반면, 시간을 오래 보낸 후에야 보이는 부분들도 있다. '내가 또 똑같은 바보짓을 했네', '내가 사람을 밀어내고 있네', '내가 눈치를 너무 보고 있네'와 같은 문제들은 꿈 몇 조각을 통해 쉽게 통찰할 수 있다. 그러나 그런 반복 자체에 관한 이야기는 오랜 시간 꿈을 모으고, 꿈들을 충분히 깊게 분석하고, 용기 있게 모든 것을 바라보겠다는 결심을 하지 않고서는 잘 드러나지 않는다. 그 부분까지 가면 아픈 이야기들이 올라오기 때문이다. 그냥 덮는 게 낫지 않나. 그래서 '또 그 태도 때문이네'라고 생각하면서도, 그 태도가 어디서 온 건지 질문하지 않고 그냥 거기에서 분석을 멈추게 되는 경우가 많다. 물론 의식적으로 하는 일은 아니다. 분명히 최선을 다하고 있지만, 사실 마음속 깊은 곳에서는 현실이 무너지는 게 무섭고, 이미지를 구기는 게 싫고, 문제를 대면할 용기가 없어서 자신에게 아주 견고한 거짓말을 하고 있는 상황이다. 이 순간이 바로 우리에게 꿈이 필요한 시간이다.

얼마 전, 카모메 그림책방에서 강연을 하며 프로이트의 꿈 사례 하나를 함께 살펴보았다. 사례에 등장하는 동생은 늘 언니의 말에

순종하고 언니의 눈치를 보며 자신의 욕망을 제거한 채 살아가는 사람이었다. 사례를 소개할 때 동생의 태도와 독립의 가능성에 관한 이야기도 나누었는데, 강연이 끝난 후 참여자 선생님들과 대화를 하던 중 나는 느닷없이 "장녀들은 다 불쌍해요"라고 말해버렸다. 사례와 맞지 않는 코멘트를 한 후, 어떻게 수습해야 하나 당황했고, 그 다음 시간에 이 문제 자체를 주제로 토론을 했었다. 이 과정에서 나는 나 자신에 대해 조금 더 이해할 수 있었는데, 그 이야기는 어머니와 관련된 서사에서 비롯된 것이었다. 나는 장녀인 어머니, 외할머니를 잃은 후 동생들의 어머니 역할을 했던 내 어머니에 대해 이야기하고 있었던 것이다.

나는 늘 어머니에 관해 이야기하고 있었던 것 같다. 누굴 만나도, 무엇을 해도, 늘 어머니라는 주제어는 내 삶의 한가운데 있었다. 프로이트에게 삶의 키워드는 '아버지'였다. 그가 뭘 쓰건, 무슨 말을 하건, 어떤 주제를 다루건 그 중심에는 늘 '아버지'가 있었다. 그의 작업은 아버지를 이해하고 아버지와 화해하는 여정이기도 했다.

분명히 상황이 좋아지는데, 모든 게 나아지고는 있는데, 관계 속에서 증상처럼 반복되는 문제들은 여전히 내 삶을 어렵게 만들었다. 꿈의 조언을 듣고, 현실의 세부들을 바꾸어가며 몸과 마음을 챙기려고 노력하는데, 내 안에는 여전히 풀리지 않는 어떤 문제가 있었다. 그 '무엇인가'를 찾지 않는다면 진정 행복한 삶으로의 여정이 순탄할 수 없었다. 꿈은 아직 내가 답을 찾지 못했다는 걸 알려주고 있었다. 나는 꿈속에서 죽어 있고, 갇혀 있고, 고립되어 있었다. 삶의 답을 찾기 위해 나는 다시 한번 어젯밤 꿈을 방문했다. 꿈은 나 자신이 나를 아는 것보다 나를 훨씬 더 잘 아는 친구이며, 언제나 문제에 대한 답을 가지고 있다. 풀리지 않는 콤플렉스를 만났을 때, 우리는 이 지점에서 꿈이 제시하는 문제를 용기 있게 바라보고, 어젯밤 꿈과 함께 그 답을 찾는 여정을 시작해야 한다.

내 안에서 들리는 목소리

오랜 꿈과의 소통 속에서 내가 알게 된 것은 내 삶이 그리 행복하지 않았다는 것이다. 그걸 인정하지 않으려고 그렇게 애를 쓴 게 아니었을까? 그 이야기에서 문제를 풀어갈 때 비로소 온전한 나 자신이 되는 여정이 시작될 수 있을 것이라는 생각이 들었다. 꿈은 내가 얼마나 불안한지, 얼마나 괴로운지 알려주고 있었다. 꿈이 마치 이렇게 말하는 것 같았다: "네가 어떻게 하고 있는지 아니? 한번 둘러 봐. 아무것도 안 보이지? 그게 어둠이야. 지금 어둠 속에 앉아 있잖아. 뭘 해야겠니? 문을 찾아야지. 그리고 열고 나가야지. 사람도 없지? 고립되어 있잖아. 너 그때 생각 나? 난 네가 그렇게 웃는 건 처음 봤어. 그게 네가 좋아하는 건데, 기억 안 나? 너 그 사람 기억해? 그 사람이 네게 이렇게 해주었었지? 정말 고마웠었잖아. 그 사람은 이게 필요한 것 같던데. 그거 너한테 있는 거잖아. 갖다주면 좋아할 텐데. 문만 열고 나가면 사람들이 가득해. 네 삶은 어머니의 이야기가 아니야. 네 이야기지. 네 이야기를 쓸 수 있을 때 어머니도 더 잘 돌봐드릴 수 있어. 넌 지금 행복하지 않아. 문제가 뭔지 알겠니?"

꿈이 이렇게 아는 척을 하면 웃음밖에 나오지 않는다. 내 안에 이런 놈이 들어 있다니. 그런데 꿈의 말이 다 맞다. 더울 때 땀을 흘리고, 상한 음식을 먹으면 토하듯이, 심리적으로 자극이 되었던 부분은 늘 내 안에서 소리 지르고 있었다. 너무 좋았던 것, 너무 싫었던 것, 이상했던 것, 기대했던 것, 그 기대가 좌절되었던 경험은 모두 자극들이다. 그런 자극들이 모여 만든 이야기가 바로 꿈이다. 나는 이게 일상이라 생각하며 포기해도, 꿈은 "이거 싫어, 저거 좋아, 이건 안 돼, 저 사람 미워, 나 저 사람 좋아"라고 소리 지른다. 그렇게 꿈은 우리를 진짜 삶으로 이끌어준다. 조금 용기를 내야 할 것 같다. 꿈이 보여주는 모든 걸 보고, 꿈이 들려주는 모든 이야기를 듣자. 내가 제일 먼저 떠올려야 하는 건, 어머니와 내게 익숙한 '시체 얼굴'이다.

시체 얼굴에 작별을 고하며

내가 고등학교에 다닐 때도 우리 집은 연탄을 땠다. 엄마 몸에는 늘 뜨거운 연탄집게에 덴 자국이 있었고, 연탄을 갈고 들어오시면 항상 끔찍한 기침을 시작하셨다. 장롱 쪽으로 앉으셔서 머리를 장롱에 대고 한 손으로는 가슴을 쥔 상태로 기침을 하셨는데, 그 장면에서 언제나 나는 마치 서너 살 아이처럼 무력하게 엄마 옆에 앉아 있다. 마음에 남아 있는 또 다른 기억이 있다.

어느 날 저녁이었는데, 엄마가 위경련으로 안방에서 배를 잡고 뒹굴기 시작하셨다. 엄마의 비명에 할머니가 들어오셨다. 나는 도움을 요청하려고 문 쪽으로 뛰어갔는데 할머니께서 막으셨다. 할머니는 두 손으로 내 가슴을 밀며 나를 방 쪽으로 내치시더니 창호지 문을 닫으셨다. 그러고는 나를 무섭게 쏘아보시며 가만히 있으라고 윽박지르셨다. 10살 무렵이었던 것 같다. 엄마는 계속 비명을 질렀고, 할머니는 수건을 말아 엄마 입에 재갈처럼 물리셨다. 엄마는 몸을 이리저리 뒤틀었는데, 할머니는 그런 엄마 위로 이불을 덮고는 엄마가 이불을 밀어낼 때마다 계속 이불 끝을 곱게 다시 정리하셨다. 이상하게 나는 소리를 낼 수도 움직일 수도 없었다. 아무리 생각해도 그게 잘 이해되지 않는다. 왜 나는 아무것도 하지 못했을까? 한참이 지나 엄마가 조용해졌다. 엄마 얼굴은 보이지 않았다. 옆으로 누우셨는데 엄마를 덮은 불룩한 이불만 보였다. 할머니가 나가시고 난 후 엄마 옆에 누워 이불을 껴안았는데, 오른쪽 팔을 끝까지 뻗어도 엄마가 다 안아지지 않았다. 반대쪽으로 누우셔서 엄마의 머리도 얼굴도 보이지 않았다. 미동이 없었다. 엄마가 죽었으면 어쩌나 걱정했던 것 같다. 그렇게 엄마의 등에 붙어 잠이 들었었나 보다. 아침에 눈을 뜨니 엄마가 빠져나간 자리만 남아 있었다. 부엌에서는 밥 짓는 냄새가 났다. 새벽이라 푸른빛이었는데, 부엌으로 가니 밥을 하는 엄마의 뒷모습이 보였다. 엄마가 돌아설 때 얼굴이 잠깐 보였는데, 그건 시체 얼굴이었다. 시체 얼굴을 한 엄마의 눈 속에는 내가 없었다.

그 후에도 가끔씩 엄마의 눈 속에서 내가 사라졌다. 엄마가 시체 얼굴이 될 때 일어나는 일이었다. 거긴 더 이상 내가 없었다. 그런 일이 생길 때는 매번 그렇게 생각했던 것 같다. '그럼 난 이제 어떻게 하나?' 내 세상도 함께 사라지는 느낌이었다. '형제도 없고 친구도 없는 나는 이제 어떻게 해야 하나?' 이 세상에 아무도 없는 듯한 막막함이 느껴졌다. 아침에 학교에 갈 때면 늘 죄책감이 밀려왔다. 엄마를 그곳에 버려두고 학교로 피신하는 느낌이 들어서였다. 대학 때도 마찬가지다. 취직을 한 후에도 같았다. 어머니를 이곳에 버려두고 출근을 했다. 집에서 엄마는 또 하루를 시체 얼굴로 견디고 있는데 나는 살아 있는 사람들의 세상에서 웃고 떠들며 즐기고 있었다.

엄마를 생각하면 늘 슬프다. 가슴이 저리고, 살이 아픈 것처럼 통증이 밀려온다. 온 마음이 바닥에 닿아 절망의 시간은 천근만근 무거웠다. 시간이 가며 내 마음속 할머니의 눈빛은 더욱 강렬해졌다. 엄마의 비명소리와 신음소리도 더 커져만 갔다. 엄마는 늘 내 안에서 몸을 이리저리 비틀며 비명을 지르고 있었다. 엄마가 웃고 있을 때도 내 속에 있는 엄마는 괴로움에 몸을 뒤틀며 뒹굴고 있었다. 어떻게 해야 그 비명을 멈출 수 있는지 알 수 없었다. 마음이 괴로웠던 어느 날 거울 앞에 섰는데, 그 속에 엄마의 시체 얼굴이 있었다. 어린 엄마의 시체 얼굴이 바로 거기 있었다. 내 얼굴이었다. 한편으로는 기뻤다. 엄마의 인생이 내 인생이 되었고, 이제 엄마의 고통을 내가 느낄 수 있게 된 것이다. 그 속에 갇히는 것이 괴롭지만은 않았다. 마침내 내 안의 엄마와 진정으로 함께할 수 있게 된 것 같아서 기뻤다. 내 삶을 지키고 행복해지는 게 늘 미안했는데, 죄책감이 조금은 덜어진 듯 마음이 가벼웠다.

거울 속에 시체 얼굴이 보일 때면 호흡곤란이 왔는데, 그럴 때는 기는 자세로 엎드려 머리를 벽 쪽에 대고 한 손으로 가슴을 눌러야 했다. 얼마간 그렇게 하고 있으면 숨이 조금씩 트인다. 이십 대 후반에는 그런 일이 자주 있었지만, 정신분석 공부를 하며 그 횟수가 많이 줄었고, 언젠가부터는 거의 대부분의 경우 보통의 심계항진 정도에서 멈춘다.

지금은 마음이 내려앉기 시작하면 내 환상 공간으로 들어간다. 내가 나일 수 있는 일, 내가 나일 수 있는 사람, 내가 나로서 생각하고 말하고 행동할 수 있는 관계들 속에서 다시 나 자신을 회복시킨다. 내 환상 공간의 힘으로 어머니께서 당신의 환상 공간을 만드시도록 도와야 하며, 동시에 어머니의 인생에서 나와야 한다. 어머니의 기억과 슬픔에서 벗어나야 한다. 죽은 것 같은 느낌, 미동이 없는 상태, 망자의 삶이 편안하게 느껴져서는 안 된다. 변화가 필요했다. 그 과정은 의외로 어렵지 않았다. 내가 삶을 선택하고 나 자신을 돌보며 내 환상 공간을 지켜내면 되는 일이었다. 뭐가 어떻게 돼도 상관없다는 듯한 그 시체 얼굴에 작별을 고해야 했다. 내 무의식의 방 속에 살고 있는 어린 엄마가 예쁜 인생을 살 수 있도록 도닥이고 품어서 언젠가 함께 멋진 어른이 되고 싶다.

이런 소원 속에서 어느 날 거꾸로 흐르던 내 시간이 앞으로 흐르기 시작했다. 구조가 바뀌던 날, 절망의 무게가 가벼워졌고, 우울했던 마음이 힘으로 채워지기 시작했다. 환상 공간을 만드는 첫 단계가 시작된 것이다. 다음은 그 중심에 있는 꿈 한 편이다.

거꾸로 달리는 말

여는 꿈 ◗

2022년 4월 5일 화요일 아침

K가 원장으로 있는 학원이다. 다른 선생님들도 함께 계시는데, 우리가 모두 어떤 곳에 가게 되고, 그곳에서 누군가가 우리에게 말도 안 되는 불합리한 명령을 한다. 나는 별 저항 없이 명령에 따를까 생각하는데, 다른 사람들은 아무도 그 명령에 귀 기울이지 않는다. 흔들림이 없다. 그런데 그들이 천 길이나 떨어진 곳에 있는 사람들인 것처럼 멀게 느껴진다. 내 손이 닿지 않는다. 누군지, 어떤 생각을 하는지 이해할 수도 없다. 분명한 것은 그들이 든든한 사람들이라는 것이다. 잠깐이라도 아무 생각 없이 명령에 따르고자 했던 내가 부끄럽다. K가 나를 불러 승진을 취소하겠다고 말한다. 말투는 부드럽지만 협박이다. 내 생각과 태도가 변한 것에 대한 벌인데, 겁이 나지는 않는다.

혜화동 로터리로 장면이 바뀌었다. 고요한 새벽이고 푸른빛이 아름답다. 내가 말을 타고 엄청나게 빠른 속도로 달리고 있다. 매우 안정적이다. 바람이 달콤하고 내게 익숙한 거리가 정겹다. 너무나 익숙한데, 동시에 너무나 낯설다. 아는 곳인데 동시에 낯선 느낌이다. 차도 사람도 없이 고요하고 편안하다. 손을 뻗어 내 말을 쓰다듬었는데 말의 피부가 부드럽다.

아래를 내려다본다. 말의 빛나는 피부와 멋진 근육이 보이는데 뭔가 이상하다. 말의 엉덩이와 꼬리다. 말이 거꾸로 달리고 있다. 내가 말을 거꾸로 타고 있는 것이다. 나는 앞을 보고 전력 질주했는데, 말은 거꾸로 달리고 있었다. 아! 이럴 수가! 말이 내 말도 안 되는 불합리한 명령에 그냥 따랐던 거구나. 내가 무슨 짓을 했나! 말은 왜 거꾸로 달리게 하는지 내게 묻지도 않고, 불편하고 힘들다고 불평하지도 않은 채 그냥 내 명령에 따랐다. 너무 미안하다. 말이 얼마나 힘든 시간을 보냈을지 생각하니 마음이 아프다. 거꾸로 달리면서도 앞으로 뛰는 여느 말보다 더 안정적으로 더 빠르게 뛸 수 있는 정도까지 기술을 발전시켰다니 대단하다! 이 말도 안 되는 상황 속에서 어떻게 이게 가능하지? 그렇다면 내가 군이 말의 방향을 바꿀 필요가 없는 게 아닐까? 너무 잘 뛰고 있는 걸. 지금까지처럼 그냥 이대로 뛰게 놔둘까?

그러나 마음속 깊은 곳에서 나는 뭔가가 완전히 잘못됐다는 걸 알고 있다. 말을 멈추고 방향을 바꾸어야만 한다는 걸 이미 알고 있다. 이렇게 해서는 안 된다. 이건 틀렸고 바꾸어야만 한다. 내가 말을 멈추게 하고 말에서 내린다. 그리고 오른팔을 쭉 뻗어 말의 고개를 내 쪽으로 감싸며 말이 앞을 보도록 방향을 바꾸어준다. 검은 말이 빛난다. 순하고 부드러운 눈으로 말이 앞을 바라본다. 나는 다시 말을 타고 천천히 출발한다. 평화롭고 고요하다. 상쾌한 보슬비가 내리기 시작하는데 기분이 좋다. 빗방울도 공기도 온기도 이 새벽의 은은함도 다 숨 막히게 아름답다. 내가 만다라 속에 들어와 있는 느낌이다. 모든 것이 조화로운 상태다. 혜화동 성당 옆을 지나며 집으로 돌아간다. 집이 멀지 않다. 나중에 비가 쏟아질 수도 있으니, 오늘은 마구간이 아니라 내 방에서 말을 재워야겠다고 생각한다. 말이 아름답다.

또 장면이 바뀐다. 저녁 무렵이다. 한 식당에서 내가 닭갈비를 먹고 있다. 관광지 같은 느낌인데 테이블들이 비어 있다. 식당 밖을 보니 바닷가 풍경이다. 인천 같기도 하다. 내 앞에는 대학 시절 동아리를 함께 했던 L이 앉아 있다. 그가 말없이 식당을 나가는데, 나는 그를 잡지 않는다. 그냥 편안하게 식사를 계속한다. 후추도 더 치고, 치즈도 추가한다. K가 자기 차를 밖에 주차하더니 잠시 식당에 들어온다. 양복을 입고 있다. 평온하다. 그가 나를 존중한다는 걸 알 수 있다.

삶의 방향을 바꾸며

2020년 9월 25일에 무릎 연골이 찢어졌다. 어머니께서 편찮으시다 보니 내 무릎 치료에만 집중하고 쉴 수 있는 상황이 아니어서 목발을 짚고 움직이며 점심, 저녁을 차렸다. 매 순간 지독한 통증이 있었는데, 근육을 강화하면 통증이 잦아든다는 의사의 말에 통증을 참고 매일 혼자 근육 운동을 했다. 처음 1년은 슬리퍼 신는 것도 힘들어서 집에서 맨발로 다녔는데, 한 발로 지지하고 다른 발을 씻을 수 없는 상황이다 보니 내내 발바닥이 시커먼 색이었다. 한 번도 본 적 없는 더러운 발, 씻고 나서도 검은색이던 내 발바닥이 슬펐다. 강의는 모두 온라인으로 하고, 다리를 질질 끌고 점심, 저녁을 차리며 그냥 그렇게 살았다. 통증 때문에 정상적인 생활이 가능하지 않았다. 한두 시간 책상에 앉아 녹화를 하면, 중간에 두세 시간은 누워서 쉬어야 했다. 그 와중에도 나는 점심, 저녁 준비를 거르지 않았다.

부모님께서는 약 때문에 새벽 6시에 식사를 하시는데, 아침을 차리려면 4시 반에는 일어나 출근 준비를 하고 집으로 가야 했다. 음식을 사 나르고, 하루에 두 번씩 집에 들르는 것보다는 집으로 들어가는 편이 나았다. 최선을 다하는데도 어머니의 건강은 계속 악화되었다. 20년째 앓고 계신 자가면역질환 때문에 손도 발도 퉁퉁 부어 있었고, 등은 늘 부러질 듯 아프다고 하셨다. 심한 경우 젓가락질도 못 하셨고, 계단을 내려가지도 못하셨다. 어머니는 당신의 부은 손가락을 '코끼리 손가락'이라 부르셨고, 부은 발과 다리를 보며 "오빠 다리가 되었어"라고 하셨다. 스테로이드도 항암제인 MTX도 용량을 계속 높여갔음에도 더 이상 듣지 않았다.

위의 꿈을 꾸기 하루 전날, 어머니의 병원 검사 일정이 잡혀 있었다. 과가 달라서 아침에 한 번, 오후에 한 번 병원에 다녀왔다. 힘든 하루였다. 그날 하루 프로이트를 읽지 못했다. 좀 힘들었는지 늦

잠을 잤다. 꿈이 나왔고, 깨자마자 기록했다. 멋진 꿈이었다. 중요한 꿈이라는 걸 한 번에 알 수 있었다. 방향이 바뀐다는 건 엄청난 사건이다. **삶은 힘들었지만, 꿈은 대단했다.** 거꾸로 달리는 말을 멈춰 세우고, 방향을 바꾸어준 내가 대견했다. 앞을 바라본다는 건, 이제 다 괜찮을 거라는 뜻처럼 느껴졌다. 더 이상 큰 사고는 일어나지 않을 거라는 확신이 들었다. 내가 앞을 바라보고 있으니 말이다. 물론 말이 앞을 보게 된 건데, 그 말이 나인 것 같았다. 아니, 나임이 분명했다.

나는 자주 친구에게 "너무 달렸어"라고 말하곤 하는데, 그건 이번 주에, 지난달에, 작년에 너무 무리했다는 뜻이다. 달리고 있는 건 나였다. 어린 시절 영어 동아리 회장이었는데—그때 알았던 L이라는 친구가 위의 꿈에 나오기도 한다 —그래서 가끔 영어 단어가 먼저 떠오를 땐 영어로 일기를 쓰곤 한다. 그 전날 일기에는 "It seems I've been living my whole life blindly"(그동안 인생을 맹목적으로 살아온 것 같다)라고 적혀 있었다. 'blindly'라는 단어 속에는 'blind'라는 단어가 들어가 있다. '맹목'(盲目) 역시 앞을 못 본다는 뜻이다. 또한, 친구에게 이렇게 말한 적이 있다. "그동안 앞을 안 보고 내달렸던 것 같아." 꿈속에서 말은 나 자신의 모습이다.

말은 거꾸로 달린다. 전속력으로 질주하는데 정작 앞을 바라보고 있지는 않다. 기수 역시 무엇이 잘못된 것인지 인식하지 못한다. 그리고 잠시 '그냥 이대로 살까?' 하고 생각한다. 그건 꿈의 초반에 그냥 그 불합리한 명령에 따르려 하던 내 결정과 비슷하다. 이 꿈이 변화의 계기를 나타내는 중요한 꿈인 이유는 **내가 말의 방향을 바꾸어**

주기 때문이다.

나는 늘 그냥 착한 딸, 좋은 사람, 모범적인 학생이고자 노력하며 살았었다. 질문을 하기보다는 주어진 일들을 하고, 다른 사람의 마음을 헤아려 그들의 소원에 나를 맞추려고 노력하며 살아왔다. 사실 질문을 해야 한다는 걸 알지 못했다. 그런 삶이 정상이라고 믿었다. 정신분석 공부를 시작했을 때도 마찬가지였다. 프로이트를 아버지 모시듯 섬기고, 그를 변호하고 그의 뜻을 따르려 노력했다. 한 번도 저항한 적이 없는 삶이다. 정작 프로이트는 모든 불편함을 거부하라고 했는데, 나는 저항 없이 명령에 따랐다. 그러나 그때 내 몸은 불편하다고, 힘들다고, 이게 아니라고 아우성치고 있었다. 나는 아무 '말'(word) 없이 살았던 시간을 창피해하고 있다.

프로이트의 성 이론이 늘 불편했다. 얼마 전 Chat GPT에 팔루스라는 말을 몇 번 썼는데, 성적인 내용으로 신고한다는 메시지가 나왔다. 팔루스는 '남근'이라는 뜻이다. 사전을 찾아보면 '(특히 발기한) 남근'이라고 나와 있다. 나는 내가 쓴 말이 아니라 자크 라캉이라는 정신분석가가 쓴 개념이고, 그의 이론 중심에 이 단어가 있다고 소명하며 Chat GPT 팀에 메일을 보냈다. 사실 프로이트의 정신분석학은 그런 성적인 이야기들로 가득하다. 자위가 많은 신경증의 원인이라든가, 남근이 정신 구조의 중심에 있다거나, 딸은 아버지와 동침하여 아버지를 닮은 아이를 낳아 아버지께 선물 드리고 싶어 한다는 말도 안 되는 주장들은 늘 우스웠다. 융이 떠난 이유를 충분히 이해했기에 20년 전, 융 학파 분석가 선생님께 1년 동안 꿈 분석을 받기도 했다. 그러면서도 나는 마치 내가 프로이트의 대변인인 것처럼 늘 프로이트를 옹호해왔다. 억지로 그를 보호할 때는 몸이 아팠다. 그리고 올해 처음으로 나는 프로이트가 그런 사람이었다는 것을, 그런 이상한 이야기들을 쏟아낸 사람이라는 것을 인정했다.

그때 비로소 모든 것이 자연스러워졌다. 그럼에도 왜 나는 프로이트를 떠나지 않았는지 질문할 수 있었고, 프로이트를 내가 어떻게 해석해왔는지, 어떤 부분이 나를 사로잡았는지, 진짜 정신분석, 진정 실천적인 치유 이론에 대해 내가 어떻게 생각하고 있었는지 깨달을 수 있었다. 내 해석은 온몸으로 전통적 정신분석과 대결하며 쟁취한 결과물이었다. 나는 그저 전달자의 역할을 하고 있다 생각했지만, 비로소 나는 내가 뭘 하고 있었는지, 내가 무엇에 반대했던 것인지 알게 되었다. **나는 번역자나 전달자가 아니라 해석자였다.** 프로이트의 정신분석학은 성 이론이 중심인 학문이지만, 내가 해석한 정신분석, 내게 도움이 된 프로이트는 치유 이론이었다. 나는 처음으로 프로이트의 정신분석학을 가득 채우고 있는 내용이 성 이론이라는 사실을 인정했고, 어떻게 진짜 프로이트, 우리가 돌아가야 하는 프로이트를 만날 수 있는지, 그리고 진짜 정신분석이 무엇인지를 더욱 큰 지도 속에서 조망할 수 있었다.

사실, 내 스승들의 말이 틀렸다는 걸 처음부터 알고 있었다. 나는 늘 프로이트의 성욕론은 '덤'이라고 말해왔는데, 전집 속에 나오는 그렇게나 많은 성 이야기와 불합리한 주장들은 못 본 척하며, 그런 것들이 없는 것처럼 넘겨 왔다. 그런데 어느 순간 갑자기 전집이 성 이야기로 가득하다는 것이 내가 부인할 수 없는 명백한 사실로 눈앞에 명확히 드러났다. 그날 나는 손에 잡히는 대로 전집 중 한 권을 골라 들고 눈이 가는 대로 몇 페이지씩을 읽고 있었는데, 이상하게 내가 자꾸 다른 페이지로 급하게 책장을 넘기고 있는 것이었다. 그러다 다른 책을 꺼내 또 똑같은 행동을 반복하고 다시 또 다른 책을 꺼내 성 이론이 없는 부분을 찾으려 애쓰며 다급히 책장들을 넘겼다. 몇 번씩 본 책들이었고, 굳이 책을 열지 않고도 사례를 요약할 수 있었는데, 그런 사례들에서조차 나는 내가 그동안 배제했던 것들을 만날 수 있었다. 선택은 배제와 같은 말이다. 내가 선택했던 것들, 내가 프로이트의 정신분석학이라고 설명했던 것들은 다른 것들을 배제한 결과였다. 그리고 유독 그날 전집을 열었을 때 프로이트는 온통 내가 그동안 배제했던 부분들로 가득 채워져 있었다. 절실한 마음으로 전집의 마지막 권을 잡았는데, 책의 마지막 장까지 그 이야기들이 이어졌고, 나는 내 방식으로 전집 속 이야기들을 선택하기 위해 내가 그동안 안간힘을 쓰며 다른 것들을 배제해왔다는 것을 알 수 있었다. 물론 그 부분들이 새로운 이야기는 아니었다. 그러나 프로이트가 한 모든 말들을 선택과 배제 없이 경험한 것은 그날이 처음이었다. 그 시간을 경험하며 내게 남은 것은 경멸이었다.

그렇게 프로이트에 대한 엄청난 미움과 증오를 경험한 후, 나는 별 저항 없이 정신분석 이야기를 하던 나 자신이 부끄러워졌다. 정신분석에 대한 내 해석은 바뀌지 않았다. 그러나 프로이트에 대한 내 생각은 달라졌다. 나는 그를 경멸한다. 그의 이론은 내 해석 속에서 치유적이지만, 그가 한 말들, 그가 만든 이론 전체는 내가 결코 받아들일 수 없는 것이었다.

늘 프로이트가 내 위에 있었지만, 그 이후 프로이트 위에 내 해석이 있었다. **내 시선, 내 해석, 내 감정, 그리고 내가 경험한 치유**가 더 중요해지는 순간이었다. 이상한 것은 프로이트에 관한 생각이 흔들리며, 동시에 흔들림 없이 내 이야기를 말할 수 있다는 확신이 더 강해졌다는 점이다. 교조적인 정신분석학자들은 나를 비난하겠지만, 별로 겁나지 않는다. 내가 느낀 것이 진실이기 때문이다.

이제 제대로 볼 수 있게 되었다. 나는 프로이트를 경멸하고, 어머니를 학대한 할머니를 증오하며, 상황을 이해하지 못하시는 아버지를 미워하고, 그곳을 떠나지 못한 어머니를 원망했다. 그게 사실이다. 그렇지 않다고 우기며, 배제하고 선택하고 재단하며 그냥 살았던 날들 속에서 삶은 흘러갔지만, 내 안의 응어리들은 점점 더 딱딱하게 굳어가고 있었다. 나는 앞을 바라보고 있지 않았다. 아무 말도 하지 않았고, 질문이 생길 때도 그냥 삼켰다. 아버지께서 작은 약속들을 지키기 위해 애를 쓰시는 모습을 보며 '아버지께선 우리가 이미 죽어 있다는 걸 모르실까?' 하고 생각했던 적이 있다. 아버지께도 이 모든 상황이 일상이고 정상이었던 것 같다.

말의 방향을 바꾸어주었을 때, 나는 처음으로 앞을 바라볼 수 있게 된다. 그리고 비로소 온전한 나 자신으로 내 삶을 가꾸는 진정한 여정을 시작한다. 이제 이상한 명령들, 틀린 규칙들, 옳지 않은 선택들을 거부하고, 내 몸과 마음을 보살필 수 있는 괜찮은 삶을 만들어 갈 수 있다. 나는 이제 옳지 않았던 것에 관해 이야기할 수 있다. 할머니는 어린 며느리에게 "너는 엄마가 안 계시고, 나는 딸이 없으니, 이제부터 내 딸 하면 되겠다, 아가"라고 말했어야 한다. 그렇게 할 수 있는 사람이 좋은 어른이다. 그게 옳다.

말의 방향이 바뀐 후 변화들이 일어났다. K의 태도가 바뀌었고, 승진을 취소하겠다고 나를 위협하던 사람이 이제는 나를 존중한다. 그는 예전처럼 나를 하대하지 못한다. 내가 나 자신을 존중하기 때문이다. 자신이 누군지 아는 사람 앞에서 사람들은 그를 존중할 수밖에 없다. 모든 것을 보고, 다 말하는 용기를 가진 사람은 당당하다. 그 당당함이 K의 태도를 바꾸고 있다. 모든 것이 달라진다. 내 삶의 방향이 바뀌었기 때문이다.

동아리에서 만났던 L이 편안해 보인다. 내가 이제 편안하기 때문일 것이다. 나는 스물한 살이었고 좋은 친구들, 선배들과 함께 행복한 시간을 보냈었다. 『어린 왕자』 공연도 했는데, 그날 친구는 물방울같이 보이는 투명한 분홍색 꽃잎으로 드레스를 만들어 입고 예쁜 장미가 되었다. 나는 내가 그렇게 그리워하던 건강한 이십 대, 행복했던 그 시절을 떠나보낸다. 몸은 건강했지만, 그때 나는 삶에 대한 어떤 문제 제기도 하지 않은 채 안 보고 안 듣고 많은 것들을 배제하며 가짜 행복을 믿고 있었다.

2022년 어느 날 눈이 보이지 않았는데, 병원에 가니 망막에 이상이 생겨 직선이 곡선으로 보일 것이라 했다. 진행성이라 돌이킬 수 없다고도 했다. 30대 후반부터 이명이 심해서 병원에 갔었는데, 신경을 차단하는 수술을 하지 않는 한 어쩔 수 없다고 했다. 귀는 동굴같이 울리고, 금속 표지판은 휘어 보이고, 무릎은 구부러지지 않고 바닥에 앉을 수도 없게 되었지만, 그리고 이것들이 내 몸이 가진 병의 일부일 뿐이지만, 이상하게도 지금은 마음이 더 편하다. 적어도 나는 그동안 배제해 온 것들을 대면하고, 인정하고, 그 모든 이야기들의 중심을 돌파하고 있다.

　꿈에서 나는 과거를 보내고 편안하게 식사를 한다. 정형외과 선생님은 다시 2020년 9월 전으로 돌아갈 수 있냐는 내 말에, 시간이 거꾸로 흐르면 그렇게 할 수 있을 거라고 하셨다.

　정신이 변신하는 공간은 혜화동이었어야만 한다. 대학 시절, 동아리방은 혜화동 로터리에 있었다. 나는 혜화여고를 다녔고, 집도 혜화동이었으며, 나가고 있진 않지만 혜화동 성당에 교적이 있다. 이렇게 혜화동은 내 삶의 공간이었다. 그곳에 가면 나는 늘 내 과거를 만난다. 스쳐 지나간 사람들, 어리석게 놓친 사람들, 아쉽게 어긋난 인연들에 대한 기억이 모두 어느 모퉁이에 걸쳐 있다. 그리고 나는 혜화동을 가로질러 통과해 나간다. 고등학교 시절과 대학 시절을 관통하여 현재로 돌아오기 위해서일 것이다. 나는 그 친구를 잡지 않는다. 연연해하지도 않는다. 그냥 가는 걸 지켜본다. 그리고 내 앞에 있는 것들에 집중하며 맛있게 밥을 먹는다.

　나는 말에게 미안해하고 있다. 많은 것들이 잘못됐는데 말하지 못했고, 마음속 절망과 우울을 인정하지 못했었다. **나는 '나 자신'에게 미안해하고 있다.** 다른 사람들의 말과 명령에 따르며, 힘들어도 질문조차 하지 못하던 내가 보인다. 말도 안 되는 불합리한 명령에 그냥 따랐던 나 자신이 보인다. 묻지도 않고, 불편하고 힘들다고 불평하지도 않은 채 그냥 명령에 따르던 그 시간들이 그려진다. 마음속 깊은 곳에서 나는 뭔가가 완전히 잘못됐다는 걸 늘 알고 있었다. 말을 멈추고 방향을 바꾸어야만 한다는 걸 이미 알고 있었다. 그리고 **드디어 말의 방향을 바꾼다.**

마구간에서 방으로 일상의 공간이 이동한다. 대학 시절, 친구들이 내게 "귀하게 자란 무남독녀 외동딸"일 것이라고 했을 때, 다른 한 친구가 "서영이는 막 자란 것 같은데"라고 한 적이 있다. 나는 나 자신을 그렇게 대했다. 먹는 것도, 사는 것도, 나 자신을 위해서는 정성을 들이지 않았다. 편안한 방, 안락한 공간은 내게 사치였다. 우리 집은 다들 그렇게 살았으니까. 집은 안전하지 않은 곳, 늘 불안한 곳, 이상한 명령이 있는 곳, 다쳐도 아파도 절망해도 상관하지 않는 곳, 늘 참아야 하는 곳, 그리고 그게 당연한 곳이었다. 그런데 꿈속에서 나는 사람이 자는 방에 말을 들인다. 나 자신을 내가 초대하고 있는 셈이다. 차라투스트라가 그림자를 자신의 동굴에 초대하듯 내가 내게 손을 내민다. 험하게 지내는 것이 익숙한 동물을 아늑한 사람의 공간에 초대한다. 따뜻함이 있는 공간, 비를 피할 수 있는 공간, 누군가 말을 거는 공간, 아프면 걱정하고 병원에 데려가는 것이 당연한 세상, 보호받을 수 있는 곳에 동물을 들인다. 이제 말은 안전하다. 내가 나 자신을 이해하고 보호하며 지키고 있는 모습이다.

꿈은 이상한 명령으로 시작된다. 나를 위협하는 사람도 있다. 그러나 **내 안에는 이미 그런 명령을 거부할 수 있는 힘이 있었다.** 내가 몰랐을 뿐이다. 그 든든한 인물들은 나 자신이다. 나라는 걸 모르기 때문에 천 리나 멀리 있는 것처럼 느낀다. 나는 위협을 당할 때조차 별로 겁내고 있지 않다. 사실 준비되어 있었던 것이다. 그리고 변신의 시간이 시작된다. 내 삶에서 가장 중요한 곳, 과거와 현재와 미래가 함께 있는 혜화동이 나타난다. 초고를 쓰는 동안 나는 2023년 7월 29일에 있을 한국해석학회 발표를 준비하고 있었는데,

발표 장소가 혜화동에 있는 성균관대였다. 그래서 이 꿈이 더 특별하게 느껴진다.

2001년경, 영국 골드스미스 대학에서 학회가 있었는데, 그때 옆자리에 앉은 한 미대생과 이야기를 나누게 되었다. 그는 자신이 3차원 만다라를 만들고 있다는 이야기를 들려주었다. 상상할 수 없다고 했더니 그는 쉬는 시간에 자신이 만든 조형물을 보여주었다. 미로 같은 겹겹의 막들이 장미꽃같이 보이기도 했는데, 나도 모르게 그 속으로 걸어 들어가 앉아보았다. 만다라는 외부의 형상이 아니라 내면의 형상이자 세상의 중심을 뜻하는 상징으로 치유적인 상이다. 혜화동을 가로지르며 '바로 이 느낌이 3차원 만다라 속에서 느낄 수 있는 고요함이 아닐까?' 하는 생각이 들었다. 모든 사물이 아름다워 보였고, 그 모든 것들이 나와 하나가 되는 신비함이 느껴졌다.

나는 바닷가를 좋아한다. 자주 갈 수는 없지만, 해운대를 사랑하고, 물을 좋아한다. 좋은 꿈이건 악몽이건 내 꿈에 물과 비가 자주 나오는 이유다. 이 꿈에도 바닷가가 나온다. 평온한 바닷가의 이미지는 내가 안정된 상태인 걸 뜻하는 꿈의 세부다. **그곳에서 나는 온전한 나 자신으로 존재한다.**

꿈은 내가 그동안 거꾸로 달리고 있었다는 걸 보여준다. 앞을 볼 수 없는 상황이었고, 눈을 가리고 걸었다는 걸 알려준다. 꿈은 이제 앞을 바라보고 뛰라고 말한다. 내 눈으로 보고, 내 귀로 듣고, 원하는 걸 말하며 세상의 중심에 서서 삶을 만들어가라고 조언한다. 꿈의 후반부로 오면, 불편한 상황, 말도 안 되는 반복들, 이상한 명령 대신 편안한 상황, 당연한 것들 그리고 내 의지가 놓여 있다. 꿈은 불합리한 명령도 보여주고 삶을 바꾸는 정답도 알려준다. 꿈은 두 가지를 계속 대립시키며 내게 선택을 종용한다. 그리고 내가 좋아하는 것들을 내 앞에 그려준다. 그 분위기, 촉감, 이미지들을 기억해야 한다. 꿈은 내게 환상 공간을 선물한다. 그리고 내게 '네가 이러고 있었어', '익숙한 거지 당연한 게 아니야', '네가 보고 네가 말하고 네가 생각해야 해', '억지로 하지 마', '네 마음속에 답이 있어', '이 모든 게 이미 다 네 안에 있었어'라고 외친다. 꿈은 겁내지 말라고 말한다. 지금 이 순간부터 하고 싶은 대로 하라고, 주위를 둘러보고, 있는 그대로 느끼고, 원하는 곳으로 가라고 등을 떠민다.

2023년 7월 7일에 한국철학상담치료학회 철학상담사 연수프로그램에서 강연을 하며 이 꿈을 공유했었다. 참여자 선생님들은 귀한 피드백을 많이 주셨는데 한 선생님께서는 "K의 말, 거꾸로 달리는 말, 불합리한 말"이 관련된다는 점을 지적해 주셨다. 승진을 취소하겠다는 K의 말과 불합리한 말은 거꾸로 달리는 말과 관련되는 부분이다. 불합리한 명령에 복종하지 않은 나는 말의 방향을 바꿀 수 있게 된다. 그리고 꿈에서 깨어난 나는 그간 참았던 이야기들을 큰 목소리로 말할 수 있게 된다.

내면의 소리가 들린다: **'그래, 말하고 싶은 대로 말하고, 행동하고 싶은 대로 행동하고, 가고 싶은 곳에 가자.'** 꿈속에서 좋아하는 것들을 경험하니 너무나 행복했다. 앞을 보며 달리는 말의 편안한 이미지를 기억해야 한다. 억지로 배제하고 무리하게 재단하지 말자. 마음 아픈 게 보이면 그냥 아프면 된다. 그렇지 않다고 말하지 말자. 그런 게 없다고 부정하지 말자. 그냥 있는 그대로를 보자. 그리고 그 속에서 출구를 찾아야 한다. 그렇게 현재를 온전히 살아보는 거다. 건강을 잃었다. 그것도 사실이다. 그러나 나는 어느 때보다 더 정신적으로 건강하다. 마음의 방향을 바로잡았기에 나는 온전하다. 이제 몸도 조금씩 나아질 것이라 확신한다. 정말 한번 살아보는 거다. 살아 있는 사람들이 하는 것들을 해보자. **마침내 내 삶의 시간이 흐르고 있다.**

Part 2

나만의 길을 찾아서

꿈의 조언을 들으며

소원의 길을 걷다

01. 수동에서 능동으로

물의 이미지가 변화하는 여정

2004년 11월 17일 ~ 2021년 12월 27일

이 장에는 물의 이미지가 나오는 꿈들을 모아보았다. 제일 기억에 남는 변화는 물난리가 난 통제 불능의 상황이 수영장, 물놀이로 바뀌며 수동적인 인물이 능동적인 주체로 변해가는 부분이다. 도시에는 물난리가 나고, 죽은 동물이 물에 떠다니며 어두운 건물 속에는 위험한 여자가 갇혀 있다. 이 무서운 여자와 소통할 생각 자체를 하지 않기에 물의 이미지 역시 무시무시한 위협과 공포로 그려졌을 것이다. 그러나 시간이 흐르며 왜 꿈이 그 여자를 보여주었는지 알게 되었고, 어두운 건물 속으로 들어가, 그녀가 나 자신이었음을 깨닫게 된다. 아무 말 못하던 내가 문제들을 말하기 시작하고, 물의 이미지는 놀이의 연장선상에서 재구성된다. 내가 어떤 태도로 현실을 살아가는가에 따라 꿈속 모든 대상들이 영향을 받게 된다. 마지막 꿈에서 나는 나를 부당하게 대우하는 사람에게 그렇게 하면 안 된다고 말한다. 물론 이제 나는 현실 속에서 그렇게 말할 수 있다.

엉성한 목재 다리

2004년 11월 17일 수요일 아침

밤이다. 계곡에서 '아래로' 물이 흐른다. 물 위에 목재로 만든 길이 있는데, 목재들이 잘 연결되어 있지 않아 금세라도 풀어질 듯 '흔들거린다.' 엉성하게 짜여 있어 불안한 목재 다리 위를 딛고 물을 따라 내려간다.

대학 안이다. 내가 노트를 가지고 있다. 얼마 전, 프로이트 강연을 했는데 그때 뵈었던 K 교수님께 노트를 갖다드린다. 외국인들이 파티를 하고 있는 건물이 보인다. 내가 모욕적인 말을 듣는다. 샌드위치에 딸기잼과 양파와 맛살이 들어 있다. 이상한 조합이다. 맛이 없다. 물을 따라 '올라가다' 한 사람을 만난다. 그는 나를 안다고 말한다. 과학교육과 건물로 가는 길이다. 음침하고 어두운 곳이다. 노트를 가지고 다니다 잃어버리고 파일도 두고 왔다. 아까보다 촘촘히 이어져 있던 다리가 내가 뛰어 내려가며 발로 밀어내자 해체된다. 그런데 별로 무섭지 않다.

흐르는 물을 내려다본다. 목재 징검다리 위를 뛰어서 내려가야 한다. 파티에 음악이 없고, 사람들이 북적북적 많다. 불안하다. 길을 잃었다. 계속 K 교수님을 찾는다. 전공과 학과가 같지 않아서 못 찾는 것이라 생각한다. 그런데 원래의 전공명이 생각나지 않는다. K 교수님을 끝내 찾지 못한다. ✐

이상한 조합

1996년에 이화여대 과학교육과 생물 전공을 졸업하고, 그해 가을 정신분석 공부를 시작하려던 차에 허리를 다쳤다. 그 바람에 당시 6개월 정도 움직이지 못하고 누워 지냈다. 이후 1997년부터 2002년까지 영국 셰필드대학 심리치료연구센터에서 석·박사 과정을 마치고, 2002년 겨울에 귀국했다. 과학교육과 선생님들께 인사를 갔는데 "이제 너는 어쩌니"라고 말씀하셨다. 전공이 바뀌어서 하신 걱정이었다. 모든 게 다 좀 불편하고 힘들었다. 11월 초에 한 대학에서 강연을 했는데, 뭔가 힘이 좀 빠지는 느낌이었다. 학생들도 멋지고, 나를 초청하신 교수님께서도 환대해 주셨는데, 왜 나는 내 강의 자체에 대해 그런 불편한 느낌을 받았을까?

(20년이 지난 지금이라 그때의 불편함에 대해 이야기할 수 있다. '남근', '남근' 하며 정신분석 이야기를 하는 것이 불편하게 느껴졌었다. 그런데도 당시에 나는 정신분석에 대해, 그리고 나 자신에 대해 어떤 질문도 하지 않았다. 사실 내가 불편하게 느낀다는 것 자체를 몰랐던 것 같다. 2004년 겨울이면 귀국한 지 2년이 지난 시점이었고, 내 나이는 서른두 살이었다. 나는 그때 행복하지 않았다. 내가 실제로 느끼는 것보다는 내가 어떻게 느껴야 하는지, 그 '답'에 따라 내 감정을 만들어내려고 노력했던 것 같다. 나는 행복하고 정상적인 사람이어야 했다. 그러나 마음속은 너무나 황폐한 상태였다. 폭탄이 터지고, 건물이 무너지고, 모든 살아 있는 것들이 죽어버린 상태, 그게 정확한 내 느낌이었다. 그리고 이 이미지들은 내 꿈의 단

골들이었다.)

산만해 보이지만 이 꿈의 중심 이미지는 흔들거리는 목재 다리다. 그것은 나를 가리키는 이미지다. 성글게 연결되어 엉성하고, 금세라도 풀릴 것처럼 위태롭다. 더 가관인 건, 누가 봐도 금방 풀어질 듯 엉성하고 흔들리기까지 하는데, 나중에는 다리가 촘촘히 매여 있다고 '거짓말'을 한다. 왜 그랬을까?

꿈은 하나의 여정을 보여준다. 계곡에서 아래로 물이 흐르고, 물 위에는 목재로 만든 길이 있다. 문제는 그 길을 따라 내려갈 수가 없다는 것이다. 목재들이 잘 연결되어 있지 않고, 나중에 발로 밀어내자 해체된다. 그런 상황에서 나는 뛰어 내려가다 길을 잃어버린다. 정신분석학이라는 내 전공과 내가 졸업한 과학교육과는 어울리지 않고, 나도 길을 잃은 상태다. 스승을 찾지 못하고 전공도 불분명하다. 과제를 완수하지 못했고, 노트도 잃어버렸으며 파일도 놓고 왔다. 내 전공과 학과가 어울리지 않듯이 딸기잼과 양파가 들어간 '이상한 조합'의 샌드위치도 어울리지 않는다. 그 샌드위치가 바로 나 자신이다. 그렇다. 나는 이상한 조합이다.

물은 아래로 흐르는데, 나는 물길을 거슬러 올라가기도 하고, 목재 징검다리 위로 뛰어 내려가기도 한다. 길을 잃은 것이 분명하다. 꿈은 정확히 방향을 알려주는데, 나는 방향을 바꾸어 음침하고 어두운 곳으로 올라간다. 과학교육과에 가는 길이라는 것을 보니, 내가 정신분석학을 떠나 반대 방향으로 가고 있나 보다. 그렇다면 들고 다니다가 잃어버린 노트에는 정신분석에 관한 이야기가 잔뜩 적혀 있었을 것이다. 파일 역시 정신분석에 대한 것이었겠지. 이것들을 다 두고, 나는 물이 흐르는 반대 방향으로 올라간다.

정신분석을 4년 반 동안 공부했는데, 내겐 여전히 과학교육, 생물 이야기가 더 익숙하다. 학부생 때 어느 수업 중에 교수님께서는 어떻게 DNA 이중 나선구조가 그렇게 튼튼할 수 있냐고 질문하셨다. 젓가락 두 개를 안정적으로 세우는 게 가능할까, 안정적이려면 최소한 삼발이처럼 발이 세 개 정도는 필요하지 않나, 생각하며 고민하던 우리에게 교수님께서는 "사람은 두 발로 걷잖니?"라고 말씀하셨다. 그 순간, DNA를 사물이라고 생각했던 내게 어떤 감동이 밀려왔었다. 토끼 뼈를 공룡 뼈처럼 이어 붙이던 동물분류학 실험 시간, 갯벌에서 잡은 가재가 나머지 생물들을 다 먹어 치워서 커다란 채집 병에 혼자 덩그러니 남아 있던 날의 갯벌 체험, 다리가 너무 많아서 스케치하는 데 한 시간은 족히 걸렸던 절지동물들, 저마다 노트를 비교하며 곤충의 배를, 배의 무늬를, 다리의 털을 얼마나 잘 그렸는지 감탄하던 친구들이 너무나 생생히 떠오른다. 〈미녀와 야수〉를 봤을 때 나는 하나 남은 꽃잎 장면에서 갑자기 내 식물분류학 노트가 생각났다. 그 안에 그려진 수많은 꽃잎들이 당시 외웠던 'petal'(꽃잎)이라는 단어와 함께 정겹게 떠올랐다. 그리고 마치 하나의 인격체인 듯 움직였던 세포들은 정말 굉장했다. 너무나 지혜롭고 신비하고 복잡했다. 늘 힘이 없는 내 몸이 그런 신비한 존재들로 구성되어 있다는 사실이 감개무량했었다.

내 머릿속은 온통 생물 이야기로 가득하다. 그래서 내가 반대 방향으로 올라가는 거다. 그게 더 편해서다. (내가 인정하지 않고 있는 건, 정신분석이 너무나 불편하다는 사실이다. 여전히 내 것이 아니고, 강연이 학생들에게 별로 도움이 되지도 않았다고 생각했던 것이다. 내게는 확신이 없었다. 촘촘한 척 강연을 했지만, 사실 나는 엉성하게 짜인 불안한 목재 다리와 같았다. 발로 밀면 바로 해체되는 그런 부실물 말이다. 나는 흩어진 마음속에 어울리지 않는 것들이 잔뜩 섞여 있는 이상한 조합의 부실물이었다.) 그런데 왜 물은 저렇게 고요하게 아래로, 한 방향으로 흐르고 있을까?

모든 게 헷갈린다. 내가 이런 상태여서 꿈속의 나는 모욕적인 말을 듣는다. **사람들은 자신이 누구인지 알지 못하는 사람, 길을 잃은 사람을 기가 막히게 알아본다.** 꿈에는 내 삶과는 다른 사람들, 다른 상황들도 있다. 웃고 마시고 떠드는 파티는 내게 익숙한 게 아니다. 이렇게 놀고 즐기는 삶은 내가 모르는 영역이다. 그런데 공부도 마찬가지인 것 같았다. 그렇게 열심히 공부했는데, 내 마음속엔 아무것도 남아 있지 않은 것 같다. 뭔가 자신이 없다. 제각각 떨어져 있는 지식들, 연결되지 않은 채 이리저리 굴러다니는 세부들, 그리고 뭔가 어색하고 엉성한 이야기들. 그것들을 어떻게 내 것으로 만들어야 하는지, 언젠가는 내 것이 될 수 있을지 알 수 없다.

(나는 이 모든 질문들을 본격적으로 대면하지 못했다. 내가 정신분석을 잘 안다고 착각했고, 내가 공부한 게 절대적으로 좋은 이론이라고 확신했다. 하지만 그렇게 믿을수록, 그렇게 나를 속일수록 꿈은 더 불안해져 갔고, 나를 상징하는 꿈속 대상들은 더 황폐해져 갔다.)

꿈은 내가 길을 잃었다는 것을 알려준다. 그러면서 처음부터 계곡에서 물이 아래로 흐르고 있었다는 걸 보여준다. 물이 아래로 흐르는 건 자연스러운 이미지다. 차분히 물을 따라 내려가면 되는데, 나는 애써 올라가거나 뛰어 내려간다. 그래서 불안한 거다. 정신분석이 나에게 익숙해질 때까지, 내 이론이 될 때까지 얼마나 더 많은 시간이 흘러야 할지, 내가 얼마나 오래 이 길을 오르내려야 할지 모르겠지만, **물이 저렇게 편안하게 흐르고 있는 한, 아직 희망은 있다.** 그냥 '천천히' 따라 내려가면 된다. 그럼, 언젠가 이 이상한 조합도 온전한 나만의 스타일을 찾게 되지 않을까?

알모도바르의 영화

2005년 1월 4일 화요일 아침

대강의실이다. 유전학 시간에 성염색체 X와 Y에 대해 판서하다가 어떤 일이 생기고, 학생들과 함께 교실 밖으로 나와 우왕좌왕한다.

학교 밖 외딴 길이다. 둘러보니 열 명 정도만 남아 있다. 중학생이나 고등학생인 것 같다. 교복을 입고 머리를 양쪽으로 땋은 여학생 두 명이 보인다. 아이들이 수업을 하자고 조른다. 나중에 보강을 하기 싫은 것이다. 여기 없는 아이들이 너무 많아서 내키지 않지만, 수업을 못 한다고 말할 수가 없다. 마지못해 좋다고 말하고 어떤 곳으로 가는데, 물이 있고 섬처럼 고립되어 있다.

들어가서 수업을 시작하려는 참에 섬이 어느새 버스로 바뀌어 있다. 내가 내린다. 아이들이 실망스러운 눈으로 쳐다본다. 어쩌자는 말인가? 나 때문에 아이들이 시간을 낭비하고 있었다는 생각이 든다. 죄책감이 느껴진다.

버스에서 내리니 저녁이다. 어떤 곳을 지나간다. 외진 곳이고 조용하다. 어학원 같다. 아담한 빨간 기와집이다. 그 집으로 들어가는데, 어지럽고 주위가 핑 돌면서 내가 바닥에 쓰러진다. 텔레비전에서 알모도바르 감독의 영화가 상영되고 있다. 붉은색, 검은색의 강렬한 색채가 아른거린다. ✑

내가 좋아하는 것

꿈은 다시 생물에서 시작한다. 내게 익숙한 유전학, 염색체, 판서, 중등교육, 아이들, 수업 이야기가 나온다. 교생실습 기간 동안 중학교에서 생물을 가르친 적이 있다. 그래서 꿈에 대학, 유전학, 중학교, 고등학교, 아이들이 함께 나온 것이다.

이번 꿈은 어떤 변화를 보여준다. 안정된 공간처럼 보였던 대학 강의실에서 나오니 외딴 길이 보인다. 많은 학생들이 사라지고, 수업을 하자고 조르는 몇몇 학생들이 있지만 내키지 않는다. 어딘가로 가고 있다는 건 나쁘지 않다. 불안하지만 길이라는 단어도 좋다. 물이 있고 섬처럼 고립된 공간에 도착하니 여기서 진짜 여행이 시작된다. 버스에서 내려 여정을 이어간다. 외진 곳이고, 조용한 빨간 기와집이 있다. 그 후 나는 정신을 잃는데, 왜 서사가 이렇게 전개되는 걸까? 성염색체 X, Y로 시작된 꿈이 어지럽게 장면이 빙빙 돌아가며 두 가지 강렬한 색채로 끝난다. 과학에서 시작된 길이 영화에서 끝난 셈이다.

대학 시절을 떠올리면 하나의 기억이 선명하게 떠오른다. 도서관에서 수백 쪽짜리 생화학 교재를 아주 오랫동안 뚫어지게 쳐다보며 이 속에서 어떤 의미를 찾을 수는 없는 걸까, 내가 어디서부터 내용을 놓친 건가, 어떻게 해야 의미를 만들어 낼 수 있을까 고민했었다. **완전히 길을 잃은 느낌이었다.** 실제로 내가 과학과 생물학을 즐기지 않았다는 게 기억났다. 물리학과 화학은 아직도 이해하지 못하는 부분이 많고, 암기가 필요한 과목들은 늘 점수가 평균 이하였다. 대학 시절 공부가 재미있었냐고 묻는다면, 서슴없이 그렇지 않았다고 답할 것이다. 유일하게 'A+'를 받은 건 나 혼자 수강한 〈서양고전의 이해〉라는 과목이었다. 수업을 들으며 의미를 만드는 게 재미있었고, 해석하는 작업이 너무 즐거웠다. 기말시험에서 류시스트라테가 전쟁을 멈추는 방식이 말이 안 된다고 화를 내며 분노의 답안을 작성했었다. 남자와 관계를 하지 않는 게 전쟁종결자의 무기였다니! 그때 만난 강사 선생님과 10여 년 동안 연락을 주고받았는데, 재수강하는 4학년이 많은 수업에서 유일한 신입생이 자기 생각을 말하는 모습을 재미있게 보셨던 것 같다.

그렇지, 나는 글 쓰는 걸 좋아했었지. 석사를 시작하며 생전 처음 글을 쓰는데, 영어로 쓰면서도 첫 번째 에세이가 '과톱'이었다. 그때 썼던 게 프로이트의 「두려운 낯섦」에 대한 분석론이었는데, 글을 쓸 때의 그 희열을 지금도 잊을 수가 없다. 디스크 때문에 계속 고생하고 있던 시기였는데도, 삶이 기뻤다. 첫 줄을 시작했을 때, 마치 단어들이 자석처럼 다른 단어들을 끌어당기며 하나의 문장으로 자라났다. 문장과 문장이 이어지며 하나의 문장과 다른 문장의 단순한 결합이 아니라, 1+1 이상의 의미가 쏟아져 나왔을 때는 무서울 정도로 신기했다. 대학 시절 한 번도 느껴보지 못했던 기분이었다. 심지어 교양 국어 시간에도, 시를 배울 때도 그런 희열은 경험하지 못했었다.

꿈은 내가 수업을 시작하려는 순간, 느닷없이 섬으로 장소를 이동한다. 물로 둘러싸인 섬은 〈스타트렉〉에 나오는 순간이동 장치인 것 같다. 그 신비한 공간에서 나는 버스를 타고 알모도바르가 살 것 같은 강렬한 색채의 집으로 들어간다. 그 강렬함 때문에, 희열이 없는 삶을 살던 내가 어지러움을 느꼈던 게 아닐까? 눈을 떴을 때 나를 맞이하는 것은 새로운 세상이다.

당시 나는 친구들처럼 중등교사 임용시험에 도전해볼까 생각하고 있었다. 늘 선생님이 되고 싶었었다. 생물은 화학이나 물리보다 내가 좋아하는 과목이었고 다시 집으로, 내게 가장 익숙한 것으로 돌아가고 싶은 마음도 있었다. 나는 늘 내 꿈이 교사라고 생각했었다. 그런데 꿈이 보여주는 장면은 그리 아름답지 않다. 나는 우왕좌왕하며 학생들을 제대로 이끌지 못한다. 아이들의 눈치를 보며 미안해하고 죄책감을 느낀다. 이 정도면 교사가 되어서는 안 되는 사람이다. 나 자신에게 정직하지 않은 사람이 어떻게 중학교 교사가 될 수 있을까? 들여다봐야 하는 문제들이 너무 많다. 알모도바르의 인물들은 온 마음을 던져 자신이 누구인지 고민한다. 그들은 나와 반대편에 있는 사람들이다. 나는 겁이 많고, 문제가 있어도 가려 덮고, 나 자신에게 거짓말을 하는데, 그들은 정직하게 모든 것을 드러내고 용감하게 행동한다.

이런 내게 꿈은 어떤 여정이 시작되어야 하는지 명확히 보여준다. 어쩌면 이 꿈은 가르치는 일에 대한 것이 아닐 수 있다. 나는 내가 생각한 것을 아이들에게 솔직하게 말하지도 못한다. 꿈은 내 태도의 문제를 지적한다. **말해야 하는 걸 말하지 않고, 상황에 끌려가고 있는 모습을 보여주며, 그래서는 누구에게도 도움이 될 수 없다는 걸 지적한다.** 그러면서 꿈은 내가 언제 행복했는지, 무엇을 좋아하는지, 그 환상 공간의 한 조각을 던져준다. 나는 알모도바르의 영화들을 보면서 그들의 솔직함에 놀랐고, 그 강렬한 색채에 열광했다. 알모도바르의 인물들은 책, 글, 글쓰기, 소설, 작가 등의 단어들과 밀접하게 관련되어 있다. 책은 그의 영화에서 매우 중요한 소재다.

나는 글을 쓸 때 희열을 느낀다. 가만히 생각해보면 내가 좋아한 건 생물이 아니었다. 그보다 나는 생물과 관련된 이야기에 빠져들었었다. 지금 꿈은 하나의 질문을 통해 내게 조언을 하고 있다. "이게 정말 네가 원하는 일이라고 생각해? 생물 교사가 되고 싶어? 정말 그게 네가 늘 원했던 거야?" 꿈은 내 답을 이미 알고 있다. 이과 공부는 늘 힘들었다. 교생실습 기간을 떠올려보면, 그걸 가르치는 일은 더 힘들었다. 반면 글쓰기는 늘 내게 신비로운 체험이다. 내가 쓴 글들은 나 자신과는 달리 흥미롭고 신비롭다.

아주 조금씩, **나 자신에게 다가가고 있는 느낌이다.** 얼마나 오랜 시간이 지나야 나를 만날 수 있을까?

푸른 바다

2005년 8월 12일 금요일 아침

바닷가 집이 보이고, 나는 해안에 있는 배에서 어떤 일을 하고 있다. 내게는 좋은 친구들이 있다. 지금은 완수해야 하는 과제가 있는 것 같다. 노동이 필요하다. 아름다운 바다를 접해서 집이 지어져 있는데 집이 좀 멀게 느껴진다.

　배 양쪽에 하나씩 두 개의 돛을 잡아매야 한다. 밤이 되면 자기 전에 필수적으로 해야 하는 일이다. 비바람이 몰아치기 때문이다. 쉽지 않은 일이다. 푸른 바다와 내 집, 그리고 내가 보호해야 하는 내 친구들. 그들은 나를 믿는다. 조금 불안하지만 나는 돛을 맬 수 있다. ✍

재미있는 일

　꿈속 모든 것이 상당히 안정적으로 보인다. 나는 지금『라캉 읽기』(2006년에 번역되어 지금까지 대중들과 많은 소통을 하고 있는 역서다.)를 번역하고 있는데, 오랫동안 독자들을 만날 수 있을 것 같은 책이다. 초고를 만드는 동안 정말 재미있었다. 내용이 아니라 번역 작업 자체가 즐거웠다. 단어를 찾고, 단어를 이어 붙이고, 말을 만들고, 다듬는 작업에서 기쁨을 느꼈다. 허리가 아파도 날이 더워도 별 문제가 되지 않는다. 그냥 즐겁고 재미있다.

'좋은 친구들'이라는 꿈의 세부가 좋아 보인다. 그런데 실제로 사람이 나오지는 않았다. 꿈속의 내가 어떤 친구들을 말하고 있는지도 모르겠다. 지도 교수님의 책을 번역하니 정겨웠고, 은행나무 출판사도 고마웠다. 증명된 게 아무것도 없는 강사를 믿어준 것도 고마웠다.

내가 첫 작업을 하고 있는 모습이 꿈에 그대로 나타났다. 완수해야 하는 과제, 노동, 아름다운 바다를 접하고 지어진 집은 바로 내 번역이다. 돛을 잡아매 단단히 고정시키는 작업은 한 줄, 한 줄 새겨 넣는 번역 작업을 뜻한다. 균형 있는 문장, 보기에 아름다운 글이 되도록 이쪽, 저쪽을 살피며 예쁘게 다듬고 있다. 하루에 꼭 해야 하는 분량을 정해놓고, 자기 전 반드시 과제를 완수한다. 쉬운 작업은 아니다. 여전히 상황이 달라지지 않았고, 많은 것이 힘들지만 푸른 바다와 내 집을 보면 행복하다. 집은 번역 초고를 의미한다. 관계들이 생기고, 아직 확실하지 않은 것이 많지만 그래도 어느 정도 삶의 균형을 찾아가고 있다. 친구들은 아마도 내 책을 읽어줄 독자가 아닐까 싶다. 아름다운 꿈이다.

(그런데 여기서 분석을 마치면 안 될 것 같다. 내게 에너지를 가득 선물하는 꿈이고, 내가 좋아하는 것을 찾아 조금씩 움직여 나가는 여정이 반영된 꿈이지만, 아직 내 진짜 문제들이 나오지 않았다. 아니, 내가 꿈이 보여주는 진짜 문제를 해석하지 않았다. 가려 덮어서 행복한 꿈으로 결론을 내고 꿈 분석을 끝내버렸다. 다시, 꿈을 들여다보자. 꿈은 내게 완수해야 하는 과제가 있다는 것을 알려준다. 밤이 되면 자기 전에 꼭 해야 하는 작업이라며, 양쪽의 돛을 단

단히 잡아매고 있다. 돛을 올리고 배가 출항해야 하는데, 그 이야기는 꺼내지도 않고, 반대로 돛을 묶고 매고 고정하느라 애를 쓰고 있다. 더구나 비바람이 치는 상황이다. 꿈은 번역 과정 너머의 사건들과 문제들에 대해 이야기하고 있다. 그런데도 나는 비바람은 못 본 척하고, 아름다운 푸른 바다를 접하고 지어진 내 집만 바라본다. 꿈이 들려주는 두 가지 이야기 중 하나만을 선택하여 해석한 것이다.)

좋아하는 일, 재미있는 일은 늘 현실과 꿈을 하나로 이어내는 가교가 된다. 그만큼 강렬한 영향력이 있다는 뜻이다. 재미있는 작업을 하지 않았다면 아마 나는 지금도 물난리가 난 도시에 갇히거나 황무지에 버려진 꿈을 꾸고 있을 것이다. 삶의 기운을 북돋우는 일은 멋진 꿈을 만드는 제1공신이다.

타이타닉호

2017년 4월 5일 수요일 아침

우여곡절 끝에 어딘가에 갔는데, 밖으로 나갈 수가 없다. 문이 자물쇠로 잠겨 있고, 철조망 같은 것이 둘러 있는 것 같다. 그래서 밖으로 나가지 못하고 있다. 한참을 기다리다 경찰이 와서 우리를 이동시킨다.

비좁은 열차 안이고, 우리가 어디로 이동하고 있는 모양이다. 바다를 건너면 서울이다. 사람들이 내릴 준비를 한다. 금방이구나 생각하며 내리는데 온통 물이다. 내리막길인데 어마어마한 물이 있다. 걷다 빠지면 어쩌나 겁이 난다. 배 안인데 크기가 어마어마하다. 바다가 아닌가 생각할 정도로 물이 들어찬다. 온 힘을 다해 지도를 꽉 쥐고 걷다가 뛰어간다.

어디에 들어갔는데 두 여자가 있다. 바닥이 다 물이다. 큰 바닥이 유리로 되어 있고 그 밑이 다 물인데, 물이 유리 위로 올라온다. 두 여자가 앉아 있다. 나도 그 앞에 앉아서 물어본다. "우리 어디 있는 거예요?" 영국 여자들이 답한다. "We don't know." 내가 한국어로 다시 묻는다. "여긴 어디야?" 그들이 답한다: "타이타닉." 좀 전에 분명히 열차를 탔다고 말했더니, 지금 여기가 배 안이라고 답한다. 어마어마하게 큰 배라서 그 속에서 열차가 다니는 것이다. 그게 가능한가 생각하다 잠에서 깬다. ♪

침몰

나는 갇혀 있다. 문이 자물쇠로 잠겨 있고, 밖으로 나가지 못하는 상황이다. 이번에도 꿈은 내가 상황 판단을 잘 하지 못한다는 걸 보여준다. 어떤 상황인지 깨닫지 못하고 있다. **꿈은 내가 나 자신에 대해 제대로 질문하지 못하고 있다는 이야기를 전해준다.** 어디로 가는지도 모르고, 목적지도 여정도 다 오리무중인 상태에서 사람들에게 바보 같은 질문만 쏟아내고 있다. (흔들리는 목재 다리를 위험하게 오르내리던 꿈이나, 곧 비바람이 몰아치는 상황인데 바닷가 집이 예쁘다고 말하는 꿈과 다르지 않다. 감정도 틀리고 대응도 잘못됐다. 근본적인 문제를 전혀 파악하고 있지 않으며 제대로 상황을 바라보지도 못한다.)

꿈속 공간에는 늘 의미가 있다. 내가 그렇게 느꼈기 때문에 이미 지화 된 것이다. 나갈 수 없는 공간, 답답함, 자물쇠, 철조망, 갇힌 상태는 중요한 세부들이다. 경찰도 나를 돕지 못한다. 이동을 하고 움직여보아도 여전히 공간의 크기만 달라졌을 뿐, 나는 갇혀 있다.

이번엔 그게 타이타닉호라고 한다. 마치 지금까지 내가 한 모든 것들이 다 이 안에서 일어나고 있었던 일인 것만 같다. 그렇다면 그 모든 계획과 성취들이 다 이 잘못된 공간 속에서 벌어진 허상이었다는 말일까? 대체 무엇이 어디에서부터 잘못된 건가? 뭘 어떻게 해야 이 공간에서 벗어날 수 있나? 물은 내 생명을 위협한다. 내가 어떤 사람이든, 어떤 소원을 가지고 있든 그것은 중요하지 않은 것 같다. 이 구조 속에 있으면 나는 침몰할 수밖에 없다. 구조를 바꾸어야 한다.

또는, 더 깊은 곳에 있는 문제를 대면하지 않는다면, 무엇을 하든 일상의 세부를 어떻게 가꾸어가든 '소원의 길'(Path of Wishes)에 들어설 수 없다는 뜻일 수도 있다. 제대로 보고 파악하고 대처해야 한다. 물이 더 차오르기 전에 내가 해야 하는 진짜 질문을 찾아야 한다. 덮어 두었던 것들을 드러내고, 잠긴 자물쇠를 열어 그 공간 속으로 들어가야 한다. 꿈은 내가 갇혀 있다고 표현했지만, 내가 자물쇠를 열지 않았다는 뜻일 수도 있다. 내가 갇혀 있다는 사실 자체를 자각하지 못하고 있는 건 아닐까?

나는 하루 24시간을 어떻게 쓰고 있나? 매 순간 열심히 살았다고 생각했는데 꿈은 큰 방향성에 대해 생각해보라고 조언한다. 내가 어디로 가고 있는지, 가장 큰 문제는 무엇인지 생각해야 한다는 것이다. 잠시 멈추어 전체를 조망해보자. **내가 지금 소원의 길을 걷고 있나?** 눈을 가리고 아예 안 보려고 하는 부분이 있었나? 전체 지도를 그려야 비로소 내가 오늘 하루 무엇을 어떻게 해야 하는지 그 세부가 구체화 된다. 그때 구조를 바꿀 수 있게 된다. 4월은 우리 모두에게 슬픈 달이다.

창문 없는 건물

밤이다. 내가 어마어마하게 큰 건물 속으로 들어간다. 이 건물에는 창문이 없다. 어둡다. 나 혼자다. 창문이 없어서 빛이 전혀 들어오지 않는다. 좁은 대리석 통로를 걸어 들어가는데, 천장이 매우 높고 공간은 텅 비어 있다. 통로 양옆이 다 검은 물이고, 그 속에 수백 마리의 큰 동물들이 빠져 있다. 죽었을까? 미동도 없이 전혀 움직이지 않는다. 숨을 쉬지 않는 것 같다. 말과 소가 빼곡히 모여 둥둥 떠 있다. 죽은 것 같은 불룩한 검은 동물들이 둥둥 떠 있다. 다시 되돌아 나가야겠다. ✍

나를 만나러 가는 길

『내 무의식의 방』에 수록된 2013년 5월 7일자 꿈 일기는 "온통 물이다"로 시작한다. 내가 어떤 곳에 묵었는데 주인이 다급히 우리에게 와서 밖에 물난리가 났고, 이 건물에는 위험한 여자가 나타났으니 빨리 피하라고 말한다. 나는 건물 밖에서 숨죽여 상황이 끝나길 기다린다. 조용한 듯해서 돌아가려 하니, 유리창 하나 없는 그 어두운 건물에 아직 위험한 여자가 있다면서 군인들이 경비를 서고 있었다.

(최근 Midjourney라는 이미지 생성 A.I. 모델에게 그 어두컴컴한 건물을 그리도록 명령했다. '창문이 없는 건물'이라고 프롬프트(지시어)를 입력했는데, 인공지능은 창문이 잔뜩 달린 건물을 그려주었다. 다양하게 명령을 수정하여 계속 시도했지만, 결국 창이 없는 건물 그림을 한 장도 받지 못했다. 매번 수많은 창이 그려진 그림만 생성되었다. 나는 그때 A.I.가 그리지 못한다면, 그런 상이 학습한 데이터에 없다는 게 아닐까 생각했었다. 우리에게 제일 익숙한 이야기들을 모아 학습한 인공지능이 그런 이미지를 그리지 못했다면, 그건 우리 마음속에 사람이 그런 건물에 살아서는 안 된다는 생각이 있다는 뜻이다.)

『내 무의식의 방』의 일러스트를 그려주신 아이완 선생님은 그 꿈 이미지를 만드시며 건물에 창문을 내고, 그 안에 내 뒷모습을 그려 넣어주셨다. (얼마 전, 이 그림을 보며 우리 학교 1학년 학생이 "선생님, 건물 속에 꽃나무가 있어요"라고 말해 주었다. 그 말을 듣기 전까지 나는 지난 몇 년간 거기 꽃나무가 그려져 있다는 사실을 모르고 있었다. 꽃이 피어 있다는 것도 몰랐다. 어두운 건물 안에서 건강하게 자란 꽃나무라니. 창문도 없고, 빛도 없는 그 어두운 공간에 창문을 내고 빨간 꽃들이 피어 있는 꽃나무를 그려주신 건, 아이완 선생님의 배려였다.) 내가 나를 만나러 가는 여정에 대한 꿈으로 풀어주신 것이다. 꿈 일기는 "집으로 돌아가는 길이 멀다"로 끝난다. 그 꿈에서 내 주위에는 사람이 없었고, 도시에 물난리가 났고, 집은 멀었고, 나는 내 소지품을 잃어버렸었다.

이로부터 6년 후, 이번 꿈에서 나는 위험한 여자가 있는 그 어두운 건물 속으로 들어간다. 아이완 선생님께서 해석해 주신 것처럼, 물론 위험한 여자는 나 자신이었다. 꼭꼭 문을 잠그고, 경비를 서고, 그녀가 나오지 못하게 지키고 있던 것도 나 자신이다. 도시에 물난리가 나고, 건물은 폐쇄되고, 나는 길을 잃었으나, 당시에는 여전히 상황 파악을 제대로 하지 못하고 있었다. 그런데 이번 꿈에서 나는 그 건물 안으로 들어간다. 그리고 펜트하우스처럼 큰 이 공간 속에서 죽은 것 같은 거대한 동물들을 보게 된다. 물은 어둠 때문인지 검게 보이고, 둥둥 떠 있는 동물들은 미동이 없다. 어떤 움직임도 없이 죽은 것 같은 동물들을 보며 나는 두려워하지 않는다. 오히려 뭔가가 편안하고 익숙하다. 나는 당황하지 않고 '그냥 나가야겠네' 하고 생각한다. 이 무시무시한 광경과 무서운 어둠이 내겐 별일이 아닌 듯 보인다. 그냥 일상처럼 느껴진다. 이 어둠도, 혼자인 고립감도, 무시무시한 느낌도 내게는 익숙한 것들이다.

그런데 적어도 이 꿈이 큰 성과인 이유는, 내가 그 건물 '안'으로 들어갔기 때문이다. 무서운 여자를 가둬놓은 것도 경비를 서는 것도 모두 나 자신이었는데, 이번에는 내가 직접 문을 열고 그 '안'으로 들어가 위험한 여자가 도대체 누구인지, 그 '안'이 어떤 상태인지를 확인한다. 결국 내가 '그녀'라는 것을 인정한 셈이다. 나는 그 안에서 미동도 없는 동물들, 죽음, 어둠과 대면한다. 그런데도 나는 놀라거나 두려워하거나 압도되지 않는다. 그냥 무표정한 얼굴로 아무 감정을 드러내지 않고 있다. (나는 아직 나를 안고 공감하고 함께 울어줄 준비가 되지 않았다. 미동 없는 엄마를 안고 있을 때, 내가 뭘 느꼈는지 기억나지 않는다.)

나는 자주 감정이 잘못 연결된 상태라는 느낌이 드는데, 슬퍼야 할 때 아무 감정이 없거나, 별일 아닌 것에 대해 쉽게 진정되지 않는 격렬한 감정이 밀려오기도 한다. 뭔가 부서진 느낌, 고장 난 느낌인데 전체적인 톤은 차분하다. 더 정확히 말하면 어떤 에너지도 어떤 삶의 생기도 남아 있지 않은 상태다. 왜 그런 죽음 같은 차분함이 익숙한 걸까? 건물 속 위험한 여자는 내게 무슨 말을 하고 싶었을까? 언젠가 다시 그녀를 만나게 될까? **나는 지금 나를 만나러 가는 중이다.**

해운대 탈의실

2019년 8월 3일 토요일 아침

J 언니가 나를 만나러 오기로 한 듯하다. 낯선 해변 마을이다. 따뜻한 낮이고, 개방된 외부다. 된장찌개를 맛있게 끓였다. 양도 엄청 많다. 흰 차가 보인다. 운전이 서툰데 모래 위에서 주차를 하려다 쇠에 차를 박는다. 뽑기 기계 안에 만화 캐릭터같이 생긴 아기 오리가 발라당 누워 있다. 그 아래 물이 흥건하고, 오리는 전혀 움직이지 않는다. 손을 넣어 이리저리 굴려보니 자꾸 오리 부리가 물속에 잠긴다. 죽었을까? 숨을 쉬지 않는 것 같다. 지나가는 아주머니께서 "그렇게 하면 오리가 익사하잖아?"라고 말씀하신다. 내가 뭘 어떻게 한 게 아닌데 나를 야단치시는 것 같다. 오리는 내가 처음 봤을 때부터 숨을 쉬고 있지 않았다. 그런데 정말 너무 오래 그렇게 놔 두었던 것 같다. 걱정하며 다시 살펴보는데, 아까와 마찬가지로 오리가 물속에 부리를 박고 미동도 없다.

그런데 내가 국자를 들더니 오리가 부리를 박고 있는 그 물을 떠서 옆에 있는 된장찌개에 조금 섞는다. 문제가 될까? 맛을 봤는데 여전히 맛있다. 확실히 물이 섞여 버렸는데 이제 어쩌나 걱정한다. 괜찮을까? 김밥을 사려고 움직이는데 언니가 왔다. 기쁘다. 어렸을 때 부산 해운대에서 해수욕을 하던 풍경 같다. 탈의실이 있던 곳 같기도 하다. ✎

융합과 변신

2019년에는 EBS 강연 등 특강을 정말 많이 했다. 사람도 많이 만나고, 사람들과 함께 있는 것도 조금씩 편안해졌다. 그러면서 나도 다른 사람들처럼 살 수 있겠다는 생각도 했다.

(나는 꿈의 중심 변화들을 표시하여 따로 모아두는데, 처음 이 꿈을 분석할 때는 '낯선 해변 마을'이라는 점을 강조하지 않았다. 그때는 이 부분이 중요하다고 생각하지 않았나 보다. 그런데 꿈 일기를 다시 정리하고 있는 현재의 시선에서 이 배경은 매우 중요하게 보인다. 이 부분은 오디세우스의 이야기와도 관련된다. 오디세우스의 모험에는 그가 정신을 잃고 낯선 해변에 쓰러져 있는 장면이 나온다. 오디세우스의 이야기인 『오디세이아』는 그가 집으로 돌아가는 여정에 대한 서사시이다. 그렇다면 이 꿈의 주제 역시 귀향일 수 있다. 물난리가 나고, 위험한 여자가 건물에 들어오는 꿈에서도 나는 집으로 돌아가는 길이 멀다고 말한다. **나는 계속 집으로 돌아가는 길을 찾고 있다.** 그 길은 항상 비바람이 몰아치거나 밤이거나 황량하거나 이 모든 것이 다 합쳐져 있었는데, 이번 꿈은 사뭇 다르다. 밝다. 내 삶에 사람들이 들어와 있어서인 듯하다. 개방된 외부라는 공간도 좋다. 그런데 흰 차를 운전하는 사람은 서툴다. 혼자 사고를 내는데 그게 누구인지는 모르겠다.)

이번 꿈은 지난 꿈처럼 무섭지는 않다. 꿈속에서 나는 별로 무섭지 않다고 했지만, 사실 검은 물속 죽은 듯한 동물들은 무시무시한 이미지다. 이번에는 동물이 작아지고 물의 양도 적어졌다.

나는 스물세 살에 처음 J 언니를 만났다. 멋있는 사람, 좋은 사람, 착한 사람이라는 생각이 들었다. 언니의 이미지는 힘이 된다. 언니를 위해 맛있는 음식을 만든다는 것도 기쁘다. 예전 꿈에서는 이상한 조합의 맛없는 샌드위치를 먹었는데, 지금은 내가 맛있는 음식을 만든다. 그리고 그 음식을 언니와 함께 먹는다. 갇혀 있지도 않고, 어둡지도 않다. 밖이고 내가 좋아하는 해변이다.

그런데, 아기 오리가 좀 불편해 보인다. 한 다큐멘터리에서 새끼 코끼리가 죽었을 때 엄마 코끼리가 새끼를 일으켜 세우려 노력하는 장면을 본 적이 있다. 그처럼 꿈에서 나도 손을 넣어 아기 오리를 이리저리 밀어 세우려 한다. 그러나 오리는 움직이지 않는다. 미동도 없이 그냥 부리를 박고 죽은 듯 누워 있다. 아니, 죽은 것 같다. 아주머니는 나를 원망한다. 그런데 내가 할 수 있는 일은 없었다. 이미 숨을 안 쉬고 있었다. 내가 도울 수 없었다. 그런데 내 잘못이 맞는 것 같기도 하다. 너무 오래 그런 상태로 있게 내버려두었다. 내가 뭔가를 해야 했을까? 하지만 오리는 처음부터 숨을 쉬지 않았는걸. 내가 갔을 때는 이미 오리가 움직이지 않았다. 밝은 분위기지만 꿈꾸는 내내 뭔가 무력한 느낌이 들기도 했다.

(오래전 어머니가 위경련을 일으키셨던 그날, 나는 아무것도 할 수 없었다. 그 장면 속에서 나는 그냥 우두커니 서 있다. 나는 그날의 사건을 끝없이 반복해서 겪고 있다. 그리고 나 자신을 원망한다. 미동 없는 엄마, 움직이지 않는 엄마, 더 이상 일상이 가능하지 않은 상태가 너무 고요하고 너무 조용했다. 그 긴 침묵이 기억난다. 내가 뭐라도 했어야 했다. 지나가는 아주머니가 나를 원망하는 이유다.

꿈의 조언을 들으며

나 자신이 내게 하는 말이다.)

이번 꿈에는 내 감정들이 드러나는 부분이 나온다. 나는 언니를 기다리며 즐거워하고, 맛있는 음식에 기뻐한다. 이상한 부분은 내가 된장찌개를 끓여놓고 오리가 익사한 물을 찌개에 섞었다는 것이다. 별 감정 반응 없이 맛을 보는데, 꿈에서도 너무 맛있었다. 괜찮을까 잠시 걱정을 하지만, 찌개를 버릴 마음은 없어 보인다. 그리고 곧 언니가 도착한다.

큰 동물부터 오리까지 겉으로 보기엔 모두 죽은 것처럼 보이지만, 나는 계속 확실히 죽었는지는 모른다고 말한다. 아니, 마음속 어디에서인가, 완전히 죽은 건 아니라고 확신하는 듯하다. 분명히 죽어 있었다고 말하면서도 확실히 죽은 게 아니라고 바로 말을 바꾸기도 한다. 무슨 뜻일까? (그게 바로 살아 있는 망자들의 모습이 아닐까? 분명히 죽어 있다. 숨을 쉬지 않고 움직임이 없다. 그러나 죽은 게 아니다. 실제로는 살아 있기 때문이다. 나는 매번 가능성은 희박하지만 살아 있을 수도 있다고 계속 믿어본다. 살아 있어야만 한다는 호소같이 들리기도 한다.)

물난리가 났던 처음 꿈과 달리 나는 건물 속으로 들어갔고, 이번에는 밤이 낮으로 바뀌었다. 심지어 조금 더웠다. 큰 동물들이 한 마리 새끼 오리로, 엄청난 양의 검은 물이 약간의 물로 변했다. 도시를 파괴하는 물, 죽이는 물, 어두운 물, 검은 물이었는데, 이번에는 맛있는 찌개에 국물로 들어간다.

죽음과 삶이 그렇게 섞여 있다. **내가 지독하게 노력하고 있었던 모양이다.** 살기 위해, 삶으로 나아가기 위해, 내가 좋아하는 사람들을 만나고, 내가 좋아하는 일들을 하고, 내 환상 공간을 지키기 위해 내가 엄청나게 노력하고 있었던 것이다. 동물들을 죽이던 물이 영양을 공급하는 물로 바뀐다. 그리고 꿈의 내용은 내가 좋아하는 해운대, 바다, 놀이로 이어진다.

꿈에서 내가 주목해야 하는 부분은 쇠에 차를 박는 장면과 탈의실이라는 공간이다. 흰 차가 있고, 누군가 사고를 낸다. 물론 나 자신에 대한 이야기다. 강연도 많고 주위에 사람도 있지만, 뭔가 불길한 이미지다. 운전은 길을 따라 어디론가 가는 일을 말한다. 목적지가 있고, 길이 있다. 꿈에서 차는 길을 따라 운행하지 않는다. 운전이 서툴고, 후진을 하다가 쇠에 차를 박았다. 후진은 뒤로 간다는 의미다. 처음부터 나는 물의 방향과 반대로 올라가기도 하고, 길을 잃기도 한다. (오디세우스가 나온 것도 내가 그처럼 10년째 방황을 하고 있기 때문일 수도 있다. 집에 가는 길이 멀 수밖에 없다.)

탈의실은 옷을 바꿔 입는 곳, 새 옷을 입고 변신하는 공간이다. 그건 방향의 전환, 태도의 변화에 대한 요청이기도 하다. 꿈은 표면적인 서사와 더불어 계속 또 다른 이야기를 전하고 있다. 뭔가 문제가 있다는 뜻이다. 앞을 보고 집을 향해 똑바로 운전하기 위해 내가 '변신'해야 하는 모양이다. 헤르만 헤세가 『데미안』에서 한탄하는 것처럼, **온전한 나 자신이 되어 내 삶을 사는 일이 왜 이리도 힘든 걸까?**

다리 밑 작은 동물들

2019년 8월 15일 목요일 아침

다리 밑에 아주 작은 동물들이 있다. 가만히 보니 다 살아 있다. 어디 잡혀 있는 듯도 한데 어쨌든 살아 있다. 그게 중요하다. '이제 키우기만 하면 되겠네' 하고 생각한다.

비가 엄청나게 온다. 내다보니 버스가 보인다. 사고가 난 듯한데 사망자는 없다. 오토바이가 넘어져 있지만 남자는 괜찮다. 비 때문에 온통 다 물이다. ✎

내면의 힘

지난 꿈을 꾸고 나서 열흘쯤 후, 이번 꿈에서는 동물들이 살아난다. 분명히 지금까지 나온 동물들은 미동 없이 숨도 쉬지 않고 죽은 듯 보였는데, 이번에는 확실히 살아 있다. 건물 안 물속에서 죽어 있는 듯 보였던 동물들이 거대했던 반면, 살아 있는 이번 동물들은 매우 작다. 아직 크기는 작지만, 분명히 다 살아 있다. 어딘가에 잡혀 있는 듯도 하다고 적혀 있는데 쾌적한 환경은 아니라는 뜻이다. 뭔가 불편하고 자유롭지도 못하지만, 어쨌든 살아 있다. 꿈속에서도 나는 이게 중요하다고 말한다. 그리고 '이제 됐다. 키우기만 하면 돼'라고 생각한다. 과제가 남아 있긴 해도, 가장 힘든 걸 했다는 안도감이 느껴진다.

다시 비가 온다. 그리고 사고가 있었다. 버스와 오토바이의 접촉 사고인 듯하다. 다친 사람은 없지만, 버스도 오토바이도 순조롭게 운행하지 못한다. 목적지로의 여정이 늦춰진다. 비 때문에 도시는 온통 다 물이다. 물난리가 났던 상황과 비슷해 보이지만, 이번에는 내가 건물 안에서 밖을 보고 있다.

예전 꿈에서는 물난리가 났을 때 내가 건물에서 나와야 했다. 안전하지 않았고 무서운 상황이었다. 무서운 여자가 나타났을 때 위험을 느꼈다. 그런데 이번에는 다르다. 내가 '안'에 있다. 온통 다 물이고, 밖에서는 사고가 일어나지만 아무도 다치지 않았다. 그렇다면 괜찮다. 창문 없는 건물 꿈에서는 무슨 일이 일어날지 알 수 없는 두려움이 있었지만, 지금은 무섭지 않다. 무슨 일이 일어났던 건지 모르는 상황에서 무력하기만 했던 내 모습과 달리 지금은 에너지가 조금 느껴진다. 이번 꿈의 서사가 살아 있는 동물에서 시작하기 때문일 것이다. 그리고 나는 '내가' 키우겠다고 다짐한다.

꿈속에서 내가 뭔가를 하고 있다. 계획이 있고, 방향이 있고, 무엇보다 내게 할 일이 주어진다. 무력해 보이지 않는다. 오히려 이제 내가 어떻게 키우느냐에 모든 것이 달렸다는 느낌도 든다. **내면의 힘이 조금씩 차오르는 게 느껴진다. 어떻게든 꿈이 삶의 이야기를 할 수 있도록 재료를 모아야 한다.** 재료는 보통 경험에 의해 마련되는 것이지만, 생각 자체만으로 충분할 때도 있다. 내가 잠시라도 삶을 생각하면 꿈은 어김없이 살아 있는 대상들의 이야기를 전해준다.

물의 길

2019년 9월 1일 일요일 아침

어떤 집단 속에서 움직이고 있다. 좀 급한 일이다. 어디를 가야 하나 보다. 길을 찾는데 지하로 뚫린 길이 보인다. 그 아래는 물이다. 수영을 해서 내려가야 한다. 엄청 덥게 느껴진다. 내가 옷을 좀 가볍게 입고 있다. 다들 내려가고 나만 가면 되는 상황인데, 짐을 담은 가방이 너무 크다. 가방이 구멍을 통과할 수 없을 듯하다. 짐을 여기 두고 가야겠다.

사물함을 열어 짐을 넣는데, 내 열쇠로 다른 사물함도 열린다. 걱정되고 불안하다. 그러나 어쩔 수 없지 않나. 이게 중요한 건 아니다. 가장 중요한 것만 아주 가볍게 짐을 간단히 챙기려고 가방을 열었는데, 후드 티와 평범한 티가 있다. 수영을 해야 하는 상황이라 후드는 움직일 때 방해가 될 것 같다.

이상하게 목욕탕 같은 느낌이 든다. 꼭 있었으면 좋겠다 싶은 것들보다는 조금 덜 챙긴 상태에 내려가려고 하는데, 한 사람이 슬그머니 내게 다가와 질문을 한다. 외국어다. 강연이 끝난 후에 받는 질문처럼 내게 자신의 문제에 대해 이야기한다. 시간이 없지만 일단 시간을 내서 최선을 다해 이야기를 듣는다. 내 현재의 모습이다. 강연 후에 자주 있는 일이다. 현실에서와 같이 정신분석학자로서 내가 할 수 있는 조언을 하는데, 꿈에서도 내가 하는 말에 어떤 확신이 있다. ✑

지혜로운 문제 해결

멋진 꿈이다. 가장 먼저 눈에 띄는 건, 소속이 있다는 것이다. 내가 좋아하는 사람들이 조금씩 늘어간다. 현실에서도 꿈에서도 늘 혼자였는데, 이제는 주위에 사람들이 있다. 꿈과 현실이 소통하며 방향성이 생기고 있다. 이제 꿈과 현실은 서로의 모습을 닮아간다. **사람이 중요하다는 생각, 내가 귀한 존재라는 생각, 내 소원이 중요하다는 생각을 끊임없이 하고 있다.**

꿈 일기에는 내가 좋아하는 것들, 나를 보호하기 위해 해야 하는 것들, 내 몸과 마음을 위한 것들에 대한 이야기가 가득하다. 큰 변화다. 나는 사진 찍는 걸 별로 좋아하지 않아서 대학 졸업식에도 석·박사 졸업식에도 가지 않았다. 별 의미가 없었다. 예쁜 것들, 의미 있는 것들을 사진에 남기는 의식들이 이상하게 보이기도 했다. 그런 내가 사진을 찍기 시작했다. 2019년 8월 7일, 집 밖으로 나와 보니 하늘이 예뻐 보였다. 휴대폰을 꺼내 사진을 찍었고 '처음 하늘이 예뻐 보인 순간'이라는 이름으로 저장했다. 내장 메모리가 32기가바이트여서 사진을 몇 장 찍는데 조금 불안했다. 얼마 후 나는 60기가바이트 용량의 SD 카드를 사서 휴대폰에 장착했다. 내 삶이 업그레이드된 것처럼 기뻤다. 그리고 내 눈이 멈추는 풍경들을 기록하기 시작했다. 이 사진들이 내 환상 공간을 짓는 벽돌이 되고 있다. (사진첩은 매일 두꺼워졌다. 갤러리에는 많은 앨범들이 추가되었고, 고마운 사람들, 일상의 선물, 기억하고 싶은 장소의 사진들이 쌓여가고 있다.)

이 꿈을 들여다보면, 급한 일이 있고 시간이 없는 상태에서 움직이고 있는데, 너무나 지혜롭다. 무슨 미야자키 하야오의 애니메이션에나 나오는 인물들처럼 성숙하다. 일단 길을 찾았고, 그 후 방법도 찾는다. 수영을 하기 위해 단계별로 준비도 잘 하고 있다. 먼저 가려고 서둘지도 않는다. 다들 내려가고 이제 나도 가려는데 문제가 생긴다. 이때 나는 여러 가지 문제들을 한 번에 대면하게 되는데, 우선 가방이 너무 커서 구멍을 통과하지 못한다. 또한 가방을 사물함에 넣고 가려니 열쇠가 마스터키다. 다른 사람도 나와 마찬가지로 마스터키를 가지고 있다면 내 짐이 안전하지 않다는 뜻이다. 그러나 불안하면서도 나는 여유롭게 대처한다. 뭐, 어쩔 수 없다고 하더니 이게 중요한 게 아니라고 판단한다. 지금은 최소한의 것들만 챙겨 길을 떠나는 게 먼저라고 생각한다. 그래서 꼭 필요한 것들에서 몇 개를 더 빼고 짐의 크기를 줄인다. 즉 꼭 필요한 것들 몇 개는 없다는 뜻이다. 그래도 괜찮다고 생각하는 듯하다. 별로 아쉬워하지 않고 동동거리지도 않는다. 평범한 티보다는 후드 티가 더 멋있는데, 수영을 위해서는 모자가 없는 편이 낫다고 판단한다.

꿈속 장소는 목욕탕 탈의실 같은, 약간 울리는 공간이다. 주위가 물로 가득한 방이고 지하가 다 물이다. 이 바쁜 시간에 한 사람이 외국어로 질문을 한다. 보통은 강연이 끝난 후에, 오신 분들의 코멘트를 듣거나 질문을 받는다. 절실한 질문들이 많아서 늘 30분 정도는 강연장에 머물다 오는데, 한 번 기차를 놓친 후에는 늘 두세 시간쯤 여유 있게 돌아가는 기차표를 예매한다. 나는 질문 앞에서 당황해 본 적이 별로 없는 것 같다. 문제 해결을 목표로 하거나 내가 아닌 다른 사람이 되려고 노력하지 않기 때문일 것이다. 그냥 나로서 내가 할 수 있는 말을 하면 된다고 생각한다. 꿈속에서 외국어로 질문을 받는다는 건 내가 아는 이야기가 아니라는 뜻인데, 그 '낯섦'이 불편하지 않았고, 오히려 함께 이야기하는 게 즐거운 느낌이었다. 난 낯선 것에 겁을 내는 편이라고 생각하는데, 이럴 때 보면 또 그렇지 않은 듯하다. 꿈속의 나는 물 아래에서 수행해야 하는 과제와 마찬가지로 질문을 받고, 그에 대해 답하는 것도 내 의무라고 생각한다. 내게는 당연한 이야기들이 그녀를 도울 수도 있다고 생각하는 듯하다. **뭔가 좀 편안하다. 그냥 나 자신이다.** 그렇지, 이런 느낌이 있었지. 현실 속에서 내가 온전히 나인 순간들이 분명히 있었다.

늘 길을 거슬러 올라가거나, 길을 떠나기는커녕 후진하다 사고를 냈는데, 이번에는 길을 찾고 물속으로 수영해 내려가려고 한다. 물은 죽음, 폭력을 뜻하는 대상이었는데 이제는 그 자체로 하나의 길을 의미한다. 이 여정에서 만나는 사람들과도 소중한 인연을 만들어가고 있다.

꿈의 끝부분에서 나는 여유롭게, 그러나 가능한 한 빨리 짐을 챙겨 내 여정을 이어가려고 한다. 무엇보다 이 꿈에서는 '여유'가 느껴진다. 언젠가부터 혼자 고립된 상황보다는 꿈에 사람들이 함께 나오는 경우가 많아졌다. 뭔가를 함께하고 내가 좋아하는 걸 하고 있다. 눈치를 보거나 다급해하거나 시간에 쫓기는 느낌보다는 뭔가 안정된 느낌이 더 강하다. 결정도 빠르고 선택도 현명하고, 욕심을 내거나 무리수를 두기보다 내게 필요한 최소한으로 최대한의 효과를 낼 수 있는 방향으로 움직이고 있다. 현실에서도 그렇게 움직일 수 있는 가능성이 있다는 뜻이다. (그런데 꿈을 다시 읽어보면 나는 아주 중요한 한 가지를 간과하고 있다. 꼭 필요한 것이라고 생각하는 물건들을 버리고 있지 않나? 그리고 그걸 현명한 선택이라고 부른다. 앨범 속 사진 중 어떤 걸 좀 덜어내라고 하면 쉽게 삭제할 수 있을까? 고마운 사람 목록 15번부터 30번까지는 그냥 지워도 되는 걸까? 꿈은 내가 그렇게 하고 산다는 걸 보여준다. 소중한 것들을 덜어내고 삭제하는 삶, 목적을 위해 필요한 부분들을 잘라내는 삶의 문제를 보여주고 있다. 그런데도 나는 그걸 지혜로운 삶이라고 부른다. 내 소원의 길 위에 지어진 환상 공간은 모든 세부가 다 소중한 대상들로 채워져 있다. 그 어느 것도 덜어내거나 삭제해서는 안된다. 꿈은 내가 덜어낸 짐이 정말 별것 아니었냐고 묻는다. 그러나 나는 그 질문을 이해하지 못하고 있다. 그래서 외국어로 질문을 받게 되는 것이다.) 꿈속 인물이 지혜로운 선택을 할 때, 또는 그렇지 못할 때 우리는 이 서사에 비추어 나 자신의 선택에 대해 생각해 보아야 한다.

서커스 초대와 물놀이

2019년 9월 2일 월요일 아침

동아리 사람들인지, 성당 사람들인지 두 명을 대학에서 하는 서커스 공연에 초대했다. 네 시에 서커스가 시작한다. 그런데 그들이 다른 여섯 명 정도의 사람들과 함께 왔다. 같이 웃고 떠들고 놀다가 (약간 파티 같은 분위기다) 내가 혼자 편안한 시간을 보내고 있다. 수영장도 있다.

두 시쯤이다. 밥도 먹고 수영도 하며 놀고 있다. 이를 닦고 슬슬 나와서 시계를 보니 4시 5분이다. 표는 딱 두 장뿐, 다른 이들의 표는 없다. 심지어 내 표도 없다. 빨리 가서 상황을 바로잡아야 한다. 하루 종일 전화를 걸어야 할 일 같다. 이미 늦었지만 어떻게든 문제를 해결하려면 일단 그리로 가야 한다.

어떻게 이렇게 완전히 잊어버릴 수가 있을까? 그런데 이미 문제가 해결되어 사람들이 공연을 잘 보고 있을 것 같은 느낌이다. 물론 나를 욕하기도 했겠지. 아, 내가 완전히 잊어버렸구나. ✎

2시간 5분 동안 놀기

이런 경우는 처음이다. 이건 내가 현실에서 할 수 없는 일이다. 나는 절대로 이런 무책임한 일은 하지 않는다. 서너 번 확인하고, 아주 넉넉하게 시간을 잡고, 온갖 수선을 다 떨며 사람들이 서운하지 않게 하는데, 이런 큰 실수를 하고, 또 저렇게 별일 아닌 듯 태연하다. 뭔가 큰 쾌감이 느껴진다.

가장 멋진 부분은 이 바쁜 상황에 혼자 여유롭게 내가 좋아하는 것들을 하고 있는 장면이다. 이번에는 어떤 대단한 과제의 일부로 수영을 하고 있는 게 아니다. 길을 찾아 뭔가를 해내야 하는 상황이 아니라, 그냥 놀고 있다. 또 나와는 거리가 먼 '파티'라는 것에 참여하고 있다. 떠들고 노는 건 내가 제일 못하는 건데, 내가 저렇게 놀고 있다는 게 믿어지지 않는다. 꿈에서는 파티 같은 분위기가 너무 편하고 익숙했다. 내가 스트레스를 받으며 억지로 하는 일도 아니다. 그냥 노는 것이다. 그러다 혼자 놀고 싶으면 또 그들을 떠나 혼자 수영도 하고 밥도 먹는다. 여유롭게 이까지 닦고, 그제야 시계를 본다. 그러니까 2시간 5분 동안 혼자 놀았다는 뜻이다. 계산도 잘못한 상황이라 표가 두 장밖에 없다. 두 명을 초대했다면 내 것까지 세 장은 있어야 한다. 그런데 여섯 명이 더 온 상황이니 지금 모자란 표 수는 일곱 장이다.

예전에 한 학회에서 총무이사직을 맡았을 때, 법인화 작업 때문에 학기 중 두 주 내내 하루 종일 문자와 전화를 돌린 적이 있다. 내가 맡은 일이었고, 누군가 해야 하는 꼭 필요한 작업이었지만, 당시 내 일상이 마비되고 몸도 너무 힘들었다. 꿈속에서 '하루 종일 전화를 걸어야 할 일'이라는 부분은 그때 상황과 관련되는 듯하다. 그때와 달리 꿈속의 나는 여유롭게 보이고, 별로 걱정도 하지 않는다. 나 없이도 어떻게든 수습될 거라는 생각까지 한다. 죄책감을 느끼거나 괴로워하지도 않는다. 다른 어떤 일들 또는 사람들을 원망하지도 않는다. 참 수월하게 넘어간다. **와, 내가 정말 바뀌고 있구나.**

이런 모습은 사실 내 평소의 태도도 아니고, 익숙한 패턴도 아니다. 현실의 나는 지나치게 염려하고, 지나치게 배려하고, 지나치게 미리 챙기며 재차 확인한다. 단 하나도 어긋나지 않도록, 단 한 명도 서운하지 않도록, 누군가가 소외되지 않도록, 누군가에게 불리하지 않도록, 누군가에게 부당하지 않도록 모든 상황을 만드는 것이 언제나 내 목표로 설정된다. 그래서 무슨 일을 하든 늘 사람들의 기대 이상을 추구하느라 일을 마치고 나면 기진맥진한 상태였다. 모든 것을 다 챙기고, 모든 사람을 다 배려하는 건 불가능한 일인데도 그렇게 하려고 노력하다 보니, 늘 건강이 축나고 정작 나 자신은 잘 챙기지 못했다.

게다가 항상 시간이 부족했다. 잘 먹고 여유롭게 챙기고, 내가 좋아하는 것들을 내게 해주는 건 사치처럼 느껴졌다. 이런 내게 약속 시간에 늦는 건 생각할 수도 없는 일이다. 그런데 꿈속에서 나는 너무나 여유로운 모습이다. 학회에서도 그 일이 수련회이건 학술대회이건 법인화이건, 수십 통의 전화를 돌리고 예약하고 현수막을 만들고 서류를 작성하고 다과를 준비하며, 여기저기 뛰어다니느라 늘 녹초가 되고 몸살이 나는데, 꿈속의 나는 그런 의무를 모두 벗어 던지고 수영을 한다.

사실 수영은 디스크 때문에 내가 할 수 있는 유일한 운동이자 내가 좋아하는 운동이다. 물속에 있으면 안정이 된다. '웅' 하는 이명도 물속에서는 편안하게 들린다. 물의 압력이 모든 관절들을 편안하게 만들고, 각진 생각들도 부드럽게 둥글려 준다. 수영을 하고 나면 많은 것들이 회복된다. 몸도 마음도 정화된다. 나를 먼저 챙긴다는 것, 내가 좋아하는 걸 한다는 것이 흡족하다. 변화의 가능성이 보이는 꿈이다. **내가 현실에서 못하는 걸 꿈이 이루어주고 있다.**

검은색 지갑

2020년 6월 23일 화요일 아침

사방이 온통 물이다. 점점 많아지더니 신설동 네거리에 왔을 때는 위협을 느낄 정도로 물이 차올랐다. 저 끝까지 다 물이다. 그 와중에 중요한 것 몇 개를 가방에서 꺼내는데, 잠시 후 목까지 물이 차올라서 물속에 다 두고 힘겹게 도로로 올라온다. 옷도 머리도 젖은 채로 걷는데, 저쪽에서 수영복을 입은 여자들이 걸어오고 있다. 의외로 밝은 표정이다. 저래도 되나 하는 생각이 든다.

갑자기 좀 전에 물건들을 꺼내면서 지갑도 같이 따라 나왔던 것 같은 느낌이 든다. 빨리 분실신고를 해야겠다. 번거롭게 됐네. 가방을 열어보니 다행히 검은색 내 지갑이 있다. 아까 안 꺼냈나 보다. 수고를 덜게 되어 안심이다. ✍

제일 중요한 것

2020년, 코로나로 일상이 무너지면서 꿈들도 함께 흔들리기 시작했다. 집 근처인 신설동 네거리에 위협을 느낄 정도로 물이 가득 들어차고, 내가 챙기려던 물건들을 모두 물속에 놓고 나오게 된다. 물건 몇 개를 챙기려다 상황의 심각성을 깨닫고, 모두 버리고 물에서 빠져나온 것이다. 지금 중요한 건 물건들이 아니라고 생각했었다.

꿈의 조언을 들으며

그런데 갑자기 정말 중요한 것, 잃어버리면 안 되는 것까지 놓고 왔는지 걱정이 되어 찾아보니, 다행히 지갑은 있다. 나는 그럼 괜찮다고 말한다.

지금은 면역저하자이신 어머니가 특히 걱정이 된다. 어머니를 모시고 정기적으로 병원에 가야 하고, 검사도 받아야 하는데, 면역을 약으로 억제해 놓은 상태라 병원 방문 자체가 많이 걱정된다. 현재 상황에서 내가 할 수 있는 일들을 하는 것뿐 다른 방법이 없다는 걸 알면서도 모든 게 너무 슬프고 안타깝다. 나는 가능한 한 자주 집을 소독하며, 내가 할 수 있는 만큼 최선을 다하고 있다. 꿈을 보면, 내가 다른 사람들과 내 상황을 비교하는 것 같다. 그러나 이내 가장 중요한 것을 지켰다면 된 거라고 생각한다. 어머니는 코로나에 걸리지 않으셨다. 많은 것들이 이전보다 힘들지만, 어머니가 잘 견디고 계신다. 다행이다.

꿈속에서 물이 목까지 차는 느낌이 답답했다. 물에서 나온 후 햇볕이 따뜻했는데, 그 느낌이 좋았다. 지치고 힘든 상황에서 평소에는 별것 아니던 햇빛이 너무 고맙게 느껴졌다. 그냥 비 정도가 아니라 홍수였고, 네거리 전체가 물에 잠겨 흙탕물이 가득했다. 누런 물이 목까지 찬 상황이고, 건물들도 다 어느 정도 물에 잠겨 도시 전체가 마비됐다.

귀국 후, 17년 6개월이 지났다. 정년퇴직까지 17년 6개월이 남았다. 지난 17년 반 동안 11권의 책을 썼다. 그중 가장 중요한 건, 꿈 분석 해설서들이다. 2014년에 꿈과 관련된 두 권의 책을 출간한 후 독자들로부터 수많은 편지들을 받았다. 내가 늘 놀라고 감동했던 이유는 꿈의 내용과 함께 보내주신 분석과 해석 속에 용기와 지혜와 따뜻한 마음이 가득했기 때문이었다. 꿈 분석 속의 성찰과 변화, 현실 속에서의 각오를 감사히 읽고 나면, 그분들의 꿈 해석을 통해 나 자신이 성장하고 있다는 걸 느낄 수 있었다. **우리는 함께 어른이 되어가고 있었다.**

나는 늘 융 학파는 꿈을 중심에 배치하는데, 왜 정신분석 쪽에서는 늘 성 이야기만 하는지 답답했었다. 그리고 꾸준히 진정한 대중 치유와 정신분석적 실천을 위해서는 꿈 분석이 가장 중요하다고 강조해왔다. 사실, 그동안 많은 변화들이 일어났다. 17년 전보다 지금은 정신분석의 영역에서도 꿈 분석이 중요해졌다. 2015년 이후, 나는 180회 이상 강연을 했고, 이제 조금씩 '길'이 보이기 시작한다. 꿈을 보면 모든 곳이 다 물에 잠겼는데, 다행히 인도가 남아 있다. 그래서 나올 수 있었던 것이다. 집은 5분 거리인데, 이 상태라면 집으로 가는 길이 아직 멀다.

꿈은 내 삶에 대한 이야기를 전해 주고 있기도 하다. 꿈속에서 물은 폭력이거나 치유 에너지로 등장한다. 내게 익숙한 이 공간을 가득 채운 물이 폭력과 어둠의 역할을 할 것인지, 아니면 치유적인 에너지로 변환될 것인지는 온전히 내게 달린 문제인 듯하다. 남은 17년 동안 이 에너지를 어떻게 활용해야 할지 생각해 봐야 한다. 내 마음속 증오와 분노를 감싸안지 못하면 그것에 압도당하게 되고, 결국 내가 다칠 수 있다. 반대로 이 엄청난 물을 에너지로 이용한다면 치유적인 작업을 해낼 수도 있다. **모든 것이 내게 달려 있다.** 이미 잃어버린 것들, 되돌릴 수 없는 것들이 아니라 지금 현재 내가 뭘 할 수 있는지가 더 중요하다. **꿈은 가장 중요한 것을 지켜내고, 지금 가지고 있는 것, 지금 허락된 것, 지금 내가 할 수 있는 것에 집중하라고 조언한다.**

도개교

2020년 8월 15일 토요일 아침

다리를 건너야 하는데 내가 건너기 직전에 도개교가 양쪽에서 올라
간다. 물이 찬다. 다시 건너려고 하는데, 이미 물이 넘쳐 있다. 그래
도 걸을 만해서 지나다가 이내 도개교 어디쯤 매달린다. 옆을 보니
다른 여자들도 매달려 있다.

구조를 기다리는 사람들

여름 동안 비 피해가 심했다. 꿈은 위태로운 상황을 보여준다. 코
로나로 우리의 일상이 위험하다는 뜻이기도 하다. 길이 끊어지고,
내가 도개교에 매달린다. 내 옆에 사람들이 함께 대롱대롱 위태롭게
매달려 있다. 우리 모두 아슬아슬하게 견디고 있다.

이제는 내 문제만이 아니다. 다른 사람들이 모두 함께 같은 상황
에 처해 있다. 이 상황을 다르게 받아들이는 사람은 보이지 않는다.
물이 넘치고, 길은 끊어지고, 삶과 죽음 사이에서 우리는 위태롭게
다리에 매달려 있다. 상황이 매우 불안정하다. 두렵고 무섭다.

온라인으로 하는 첫 번째 강의는 쉽지 않았다. 학생들의 눈빛이
없이 혼자 하는 강의는 외로웠다. 그럼에도 보고서로, 글로 우리는
서로의 생각에 맞닿으려 노력했고, 그렇게 힘들게 한 학기가 끝났

다. 뉴스에서는 백신 개발과 관련된 소식들이 들려온다. 지금으로선 어머니께 식사를 잘 차려 드리고, 집을 소독하고, 할 수 있는 일들을 최선을 다해 하는 것뿐 다른 방법이 없다.

어제 오랜만에 학교에 가서 책들을 분류하고, 컴퓨터 파일들도 정리했다. 집에 와서 다시 소독을 하고, 내가 할 수 있는 한 맛있게 그리고 예쁘게 저녁을 차렸다. 저녁에는 하얘진 머리를 염색했다. 이렇게 삶의 세부에 정성을 들이며 견디다 보면 이 위기에서 벗어나게 되는 날이 오지 않을까? (해마다 비 피해가 반복된다. 그런데 얼마 전 마을 사람들의 지혜로 비 피해를 막았다는 뉴스를 봤다. 2023년에는 군산시의 철저한 사전 대비와 계획 덕분에 군산에서는 극심한 폭우에도 인명피해가 없었다. 사람의 힘이다. 그리고 2023년 12월 31일 선별진료소가 운영을 종료했다. 어머니께서 더 강력한 면역억제 치료를 시작하셔서 소독 횟수는 늘었고, 아직 사람들과 함께 밥을 먹거나 차를 마시는 일상은 엄두를 낼 수 없지만, 그럼에도 코로나와 관련하여 체감되는 위협은 현저히 경감된 상태다.)

도개교는 사람이 지나가도 될 때 내려오는 다리로 배가 지나가는 동안은 공중에 들려 있어 사람의 통행을 막는다. 길이 사라진 자리에 다시 길을 내는 것이 도개교다. 이 꿈은 물을 빼고 볕이 들게 하고 수해 지역을 복구하며 다시 삶을 만드는 과정에 대한 이야기인 듯하다. 길이 없는 곳에 다시 길을 만드는 이야기, 고통의 과정을 견디는 이야기인 듯하다. 매달려 있으면서도 **우리는 어떻게든 기어이 우리가 '길'을 찾아낼 것이라 믿고 있다.**

다른 행성

누군가 음료수를 마시겠다고 한다. 내가 그를 돌보고 있는 모양이다. 그를 위해 자판기 앞에 섰는데 내게 동전이 엄청 많다. 마음도 급하고, 사람들이 보고 있어 좀 신경이 쓰인다. 음료수를 뽑아서 가방에 넣는데, 가방 속에서 연기가 난다. 빨리 장소를 옮겨 확인해야겠다. 가방 속에서 불이 났나 보다.

자판기 근처 수도 옆에 보물들이 버려져 있다. 빨간 보석이 들어 있는 목걸이도 있고, 내가 예전에 잃어버렸던 귀걸이도 보인다. 진주도 몇 알 떨어져 있다. 다 쓸 수 있겠다고 생각한다. 분명 누군가 버린 것들이다. 보물들을 가방에 넣은 후 씻으려고 물가에 왔는데, 지구가 아닌 것 같다. 사방이 물이다. 나는 조금 드러나 있는 땅에 앉아 찰랑이는 물에 보석들을 씻는다. 불이 꺼졌나 보다. 가방은 괜찮다. 이국적이다. 다른 행성인 것처럼 지구의 문화가 느껴지지 않는다. 아무도 없다. 압도감이 느껴진다. 조용하고 너무나 평온하다. 전체적으로 물 위에 안개가 자욱하다. 딴 세상 풍경이다. 무섭지는 않다. ✍

되찾은 보석

요즘 많이 힘들다. 어제는 특강을 하고, 냉장고가 고장 나서 팬을 수리했다. 계속 부정출혈이 있다. 호르몬제 부작용으로 관절에도 문제가 생겼다. 어머니께서는 팔을 올리지 못하신다. 학생 수가 230명이어서 평가할 보고서 분량이 내 체력을 넘어선다. 이런 상황에선 어떤 일도 더 맡아서는 안 된다. 그런데 왜 나는 내가 지금 얼마나 힘든지 하소연만 할 뿐, 정작 부탁을 거절하지는 못하는 걸까? 내 하소연을 듣고 나를 배려해 주기를 바란다니, 우습지 않나? 나는 항상 이런 식이다. 늘 문제가 되는 것은 내 태도다.

사실 꿈의 시작에서와 같이 나는 늘 누군가를 돌본다. 돌보는 임무가 내게 주어지는 경우가 많다. 그냥 잠깐이 아니라 기간이 10년 이상인 경우도 있다. 그럼 시간과 돈과 정성을 들여 그를 돌봐야 한다. 그런데 정작 내가 아프거나 힘들 때 나는 늘 혼자다. 나는 내가 돌보는 사람들의 눈치를 본다. 보통은 그 반대이지 않나?

꿈속에서도 나는 눈치를 보고 있다. 누군가 음료수를 마시겠다고 하면, 그가 눈치를 주든 부탁을 하든, 그 사람이 혼자 할 수 있는 것이라면 그냥 혼자하게 놔두면 될 텐데, 내가 굳이 그를 위해 자판기로 간다. 내게 동전이 많아서 내가 직접 뽑아주어야 한다고 생각했나 보다. 그걸 부탁한 사람이 나보다 어려서 내가 보호해 주어야 한다고 생각했다. 그런데 자판기에서 음료수를 뽑으면서도 나는 계속 눈치를 본다. 내가 집에서 눈치를 보고 늘 숨죽이며 배려하듯, 나는 남에게도 똑같은 방식으로 봉사한다.

그리고 불이 난다. 가방 속에서 연기가 나는데, 그 순간 보물들이 눈에 띈다. 다음 장면에서 나는 이 모든 것을 뒤로 하고, 나만의 공간에 와 있다. 뭔가 내부를 정비하는 듯한 느낌이 드는 공간이다. 사실 정리하는 작업을 하긴 했었다. 방학 동안 편집 프로그램을 업그레이드하고, 마이크와 카메라를 재정비한 후, 1학기에 문제가 되었던 부분들을 수정하여 온라인 강의를 재구축했다. 온라인 강의를 위한 세부들을 보완한 후, 2학기가 시작되고 조금 더 나은 환경에서 강의를 진행했다. 2019년부터 나를 기쁘게 만드는 대상들을 내 삶 속에 조금씩 모아왔는데, 그렇게 만들어진 내 환상 공간이 확장하며 조금씩 더 안정되는 느낌이 든다.

그래서 이 상황에서도 내가 잃어버린 보물을 찾을 수 있는 것이다. 그때부터 자판기나 음료수는 내 관심 밖으로 밀려난다. 누군가 내다 버린 보석이 눈에 띄고, 그중에는 내 보석도 있다. 그들의 눈에는 그게 가치 있고, 귀한 것으로 보이지 않았던 모양인데, 사실 그것들은 '보석'이었다. 그것을 신비로운 공간에서 찰랑이는 물에 씻는다. 이 전혀 다른 공간이 중요할 듯하다. 엄청난 양의 물이 거대한 호수 같은 공간 속에서 일렁이고, 안개가 자욱하게 깔려 있으며, 식물들, 나무들이 들어서 있는 신비로운 곳이다. 분명히 지구는 아니었다. 사방이 물이고, 나는 조금 드러나 있는 땅에 앉아 마치 어린아이가 노는 것 같은 모습으로 찰랑이는 물에 보석들을 씻는다. 불이 꺼졌는지 가방은 괜찮다. 마음이 급하지도 않다. 사람이 아무도 없다는 게 당연하게 느껴진다. 이건 내 마음의 공간일 수 있다. 언젠가 잃어버렸다고 생각했던 보석들, 어딘가에 버려져 굴러다니던, 그리고 영원히 사라질 위기에 처했던 그 보석들을 찾아 이제 빛이 나게 씻는다. 공간으로부터 압도감이 느껴진다. 그리고 마음이 고요해진다.

이것은 내 마음의 풍경이다. 늘 정신없이 달리다 보니 어디로 가는지, 내가 무슨 생각을 하는지 잠시 멈추어 상황을 살필 겨를이 없었던 것 같다. 방학 동안의 재정비가 내게 큰 도움이 되었다. 사실, 꿈을 이렇게도 풀어볼 수 있다. 『데미안』에서와 같이 나는 내 안에서 솟아오르는 것을 들여다보고, 내 마음속에서 보석을 발견했던 것이다. 그걸 씻으니 하나의 세상이 탄생하며 내 마음의 풍경이 선명하게 드러난다. 고요하고 평화로운 풍경, 그 이국적인 장소는 내가 마음속에서 찾은 새로운 공간이다. 이번에는 물난리가 아니고, 온 거리를 집어삼키듯 넘쳐흐르는 위협적인 물도 아니다. 동물이 죽어 있는 검은 물도 아니고, 모든 걸 휩쓸어가는 폭력적인 물도 아니다. **그 행성을 가득 채운 물은 아름다웠고, 신비로웠고, 치유적이었다. 그것은 회복, 부활, 생명과 관련된 에너지였다.**

내 태도의 문제가 명확해지는 꿈이다. 꿈에는 자신은 아무것도 하지 않으면서 내게 음료수를 뽑아 달라고 부탁하는 사람이 나온다. 나는 그런 사람을 위해 내 동전과 시간과 노력을 써서 봉사하고 있다. 그건 사실 봉사가 아니다. "당신이 직접 하세요"라고 말했어야 한다. 왜 내가 종처럼 그의 명령에 따라야 하나? 꿈은 그 사람들이 내 안에 있는 가장 귀한 것을 쓸모없는 것으로 취급한다는 걸 보여준다. 내 보석이 쓰레기처럼 버려져 있지 않나? 내게는 나조차 나 자신을 돌보지 않는 이런 상황이 익숙하다. 내가 힘들어도, 계속되는 부탁과 요청을 거절하지 못한다. 몸이 이렇게 되도록 나는 나를 방치했다. 왜 나는 나를 보호하지 못하는 걸까? **지금껏 나는 한 번도 나 자신을 보호하는 것을 배운 적이 없다.** 어쩌면 모든 것을 걸고 어머니를 지키는 일에 익숙한 내가 이런 태도를 갖게 된 게 오히려 당연한 결과다. 다른 사람의 잘못이 아니다. 철저히 내 태도의 문제다.

이런 내게 꿈은 잠시 멈추어 나 자신에 대해 생각할 수 있는 여유를 선물한다. 꿈이 보여준 이국적 행성의 어마어마한 물은 내 일부다. 그 고요함을 잊지 말아야 한다. 보석은 수돗물이 흘러 내려가는 배수구에 있었다. 나 자신을 내가 그렇게 대하고 있었던 셈이다. 다른 사람들의 욕망을 위해 나를 그렇게 내버려두다니! 그것이 내 것이라는 것도 나중에야 깨닫는다.

꿈에서 나는 하수구의 보석들을 다시 집어 제자리에 갖다 놓는다. 너무 늦게 깨달았지만, 그리고 너무 많은 것들을 잃었지만, 적어도 나는 내가 있어야 하는 내 공간을 찾았다. 꿈이 나를 그리로 데려다 주었다. (이렇게 분석했음에도, 2020년 9월 25일, 나는 꿈의 조언을 망각하고, 다시 타인의 무리한 요구를 거절하지 못했다. 그리고 사고가 났다. 심한 빈혈에도 무리를 하는 바람에 단순한 타박상으로 끝날 수 있는 사고에 무릎 연골이 파열되고 말았다. 그 후 나는 6개월 동안 목발을 짚고 다니게 되는데, 매일 근육을 만들며 2022년 말이 되어서야 통증이 조금씩 누그러진다. 지금도 무릎을 완전히 접거나 바닥에 앉는 건 할 수 없지만, 그래도 걷고 운전을 하는 등의 일상은 가능해진 상태다. 다친 이후에도 나는 어머니를 위해 점심, 저녁을 차리고, 집을 치우고, 고장 난 경보기를 바꾸고, 정수기 필터를 교체했다. 온라인으로 장을 보고, 식재료를 다듬고, 빨래를 했다. 통증이 심해 계단을 내려갈 수 없었던 첫 두 주 동안은 어머니께서 혼자 병원에 가셨는데, 처음 혼자 병원에 가신 날, 계단에서 넘어지셔서 피를 흘리고 오셨다. 얼마 후 나는 다시 병원에 동행했고, 하루에 서너 시간씩 누워 쉬면서도 온라인 강의를 강행했다. 녹화를 하고 나면 다리가 퉁퉁 부었다. 나는 단 하루만이라도 통증 없이 잠이 들 수 있기를 애타게 기다렸다. 그렇게 한 달, 두 달, 일 년, 이 년, 삼 년이 지났다. 아직 통증이 남아 있지만, 그래도 거의 모든 일상생활이 가능해졌다.)

계속되는 요구들을 밀어내야 한다. 나 자신만을 바라보고 나에 대해 생각할 시간이 필요하다. **내 신비로운 공간을 되찾아야 한다. 꿈은 이 신비로운 공간에서 내가 나와 조우하도록 돕고 있다.**

해파리

2020년 11월 1일 일요일 아침

어느 곳의 지하철이다. 분위기가 애니메이션처럼 환상적이다. 지하철 창밖으로 커다란 닭과 거대한 해파리가 보인다. 몽환적이다. 밖이 완전히 어떤 꿈이나 동화 같은 분위기다. 엄청나게 큰 거대한 닭과 거대한 해파리가 날아온다. 밖의 문이 열렸을 때, 내가 "너무 초현실적이야!"라고 말하면서 나간다. 색깔도 너무 예쁘다. ✎

나만의 환상 공간

학생들의 보고서가 너무 멋지다. 그들은 세상 누구도 말하지 않은 것을 말하고, 세상 누구의 시선과도 다른 나만의 시선으로 분석하고 해석했다. 그들의 보고서는 늘 벅찬 느낌으로 읽게 된다. 230명의 보고서를 두 번씩 받았는데, 모두 기가 막힌 내용들이다. 그들은 나보다 무한히 성숙하고 무한히 지혜롭다. 보고서는 내게 학생들의 머릿속 풍경을 보여준다.

꿈은 내 느낌을 멋진 장면으로 표현한다. 나는 모노톤인데, 아이들의 컬러풀한 생각은 너무나 예쁘고 다채롭다. 그들은 겁이 없다. 이론에 대한 거부감이나 편견이 없고, 새로운 것에 대한 두려움도 없다. 그래서 세상의 새로운 이야기를 자유롭게 할 수 있는 것이다.

내 어린 시절에는 가능하지 않았던 이야기들이다.

언젠가 대학 시절 A.I.에 대한 책을 정독한 후, 오자도 몇 개 찾아서 그 책을 쓴 교수님을 찾아뵌 적이 있다. "교수님 책을 읽었습니다. 저도 이런 공부를 한번 해보고 싶습니다"라고 했더니, 그는 내 설명을 듣지도 않고, 내가 찾아낸 오자를 보지도 않은 채 뻐딱하게 앉아 이렇게 말했다: "꿈 깨." 나는 정말로 꿈에서 깨어나 그 이후로도 아주 오랫동안 아름다운 해파리를 만나지 못했던 것 같다. 내가 학생들에게 "나는 내가 꿈꾸던 교수, 꿈에 그리던 교수야. 내가 꼭 만나고 싶던 그 교수야. 너희는 정말 행복한 거야"라고 말하면 다들 박장대소한다. 그런데 사실은 이 아이들이 나를 내가 꿈꾸던 교수로 만들어주고 있다.

불편했던 컴퓨터와 카메라와 마이크가 이제는 내 환상 공간을 만드는 중요한 요소들이 되었다. 나는 이곳에서 학생들과 함께 꿈을 꾼다. 거대한 해파리가 나오는 꿈이다. 예전 꿈에서는 죽은 것 같은 거대한 소와 말이 미동 없이 검은 물에 둥둥 떠 있었는데, 이제는 힘이 넘치는 커다란 닭과 거대한 해파리로 변했다. **죽은 것이 살아나고, 어둠이 빛이 되고, 무서운 공간이 환상적인 공간으로 변했다.** 변신의 순간이 다가오고 있음을 느낀다. 희열이 느껴지는 현실 속 순간들은 우리를 삶의 방향으로 이끄는 가장 큰 동력이다.

내 결혼식

2021년 12월 27일 월요일 아침

엄청 높은 곳에서 폭포수가 쏟아지고, 사람들이 슬라이딩하며 즐기는 모습이 보인다. 여기는 휴양지다. 그런데 나는 사흘 내내 실내에만 있다가 돌아간다. 사람이 세 명 있는데, 사흘 중 이틀을 여기서 잤다는 걸 보니 첫날 점심, 저녁, 그다음 날 점심, 저녁, 그리고 마지막 날 점심까지 내가 이곳에서 세 사람을 계속 먹이고 재웠나 보다.

사실은 내 결혼식이라 그곳에 갔던 건데, 그들은 그걸 몰랐던 것 같다. 이틀째 저녁에 그 이야기를 듣더니 P가 구겨진 봉투를 꺼내 그 자리에서 돈을 넣어준다. 미리 축의금을 준비해 오지도 않았던 것이다. 이렇게 무례할 수가! 이렇게 자기밖에 모르는 사람들에게 내 소중한 시간과 노력을 낭비하고, 온갖 정성으로 그들을 돌보고 있었다니! 내가 탁자 위에 봉투를 '탁' 놓고 나온다. 그다음 날 거실에 들어갔더니 P가 아무 일이 없었던 것처럼 너무 평온하게 공부를 하고 있다. 나를 바라보는데 내가 "점심 먹고 가면 되지?" 하고 말을 건넸더니 고개를 끄덕인다. 나 참, 이 상황에 내가 또 그 아이 눈치를 보고 있다. 밥을 먹여 보내겠다는 말이다. 말도 안 되는 태도다.

꿈을 꾸는 도중, 갑자기 어머니의 모습이 떠오른다. 어머니는 늘 이런 식이다. 뺨을 한 대 때려야 하는 상황에서 그 사람이 밥을 먹었는지, 옷은 따뜻하게 입고 있는지, 집에 갈 여비는 있는지 확인하고, 끝까지 챙기신다. 그런 어머니가 늘 답답하고 속상하면서도 다른 한

편으로는 대단해 보였다. 나는 절대로 할 수 없는 일이다. 그런데 지금 내가 내 결혼식에서 어머니처럼 행동하고 있다.

그다음 장면에서는 내가 빨래를 하고 있다. 이건 그냥 일상이다. 그런데 밖을 쳐다보니 사람들이 폭포수에서 슬라이딩을 하고 있다. 돌아오는 날에야 여기가 노는 곳이었다는 걸 깨닫는다. '물이 있었구나. 여긴 휴양지야. 난 내 결혼식에 와서 일만 하다 가네.' 이 사람들에게, 특히 나 자신에게 화가 난다. 그들에게 내가 얼마나 힘든지 말하고, 도저히 더 일을 맡을 수 없다고 사정하며 공감해 주길 부탁할 필요가 없었다. 그냥 안 된다고 하면 되는 일이었다. 또, 한 번만 먹이고 그냥 보내면 되는데, 왜 이틀씩 재우고 몇 끼를 먹이며 그 말도 안 되는 짓을 했을까? 왜 그들의 병적인 요구에 응했을까? 이건 내 결혼식인데 그들은 나에 대해서도, 내 삶에 대해서도 아무 관심이 없는 사람들이다.

로비에서 한 사람을 만난다. 나는 그에게 "당신을 원망하지 않아요. 내 구조의 문제입니다. 내 태도의 문제였어요. 그러나 당신이 정말 내 친구였다면 내 구조를 이용하진 않았겠죠. 그건 옳은 일이 아니었어요. 다시는 당신이 나를 해치게 놔두지 않을 거예요"라고 말한다. 어휴, 저 폭포나 타보고 올 걸. 무릎에는 물이 좋은데, 물에 한 번도 못 담가봤네. ✍

태도의 전환

2019년 4월 4일 꿈에서 나는 사람들을 위해 칼국수 20인분을 끓이고 있다. 그 사람들이 내 집에 들어와 안방에서 팔을 괴고 누워 텔레비전을 보며 여유롭게 빈둥거리는데, 나는 이리 뛰고 저리 뛰면서 큰 냄비들을 찾고 있다. 걱정하고, 계획하고, 분주하게 움직이며 혼자 음식을 한다. 그런 꿈들이 많았다. 그건 현실과 그리 다르지 않다. (마지막 5장에 언급될 2020년 9월 18일 꿈에서도 나는 내 집에서조차 동동거리며 서둘고 있는 반면, 내가 알지도 못하는 남들이 내 집에서 편안히 자고, 내 부엌에서 여유롭게 커피를 마시고 있다.) 그러고 보니 현실에서뿐만 아니라 꿈에서도 이전까지는 계속 바보짓만 연이어 하고 있었던 것 같다.

어머니는 억지로 하시는 일이 아니다. 자연스러운 당신 그 자체가 그런 자애심을 갖고 계신다. 그런데 내 경우는 그게 나 자신이 아니다. 그냥 흉내다. 억지로 하는 일이고, 늘 그렇게 하다가 후회하게 된다. 항상 그런 식이다. 내 공간에 침입하게 허락하고, 내가 바빠도, 내가 아파도, 내게 어떤 사정이 있어도 내 몸과 마음을 희생해서 그들의 요구를 먼저 들어준다. 내 안에는 내가 어떻게 되어도 아무 상관 없다는 생각이 늘 가득하다. 그게 내 구조이고, 내게 가장 익숙한 태도다.

사실 어머니의 구조에도 문제가 있다. 자애로움은 좋은 것이지만, 이와 함께 문제가 되는 다른 부분이 있는데, 그건 어머니께서 당신을 돌보지 않으신다는 것이다. 나는 내 몸과 마음이 상해도 그냥 무리한 요구를 들어주는 데 익숙하다. 어머니가 당신을 돌보지 않으셨 듯이 나도 나를 돌보지 않는다. 그러나 꿈들은 내가 가장 중요하다 는 사실을 강조하고 있다. 내 태도의 문제를 지적하며, 내 콤플렉스 를 이용하는 사람들의 문제를 드러내 준다.

이번 꿈은 뭔가 좀 더 시원하다. 끊임없이 문제가 되었던 내 태도 를 수정하는 계기가 나왔다. 물론 여기서도 바보짓은 계속하고 있 다. 쫓아내야 하는 사람에게 밥을 먹고 갈 거냐고 묻는다. 그러나 이내 내 태도의 문제를 깨닫고, 행동을 수정한다. 굉장히 중요한 꿈 이다.

'물에 한 번도 못 담가봤네'라고 생각하는 나 자신이 좀 편안해 보인다. 조금 덜 참고, 조금 더 표현할 수 있다는 게 좋다. 화를 내 야 할 때 화를 내고 있다는 것도 중요한 부분이다. 보통은 현실에 서건 꿈에서건 구겨진 봉투에 축의금을 넣어 무례하게 돈을 건넨다 면, 그냥 참고 웃으며 괜찮다고 말했을 것이다. 나는 꿈에서조차 화 를 내지 못했었다. 그런데 지금은 다르다. 그걸 탁자에 '탁' 놓고 나 온다. 그리고 이 상황의 본질을 깨닫는다: 이게 내 결혼식이고 그렇 다면 내가 주인공이다. 아무도 그걸 이야기하지 않았고, 누구도 문 제를 지적하지 않지만, 이건 잘못된 것이고 이들이 명백히 내게 부 당한 짓을 하고 있다는 걸 깨닫는다. 그리고 솔직하게 내 생각을 이 야기한다.

그 이후 나는 예전의 방식으로 사람을 대하지 않는다. 무리한 부 탁은 거절한다. 거리를 두고, 내 몸과 마음을 먼저 살피고, 내 환상 공간을 보호한다. **내가 주인공이 되어 내 삶의 중심에 서 있다.** 내 몸과 마음을 돌보기 시작하며 새로운 친구들도 생겼다. 그렇게 한 덕분에 새 친구들을 만날 수 있었던 것이다. 내가 더 이상 억지로 말하고 행동하지 않아서 가능한 일이다.

　온전한 나 자신이 되었을 때 좀 더 용기가 났다. 내 발표도, 논문도, 글도 더 용감해지고 더 편안해졌다. 물론 건강도 회복되어 가고 있다. 친구들과 소통하며 함께 시간을 보냈을 때 몸과 마음이 건강해졌다. (이 건강한 관계들 속에서 나는 훗날 '거꾸로 달리는 말' 꿈을 꾸게 된다.) 다음 번 꿈에서는 정말 그 폭포 위에서 슬라이딩을 해볼 수도 있을 것 같다. 우리에게는 두 번의 기회가 주어진다. 만약 꿈에서 내가 나 자신을 솔직하게 표현했다면, 현실에서 그 일이 일어날 수 있는 가능성이 생긴 셈이다. 이렇게 **꿈과 현실은 힘을 합쳐 나를 소원의 길로 인도한다.**

02. 약함에서 강함으로

죽음에서 삶으로 나아가는 여정

2005년 2월 7일 ~ 2023년 4월 10일

이번 장은 죽음으로 시작한다. 공간도 사람도 다 죽은 듯 힘이 없다. 그러나 꿈과의 소통이 반복되며 나는 조금씩 기운을 되찾아간다. 꿈은 일련의 멘토들을 내게 선물해 주었고, 그들을 만나며 나는 서서히 나 자신이 되어간다. 꿈의 선물 중 단연 최고의 이미지는 할아버지가 차려주신 음식들이다. 정성 가득한 그 음식들이 눈물 나게 고마웠다. 어떤 악의도 없는 어른, 선의로 가득한 사람이 나를 생각하며 나만을 위해 정성껏 차린 음식이었고, 그걸 먹으면 내 몸과 마음이 나을 것이라는 확신이 들었다. 그리고 나는 살아난다. 멈추어졌던 시간이 흐르기 시작하고, 과거를 고칠 수 있는 능력도 생긴다. 어떤 힘도 남지 않았던 신체가 말하고, 웃고, 걷고, 손을 잡을 수 있을 정도로 강해진다.

학 무늬 항아리

2005년 2월 7일 월요일 아침

외국의 작은 마을이다. 머리가 긴 여인이 음식을 만들고 있다. 음식이 매우 맛나 보인다. 학 무늬가 새겨진 푸른색 항아리가 보인다. 그 안에 음식을 넣을 모양이다. 왠지 모르게 슬프다. 내가 수동 카메라를 들고 있다.

다른 장소다. 그 여자의 남편이 있다. 살인자다. 그는 내가 조금 전까지 갖고 있던 카메라를 들고 구도를 맞추며 풍경을 살피고 있다. 태양이 작열하는 사막에 모래바람이 분다. 구석에 그녀가 있다. 겁에 질린 상태다. 그는 그녀를 죽일 것이다. 마지막으로 그가 카메라를 통해 그녀를 바라본다.

내가 갑자기 현대로 돌아와 어느 박물관 한 귀퉁이에 서 있다. 학 문양이 새겨진 그 푸른 항아리가 진열되어 있다. 너무나 친근한 느낌이 든다. 다가가 보니 그녀가 쓰던 바로 그 푸른빛 항아리가 유리 진열장 안에 보관되어 있다. 내가 조상들을 만났던 것이라는 사실을 깨닫는다. 그녀는 죽었을까? 눈물이 난다. 사람들은 저 항아리에 묻어 있는 그날의 생생한 기억을 알지 못한다. 항아리를 제외하고 모두 사라졌다는 사실이 이렇게 허탈할 수가 없다.

천 년 전 기억들이 너무나 생생하다. 지금은 모두 사라졌다. 소리 내어 엉엉 울기 시작한다. 어슬렁거리며 지나가던 한 남자가 나를 쳐다본다. 눈물 때문에 잘 보이지 않는다. 눈물이 멈추지 않는다. 너

무나 슬프다. 내가 통곡한다. 할머니들이 지나가시는데 조금 위로
가 되는 것 같다. 내가 여전히 엉엉 울고 있다. 소리 내어 통곡하다
가 잠에서 깬다. ✍

내 죽음을 애도하기

나는 지금 죽음을 애도하고 있다. 이 꿈을 꾸고 난 후, 죽은 여자
가 '나'라고 생각했던 것 같다. 그녀는 다른 사람인 동시에 나 자신
이기도 했다. 세대는 다르지만 그건 내가 직접 겪은 경험이자 내 고
통이었다. 정성 들여 지은 음식과 마음이 들어간 물건들이 그 모든
걸 파괴하는 폭력 앞에서 다 망가졌다. 그런 폭력 앞에서는 정성도
아름다움도 사람의 마음도 모두 하찮은 것이 되어버리고, 다 갈기갈
기 찢겨 파괴된다. 그런데 천 년이 지나도 남아 있는 것이 있다. 그
모든 것이 배어 있는 항아리다.

나는 기억한다. 그날 그녀가 만들던 맛나 보이던 음식은 지옥 같
은 풍경 속에 묻혀버렸지만, 나는 그녀의 정성이 그 음식에 스며 있
다는 것을 안다. 그녀의 존재가 그곳에 있었다는 걸 알고 있다. 내
가 직접 봤기 때문이다.

모든 것이 사라지고 모든 것이 파괴되었지만, 나는 그녀의 존재를
분명히 기억한다. 나는 그녀의 죽음을 애도하고 있다. 그건 아마도
늘 내가 느끼는 이 절망감, 다시는 회복되지 못하는 방식으로 죽어
버린 내 마음의 부분들에 대한 애도이기도 할 것이다. 그 순간들을

내가 기억한다는 것이 중요하지 않을까? 그래야 무엇이든 다시 시작할 수 있다. 모두 다 파괴되지는 않았다는 것, 그것이 큰 위안이다. 내가 들인 정성은 귀하고 가치 있는 보물이다. 누군가 그걸 파괴했다고 해서 없어지는 게 아니다. **죽음을 애도한다는 건, 내 상실을 받아들이는 동시에 내가 상실한 것에 대한 진정한 의미를 내 마음 속에 잘 간직하는 것이다.**

이상한 질문

2020년 11월 30일 월요일 아침

낯선 길이다. 사람도 차도, 아무것도 보이지 않는다. 생명이 느껴지지 않는 메마른 거리다. 너무나 조용하다. 여섯 시까지 어디를 가야 하는데, 택시를 기다려도 오지 않는다. 한 대가 보였는데 다른 곳으로 간다. 시계를 보니 여섯 시처럼 보인다. 자세히 보니 다섯 시 반이다. 급하면 카카오 택시를 부르면 된다. 조금만 더 기다려보자. 오토바이가 멈춘다. 오토바이라도 타고 가야겠다고 생각하는데, 헬멧이 안 보인다. 어디 있겠지. 오토바이 기사님께서 이상한 질문을 하신다. 내 인성에 관련된 질문인 것도 같다. 혹은 걱정해야 할 만한 어떤 것인 듯하다. 그런데 생각해보니 걱정할 필요가 없을 것 같다. ✍

문을 여는 주문

황량한 거리다. (나는 비슷한 상황에서 사람도 없고, 차도 없는 혜화동 거리를 너무나 아름답고 고요하다고 묘사했었다. 2022년 4월 5일 꿈에서 본 혜화동의 풍경과는 너무나 다르게 느껴진다. 다른 행성인 듯한 호수의 풍경과도 많이 다르다.) 내게는 이 쓸쓸하고 황량한 풍경이 익숙하다. 생명이 느껴지지 않는 거리는 나 자신

꿈의 조언을 들으며

을 가리킨다.

꿈에는 죽음과 관련된 이야기들이 늘 가득했다. 2005년 2월 9일 꿈에서 나는 사람의 양쪽 광대뼈에 징을 꽂고 망치로 내려치는 모습을 보는데, 이와 함께 해골이 나타난다. 2005년 2월 12일에는 내 방에 죽음의 기계가 있다고 말하고, 2005년 7월 24일에는 완전히 혼자 남아 죽음을 맞이한다.

처음부터 죽음이라는 소재는 내 꿈의 주요 배경이었다. 언젠가 꿈에서 봤던 풀 한 포기 남지 않은 황량한 들판, 황량한 거리, 사람이 없는 황량한 골목, 삶이 느껴지지 않는 차가운 컨테이너가 선명하게 떠오른다. 어느 꿈에는 '내가 사는 황무지'라는 제목을 적어놓기도 했었다. 삶이 없는 세상, 생명이 느껴지지 않는 공간은 내게 익숙한 배경이다.

계속 무릎이 아프다. 잠시도 통증이 멈추질 않는다. 늘 아프니 삶의 모든 면에서 다 제약을 느낀다. 살아 있는 사람들처럼 삶을 살지 못하는 나. 왜 나는 나 자신을 이렇게 방치했을까 후회하며 나를 원망하고, 또 원망한다.

온수가 나오지 않아 보일러를 고치고, 수도가 막혀 수리를 했다. 그리고 심한 심계항진이 시작되었다. 보고서 피드백 두 개를 녹화하고, 마지막 강의들을 탑재했다. 한 학기가 너무나 힘들다. 거의 발작 수준으로 증상이 나오는 통에 많이 힘들었다. 이 정도의 괴로움은 오랜만이다. 나를 지켜주는 친구들이 있지만, 이 괴로움은 오롯이 나 혼자 감당해야 한다.

꿈에서 나는 낯선 길을 걷고 있다. 꿈은 사람도 없고, 차도 없는 거리, 생명이 느껴지지 않는 이 죽은 거리가 나 자신이라고 말한다. 그런데 왜 간간이 차와 오토바이가 나타나는 걸까? 이것들도 내 삶과는 관련이 없다. 나와는 다른 방향으로 가고 있지 않나?

꿈에서도 나는 늘 바쁘다. 몇 시까지 어디를 가야 하고, 뭔가를 해야 하고, 늘 마감에 쫓긴다. 정말 못 해낼 것 같은데, 나는 어떻게든 해내고야 만다. 현실에서도 마찬가지다. 수많은 일들을 이런 상태로 모두 해냈다. 그리고 조금만 더 기다려보자는 마음으로 무릎 통증을 10주 동안 견디고 있다.

꿈에서 나는 목적지에 가기 위해서 오토바이를 타려 하는데, 오토바이 기사님의 질문이 이상하다. 그냥 나를 이동만 시켜주시는 게 아니라 어떤 근본적인 것에 대해 질문하신다. 위험하다는 생각이 든다. 헬멧이 없지 않은가? 그렇다면 우리는 지금 물리적인 방식의 이동에 대해 이야기하고 있는 게 아니다. 꿈이 말하는 이동은 정신적인 변신이다. **정신적인 이동, 새로운 변신이 바로 지금 내게 필요한 사건이다.**

내 삶은 정체되어 있다. 몸을 다쳤기 때문이 아니라 정신적으로 고립된 상태이기 때문이다. 꿈을 보면 나는 혼자다. 내 곁에는 아무도 없다. 그리고 나는 그 상태에서 하염없이 기다린다. 이상한 질문이라고 생각했던 그 질문이 필요한 시기이기 때문에 꿈에 그가 나타난 것이다. 내 인성에 관련된 질문, 걱정해야 할 만한 어떤 것에 대한 질문이 필요했나 보다. 내가 그런 질문들을 하지 않기 때문에 꿈이 내게 질문하고 있다. 그런데도 나는 "생각해보니 걱정할 필요가 없을 듯하다"고 말한다. 심각성을 깨닫지 못한 것이다. 꿈은 뭔가를 알려주기 위해서, 내게 절실한 질문을 하기 위해서 나를 찾아왔는데, 나는 질문을 받는 와중에도 눈앞의 문제를 애써 무시해버린다.

죽음과 관련된 이미지는 내가 근본적인 질문을 제기할 때까지 계속 내 꿈의 배경이 될 것이다. 이 이상한 질문에 대한 답이 바로 죽음의 거리를 벗어나기 위한 주문인데도 나는 답을 구할 생각이 없다. 꿈은 지금 나에게 이동이 필요하다고 말한다. 아직 늦지 않았다고, 근본적인 태도의 변화가 필요하다고 소리친다. 그런데 마음속 깊이 나는 이미 늦었다고, 아무것도 바뀔 수 없다고, 그리고 내게는 이 죽음의 공간이 익숙하다고 생각한다. 언젠가 이 죽음의 거리를 벗어날 수 있을까? 용기를 내어 오토바이를 타면 되는데, 그의 질문에 답하기만 하면 되는데, 그게 어렵다. 지금은 내가 이상하다고 표현한 그 질문 자체가 기억나지 않는다. **우리가 이 이상한 질문을 기억하고, 그 질문에 답할 때 비로소 변화가 시작된다.**

심계항진

2020년 12월 16일 수요일 오후 4시

어머니 옆에서 나는 가슴을 잡고 간신히 뭔가를 이야기하려고 노력하고 있다. 그런데 소리가 나오지 않는다. 억지로 소리를 짜내 한 남자의 이름을 말하며 그 사람이 얼마나 두려운지 설명하려고 한다. 그건 사실이었다. 그 남자가 있으면 위험하다. Durst…. 목 근육이 수축하고 숨이 쉬어지지 않는다. 울고 소리 지르며 내가 괴로워한다.

어머니는 마치 아무 일도 일어나지 않은 듯, 아무것도 못 보시는 것처럼 평온하시다. 내가 무슨 말을 하고 있는지도 모르신다. 전혀 소통이 안 된다. 내 존재가 무너질 것만 같은 절망과 분노가 느껴진다. 위험한 상태다. 나중에 인터뷰가 있는데…. ✐

발작의 의미

가끔 발작과 함께 죽음이 나를 찾아온다. 목 근육이 굳고, 숨이 쉬어지지 않으면 발작처럼 죽음을 경험한다. 모든 것을 엉망으로 만드는 '그 남자'는 누구일까? 꿈에서도 내 절망은 존중받지 못한다. 내 절망이나 감정이 왜 소통되지 못하는 걸까?

가끔 누구와도 소통하지 못한 채 혼자 남겨진 듯한 공포를 느끼곤

한다. 고통이 어느 정도 이상이 되면 오히려 가족들은 평온해진다. 마치 아무 일이 없는 것처럼 그것에 대해 이야기하지 않는다. 그 상황에서 견뎌내는 일은 오롯이 고통받는 그 사람의 몫이다. 그 시간을 어떻게든 견디고 나면 다시 일상이 시작된다. 마치 아무 일이 없었다는 듯 일상이 지속된다. 어머니의 삶이, 그리고 내 삶이 그래왔다. 이상하게도 이런 반복은 결코 익숙해지지 않는다. 어머니조차 이 규칙에 동참하고 계시는 듯 보일 땐 그저 막막한 느낌 뿐이었다.

답이 없는 고통의 반복, 존중받지 못하는 절망은 시간이 흐르며 조금씩 내 생명을 갉아먹었다. 망자로 살면 고통이 조금은 줄어든다. 삶을 구하지 않으면 조금은 차분해졌다. 아주 잠시 동안은 그랬다. 그러나 어떤 합의도 없이, 어떤 대화도 없이 소중한 것들, 정성이 들어간 것들이 파괴되는 일상에 익숙해질 수는 없었다.

12월 7일에 정형외과에서 MRI를 찍었는데 슬개골 연골이 파열되었다는 진단을 받았다. 통증이 너무 심했다. 돌아오는 길에 '내가 이미 망자로 살고 있는 사람이라 남들이 나를 이렇게 막 대할 수 있었던 거구나' 하고 생각했다. **사람들은 살아 있지 않은 사람을 존중하지 않는다.** 나 자신을 버린 사람을 왜 존중하겠는가? 왜 나는 항상 죽음의 편에 서 있는 걸까?

꿈속 남자는 어떤 위협을 뜻하는 것 같은데, 피해야 하는 상황에서도 어머니는 평온하시다. 빨리 짐을 챙겨 도망가야 하는데, 어머니는 상황을 인지하지 못하신다. 그럼 여기서 내가 할 수 있는 일은 없다. 소리가 나오지 않는 비명을 질러대다 발작이 몸과 마음을 소진시키고, 몸의 일부, 마음의 일부를 죽이고서야 마침내 차분해진다.

'Durst'는 독일어로 갈증, 목마름을 뜻한다. 그래서 내가 물을 좋아하는 걸까? 그래서 물의 이미지가 구원처럼 느껴지는 걸까? 그냥 꿈을 꾸는 중에 이 단어가 보였다. 'durst'는 영어로 'dare'(감히 … 하다)의 과거형이기도 하다. 고어라 지금은 사용하지 않는다. 내가 감히 하지 못하는 것은 무엇일까? 꿈은 수수께끼처럼 내게 계속 질문을 던진다. 나만이 답을 찾을 수 있다.

숨이 막힐 때 나는 제대로 말을 하지 못한다. 사실 뭘 말해야 하는지, 왜 숨이 막히는지 모를 때도 있다. 뭘 어떻게 해야 하나? 몸과 마음에 생채기를 낸 후, 또 그렇게 진정시키고 밝은 미소로 돌아간다. 아, 내 우울과 좌절과 절망과 갈증을 존중하지 않은 건, 바로 나 자신이었구나. **꿈속 모든 이야기는 나에 대한 진실을 들려준다. 그 안에서 답을 찾으면 된다.**

꿈은 위험한 상태에서 절망으로 끝나지 않는다. 그럼에도 나는 내 계획과 일상에 대해 이야기하고 있다. 나는 어떻게든 다시 멋지게 일들을 할 수 있다고 생각한다. 인터뷰가 잡혀 있었던 것 같다고도 하고, 일단 진정하면 평소와 다름없이 그냥 잘할 수 있을 것이라 생각한다. 그런데 다시 생각해보면, 그냥 다 잊겠다는 말이다. 그래서는 안 된다. "감히 네가 이 모든 것을 잊으려 하는가?" 바로 이 질문이었을까? 내 안에 있는 "감히…"라는 목소리를 외면해서는 안 된다.

질식

2021년 2월 26일 금요일 아침

숨이 잘 쉬어지지 않는다. 식사를 같이하기로 했는데, 좀 기다려야 하나 보다. 내가 굽이 10센티미터나 되는 구두를 가지고 걷는다. 나 팔꽃이 핀 어떤 예쁜 집에서 나팔꽃 줄기 하나를 가지고 다시 걷는 다. 구두를 들고 있다. 그런데 숨이 잘 쉬어지지 않는다. 가래가 끓 는다. 길을 걷다 주위를 둘러보니, 우리 학교 누리관에서 한울관으 로 가는 길 같다. 식당에서 다른 자리에 앉아 있다가 식사 자리로 이동하려 한다. 사업에 관련된 사람들과 밥을 먹나 보다. 마음속으 로 만반의 준비를 하고 그곳으로 간다. 안전하게 짐을 다 들고 이 동한다. ✍

만반의 준비

꿈의 시작은 내 일상을 보여준다. 매 순간, 내가 뭘 하든 저 깊은 곳에는 숨이 쉬어지지 않는 답답한 느낌이 있다. 정도의 차이만 있 을 뿐 늘 그 상태가 유지된다. 예쁜 꽃을 들고 있어도, 사람을 만나 도, 웃고 있어도, 밥을 먹어도, 일을 해도 늘 조금은 답답한 상태다. 조금은 늘 불편한 상태다.

꿈에서 나는 굽이 높은 구두를 들고 걷는다. 그런 구두는 낯설다.

사실 삶이 낯설다. 웃고 떠들고 일하고 뭔가를 성취해도 내 안에서는 가래가 끓고, 숨은 쉬어지지 않는다. 나는 늘 맨발이다. 그러나 그 상태에서도 늘 일을 제대로 처리하려고 고군분투한다. 만반의 준비를 하고 짐을 챙기고, 해야 하는 것들을 다 해내며 나의 의무를 수행한다.

여전히 몸이 좋지 않다. 팔꿈치 통증이 심하고, 무릎은 늘 아프다. 꿈에서도 나는 건강이 안 좋다. 숨 쉬는 게 불편할 정도다. 굽이 10센티미터나 되는 구두, 꽃, 식사는 다 멋진 대상들인데 그걸 즐길 수 있는 상태가 아니다. 이런 상황에서도 나는 일상의 세부들을 챙기며 최선을 다하고 있다. 꿈은 내 삶에 대한 이야기를 들려준다.

꿈의 이미지들을 분석하다 보면 특정 대상에 주의를 집중했을 때 더 많은 연상들이 이어지며 그 이미지가 강화되는 경우가 있다. 물론 크게 보이는 세부가 있고, 감정적 색채가 진한 부분도 있다. 그러나 분석을 해가며 별로 중요해 보이지 않았던 부분이 중요한 것으로 드러나는 경우가 많다. 이 꿈에서는 구두나 나팔꽃 등이 제일 먼저 보이지만, 사실 이 꿈은 집으로 돌아가는 꿈의 연속편이다. 내 연구실이 한울관에 있기 때문이다. 나는 지금 누리관에서 한울관으로 가는 중이다. 그런데 이동이 쉽지 않고, 밖은 안전하지 않다. 그래서 짐을 다 들고 이동해야 한다. 나는 한울관에 있는 내 연구실에서 교수들이 하는 일을 해야 하는데, 꿈속의 나는 한울관 밖에서 사업에 관련된 사람들을 만나 식사를 하려 한다. 숨은 쉬어지지 않고, 가래가 끓고, 높은 구두와 짐을 들고 있다. 모든 게 다 어긋나는 이유는 내가 집에 있지 않기 때문이다. 그래서 가장 중요한 세부는 '이동한다'라는 마지막 세부이다. '만반의 준비'는 귀향을 위한 것이다.

모든 게 이상한 조합으로 섞여 있고, 과정도 순조롭지 않지만, 적어도 나는 준비를 하고 있고, 길을 따라 걷고 있다. 나를 포기하지 않았고, 내가 할 일을 내팽개치지도 않았다. 하나씩 차분히, 그리고 열심히 하고 있다. 만반의 준비가 되었다고도 말한다. **몸은 좀 안 좋아도 나는 최선을 다해 준비했다.** 숨거나 피하거나 주저앉지 않았다. 꿈속에서 나는 이동 중이다. 그게 제일 중요하다.

새 옷과 새 신발

2021년 3월 16일 화요일 아침

어느 낯선 곳에 어머니가 계신다. 이부영 선생님께서 어머니를 위해 옷을 사주시는 듯하다. 어머니를 돌봐주시는 느낌이다. 어쩌다 이런 상황이 되었는데 이부영 선생님께서는 말없이 차분하게 어머니와 함께 계신다. 내가 갈 때까지 그렇게 계시다가 조용히 사라지신다. 어머니는 예쁜 옷이 좋으신지 웃으신다.

내가 신발 가게에 있는데, 한 남자와 내가 어떤 신발을 사고 싶어 한다. 내가 신어본다. 남자가 스타일이 멋있는 검은 구두를 신겨주는데, 내가 원하는 건 그게 아니라 "저거"라고 말한다. 우연히 그와 얽힌 듯하다. 그 사람이 잠시 내 옆에 있어준다. ✐

신화적 인물들

낯선 곳에 우리를 돕는 사람들이 있다. 우리의 보호자들이다. 꿈속에서 어머니는 옷을 사셨고, 나는 신발을 샀다. 가족이 아니고, 또 오래 함께 있을 수도 없지만, 필요한 순간마다 나타나 우리를 지켜주는 존재들이 나온다. '어머니를 돌봐주신다'는 표현이 좋아 보인다. 어머니는 가끔씩 맥락 없이 그렇게 해맑게 웃으신다. 손가락뼈가 녹고, 계단도 내려가기 힘들고, 젓가락질이 힘든 상태에서도 내가 끓여놓은 국 하나에 너무 감동하고 아이처럼 좋아하신다. 꿈속에서도 그런 미소로 웃으신다.

융 학파 수장이신 이부영 선생님은 내 꿈에 자주 신화적 인물로 등장하신다. 신령처럼, 멘토처럼, 샤먼처럼 등장하여 과제를 내주시거나 길을 보여주신다. 또 힘들 때 함께 있어 주신다. 그런 인물들이 나를 도와주는 꿈들이 무수히 많다.

2004년 12월 4일 꿈에서 이부영 선생님은 높은 곳에 앉아 계신다. 콜로세움 같은 공간에서 흰 코끼리들 수백 마리가 춤을 추고, 사람들은 모두 주황색 한복을 입고 있다. 2005년 4월 15일 꿈을 보면, 내가 이부영 선생님의 강의를 듣는다. 선생님께서 10번 거리가 시작하는 곳, 또는 11번 거리가 끝나는 곳으로 가서 증거를 모아오라고 말씀하셨는데, 그곳에 가보니 이국적인 분위기의 황량한 골목이었다. 증거를 모아 다시 수업에 들어갔다. 그런데 어떤 난감한 문제들이 생기고, 선생님께서 강의실에 들어오시자 모든 문제가 해결되면서 다 괜찮아졌다.

2005년 7월 1일 꿈에서는 안암동 우리 집에서 선생님을 뵙는다. 선생님이 우리 친할아버지로 나온다. 나는 어두운 2층으로 올라가야 하는데 거기서부터는 할아버지가 나를 도울 수 없다. 내 가족이지만 모든 것을 나 혼자 하게 하신다고 적혀 있다. 2012년 5월 20일에는 대학 교정을 걷다가 이부영 선생님께서 강의를 하시는 모습을 보게 된다. 아늑한 공간, 따뜻한 불빛 아래 10~15명 정도의 학생들이 강의를 듣는다. 선생님께서는 진열대 안의 선물을 가져가라고 하신다. 그곳이 박물관인 것처럼 느껴졌다. 그리고 진열대 안의 물건들은 진귀한 유물들인 것 같았다.

이 꿈속에는 또 다른 사람이 나와 함께 있다. 그는 내게 신발을 신겨준다. 이부영 선생님도, 이 사람도 모두 차분한 인물들로 묘사된다. 그들은 잠시 머물 뿐, 우리와 직접적인 관계가 없는 사람들인데도 그 짧은 순간이 우리에게는 큰 힘이 된다.

어제 강의 시간에 길가메시 신화에 대해 이야기했다. 이 신화에는 친구, 성장, 변화의 이야기가 나온다. 그리고 동료 선생님께 도움을 받았다. 감사했다. 이런 현실의 사건들은 늘 꿈의 중요한 소재가 된다. 현실 속에서 따뜻한 느낌을 받은 덕분에 마음속 신비한 인물들을 소환할 수 있었던 것이다. **우리가 현실 속에서 따뜻함을 느끼면 꿈은 그 온기를 바로 알아차린다.**

나는 평소에 내가 원하는 걸 잘 이야기하지 못하는데, 꿈에서는 내가 원하는 게 그게 아니라고까지 말한다. 그것보다는 저것이 더 좋다고도 말한다. 원하는 걸 이야기하는 모습에 마음이 후련하다. 내가 뭔가를 원할 수 있다는 것은 살아 있다는 증거다. 망자들은 소원이 없다. 삶의 방향이 없기 때문이다. 그들의 시간은 멈춰 있다. 소원이 있다는 건 어디론가 가고 있다는 뜻이다. **오직 살아 있는 사람만이 목적지를 향해 움직일 수 있다.** 꿈속에서라도 우리가 신화적 인물을 대면한다면, 그들의 선한 기운에 의해 우리는 잠시나마 우리 자신이 될 수 있다. 중요한 건 꿈을 깬 후, 그 순간을 현실로 옮겨놓는 일이다.

굶은 동물들

동물 두 마리가 있다. 그냥 먹이만 주고 정상적으로 돌보면 되는데, 너무 오래 굶겼나 보다. 내가 신경을 쓰지 못했다. 그래서 거의 죽게 됐다. 안 움직이는 것처럼 보인다. 미동도 거의 없다. 졸고 있는 것 같기도 하다. 아주 왜소하고 축 늘어져 있다. 고개도 숙이고 있다. 그 아이들을 위해서 내가 먹이를 준비한다. 한 방 전체에 사료를 펼쳐 놓는다. 이제 데리고 와서 풀어놓기만 하면 되는데, 움직이지도 먹지도 못할 것 같아 걱정이다.

갑자기, 24시간이나 걸려서 내가 먹이를 준비하는 동안 이 아이들이 굶고 있었다는 걸 깨닫는다. 내가 바로 옆에서 먹이를 준비하고 있었는데 정작 동물들은 24시간 동안이나 굶고 있었다니! 이건 코미디 같은 상황이다.

누군가가 온다. 이 아이들은 계속 굶고 있다. 큰일났다. 그냥 먹이를 빨리 넣어주면 되는데, '뭔가 제대로 해놓고 먹여야지'라는 내 생각 때문에 굶기고 말았다. 빨리 먹였어야 하는데…. 어떻게 이렇게 바보 같지? 이건 무슨 뜻일까? 내 안에 그렇게 굶어 죽어가고 있는 부분이 있다는 건가? 준비만 잔뜩 해놓고 정작 먹이를 안 주었다니…. 🍥

내가 돌보는 동물들

두 마리 동물들이 너무나 지쳐 보였다. 나는 어리석다. 나는 준비하느라 힘들게 시간을 보냈고, 그 동물들은 굶고 있느라 힘들었다. 도대체 누구를 위해 그렇게 준비했던 걸까? 화려하게 방 전체에 사료를 깔아두면 그걸 먹은 것이나 다름없다는 건지, 정말 말도 안 된다. 일단 먹였어야 했다. 모든 것을 완벽하게 하느라 오히려 아무것도 하지 못했다.

정말 오랜만에 집 밖으로 나가서 걸었다. 무릎이 계속 아프지만 찢어지는 듯한 무서운 통증은 조금 줄어든 상태다. 이 정도면 견딜 만하다. 정상적으로 조금씩 산책을 하고 쉬었다면 좀 무리를 했다고 이 지경이 되지는 않았을 텐데, 쉬지 않았기 때문에 지금 이 사달이 났다.

꿈은 바로 그 점을 지적하고 있다. 동물 두 마리가 계속 굶고 있다는 것은 내 안에 아사 직전인 부분이 존재한다는 뜻이다. 쉬지 못하면 건강할 수 없다는 걸 알면서도 나를 위한 시간을 내지 않았다. 모든 일들을 다 끝내놓고 쉬겠다고 벼렀지만 그렇게 할 수 있는 시간은 오지 않았다. 매일 잠깐 시간을 내고, 조금씩이라도 몸을 쉬게 해주었어야 한다. 뭔가를 완벽하게 하려는 욕심 때문에 늘 시간이 부족했고, 쉬는 건 안 해도 되는 일에 포함되기 일쑤였다.

꿈은 동물이나 사료에 대한 이야기가 아니다. 이건 내 삶에 대한 문제제기다. 꿈은 지금도 내가 계속 굶긴다고 말하는데, 그건 무슨 뜻일까? 아, 무리를 했었다. 계획을 그렇게 세웠었다. 쉬어야지, 그게 정상적인 삶이지. 일을 좀 미루고 쉬어야 할 것 같았다. 꿈을 보면 다른 사람이 방문하고 이 때문에 또 지체하게 되는데, 이것은 현실에서 일어나고 있는 문제에 대한 지적이다. 꿈은 지금 내가 나를 방치하고 있다는 걸 알리고자 애쓰고 있다. 꿈은 최소한의 휴식도 취하지 못하는 내 삶에 대한 이야기를 적나라하게 보여준다.

2019년 8월 15일 꿈에서 다리 밑 작은 동물들이 살아 있는 모습을 봤다. 나는 '이제 키우기만 하면 되겠네'라며 기뻐했는데, 지금 이 꿈을 보면, 내가 그 동물들을 잘 키우지 못한 것 같다. 동물들이 굶고 있고, 거의 미동도 없다. 어쩌나⋯ 다시 돌아간 건가⋯. 꿈의 마지막 부분을 보면, 나는 이게 내 삶에 대한 이야기라는 걸 깨닫는다. 꿈을 꾸는 도중 분석을 하는 경우가 자주 있다. 가끔은 꿈에서 깨기 전에 분석이 끝나기도 한다. 사실 모두 내가 이미 알고 있는 이야기라는 뜻이다. 가장 중요한 건 현실 속에서의 실천이다.

이 꿈에서 중요한 부분은 '준비를 잔뜩 해놓았다'는 말인데, 그건 2019년과 많이 다르다. 그때는 아무 준비도 되어 있지 않았다. '다리 밑'이라는 낯선 공간에 낯선 동물들이 있었는데, 지금은 동물들이 내 공간에 함께 있다. 사료도 충분하다. 문제는 이런 조건 속에서도 내가 동물들을 먹이고 있지 않다는 것이다. 아직 제대로 돌보지는 못하지만, 먹이를 가지고 있다는 게 희망적이다. 그리고 문제도 깨달았다. 이 정도면 아주 큰 변화가 아닐까? 내 안에 있는 아사 직전의 동물들을 보듬어 안고, 잘 먹여주어야 한다. 그렇게 **그들을 살려야 내가 살아난다.**

헬렌 미렌

2022년 2월 10일 목요일 아침

영국이다. 나는 이미 성인인데 고등학교로 돌아가야 한다고 말한다. 교복도 입어야 하나 보다. 아까 선생님을 만나 이야기를 나누었는데, 그때 교복까지 입어야 하는지는 못 물어봤다. 질문을 하기 위해 다시 돌아가는데, 선생님 두 분이 길에서 대화를 나누고 계신다. 한 분은 교장 선생님이시다. 자세히 보니 배우 헬렌 미렌이다.

여기는 시골이다. 대화가 끝난 듯해서 이야기를 하려고 다가가니 급한지 그냥 건성으로 넘기고 나를 보내신다. 돌아보니 아이들이 엄청 긴 줄로 늘어서서 차례를 기다리고 있다. 여섯 시부터 다시 업무가 시작되나 보다. 나만 아이들을 가르치며 천 장씩 채점을 하고, 남들보다 몇 배로 힘들게 일하는 게 아니었다. 이들도 이 정도로 열심히 하는구나. 그런 생각을 하며 다시 길을 걷는다.

기차역이다. 역에서 기차가 들어오는 쪽에 나 있는 통로로 나가 걷는다. 시골 흙길이다. 아무도 없고 아무도 모른다. 진짜 고등학교로 돌아가야 하는구나. 갈 길이 멀다. ✎

입학과 교육

꿈속에서 쓸쓸히 시골 흙길을 걷는다. 아는 사람 한 명 없고, 가족도 없다. 완전히 혼자인데 성인인 내가 고등학교로 돌아간다. 줄을 선 아이들처럼 거기 그렇게 기다려서 질문을 해야 한다. 한적한 시골 기찻길이다. 어떤 의미일까?

나는 어제 90년대 노래를 듣다가 잠이 들었다. 대학 시절 듣던 노래들이 좋았다. 과거로 돌아간 것 같았다. 정말 돌아가고 싶었다. 그런데 꿈은 다시 뭔가를 '배우'기 위해 고등학교로 돌아가라고 말한다. 언어유희가 재미있다. 꿈에는 '배우'가 나온다.

왜 헬렌 미렌이 교장 선생님이었을까? 헬렌 미렌은 강한 여성상을 대표하는 인물처럼 느껴진다. 예전에 헬렌 미렌이 주인공인 〈굿 라이어〉라는 영화를 본 적이 있다. 그녀가 복수에 성공하는 이야기다. 꿈속에서 그녀는 좋은 교사로 보였다. 학생들을 가르치는 좋은 교사이자 좋은 어른이었다. 꿈이 돌아가라고 말할 때는 어떤 이유가 있겠지.

꿈에는 아직 나와 소통하는 인물이 보이지 않는다. 늘 그렇듯이 그냥 진공상태다. 그러나 적어도 내가 소속되어야 하는 집단이 나온다. 고등학교로 돌아가라는 말은 내가 그만큼 유치하고 미숙하다는 뜻일까? 다시 배워나가야 하는 어떤 것들이 있다는 뜻인 듯하다.

어쩌면 삶을 배우는 학교를 의미할 수도 있다. 살아 있는 게 어떤 것인지 공부하는 학교. 감정을 배우고 숨 쉬는 법을 배우고 함께 살아가는 법을 배우는 그런 학교가 아닐까? 그렇다면 헬렌 미렌에게 한번 맡겨볼까? 그는 진정 실천적인 교육을 할 수 있는 교사다. 사람답게 사는 법, 지혜로운 어른이 되는 법을 가르쳐주겠지. 모든 걸 다시 시작하라는 의미인 듯도 하다. 그럴 수 있을까? 아니, 그래야 한다. 교복을 한번 입어봐야겠다. 죽음이 익숙할 수는 없다. 살아 있는 상태가 어색하다면 **공부하듯 적극적으로 삶을 배워야 한다.**

물리치료사

물리치료사 선생님이 미덥다. 전문가이시고, 너무 잘 가르치신다. 내게 딱 필요한 사람이다. 세 시가 되어 이제 운동이 끝나야 하는데 좀 더 해주신다. 하나가 남았는데 좀 미안해서 다음번에 가르쳐주셔도 된다고 말했더니, 다음 달에 결혼이라서 계속하지 못한다고, 시간은 상관 없으니 지금 그냥 알려주겠다고 하신다.

내가 어머니와 어떤 과거의 건물 속에 있는데, 거기서 뭘 비닐에 넣어 담고 다시 현재로 돌아오는 중이다. 예전 고등학교 건물 같다. 뭔가 해결 안 됐던 게 해결되는 듯한 느낌, 뭔가 잘 풀린 듯한 느낌이 든다. 이제 다시 현재로 가면 되겠다고 생각하며 함께 건물에서 나온다. ✑

현재로의 귀환

중요한 꿈이다. 어머니와 함께 과거의 건물을 나와 현재로 돌아오고 있다. 우리는 과거의 시간을 싹둑 잘라버리지 않는다. 꿈은 비닐에 뭔가를 담아서 현재로 돌아온다고 말한다. 헬렌 미렌의 교육이 빛을 발하는 순간이다. 죽은 동물들이 떠 있던 건물, 위험한 여자가 들어 있던 그 건물을 벗어나서 이제 나는 '현재'로 돌아온다. **현재로**

돌아오게 만드는 것, 바로 그게 치유가 아닐까?

어제는 팔이 많이 아팠다. 솥을 들 때 시큰거리고, 굽힐 때 뻑뻑한 느낌이 있다. 다리는 조금씩 좋아지고 있다. 도수 치료를 두 번 받고, 정형외과에서 두 번 운동을 배운 후, 그 운동들을 조합하여 하루도 빠짐없이 매일 하고 있다. 어느 날부터 무릎에서 소리가 나기 시작해서 유튜브를 찾아보니, 근육을 고르지 못하게 발달시켜 그런 것이라 했다. 그분이 시키는 대로 반대쪽 근육을 강화하는 운동을 일주일간 했더니 더 이상 소리가 나지 않았다. 감사하다고 댓글을 달았더니 질문이 있을 때 언제든 물어보라고 하셨다. 이제는 팔 근육 강화 운동을 찾아보고 시작해야겠다.

힘들 때마다 늘 나를 도와주시는 분들이 계셨다. 아무 대가 없이 온 마음을 다해 정성으로 선의를 베풀어주신 분들이 기억난다. 그분들은 별일 아니라고 말씀하시겠지만, 내게는 큰 선물 같은 사건들이었다. 꿈속 물리치료사 선생님도 그런 사람이다. 잘 아는 사람, 한마디로 전문가다. 내게 딱 필요한 걸 알려주는데, 거기에다 인간적인 면모도 있다. 세상을 더 밝게 만드는 사람이다. 빛 같은, 선물 같은 사람이다. 그런 분들 덕분에 내가 과거의 건물에서 나올 수 있었던 게 아닐까?

정형외과에서 물리치료사 선생님께 질문을 했는데, 시간이 5분 남은 상황이었다. 선생님은 내게 휴대폰을 가져오라고 말씀하신 후, 문제를 해결할 수 있는 운동을 직접 보여주시며 촬영하라고 하셨다. 상대를 돕고자 하는 마음이 손으로 잡힐 듯 보이는 순간이었다. 이런 경험들이 모여 꿈속 인물로 창조되었다.

그가 결혼을 한다는 이야기에서 중요한 건 '결혼'이라는 단어다. 그건 삶을 뜻한다. 나는 꿈에 어둠, 황량함, 사막, 죽음, 사체를 보는 데 익숙하다. 결혼과 같은 단어는 여간해서는 나오지 않는다. 삶을 뜻하는 단어이기 때문이다. 그는 결혼 때문에 다음 주에는 일을 할 수 없다고 말한다. 일보다 삶을 선택하는 사람이다. 꿈은 나도 그렇게 해야 한다고 말하고 있다. 헬렌 미렌의 교육이 계속 진행되고 있는 셈이다. 삶이란 지금 여기, 현재를 뜻한다. **과거에 매여 있는 사람, 과거 속에 갇혀 있는 사람은 현재를 살아갈 수 없다.** 그의 시간은 멈춰 있다. 문제를 해결할 수도 없다. 몸과 마음이 모두 과거에 머물러 있기 때문이다.

실제로 어머니와 이야기를 많이 했다. 과거로 돌아가서는 안 된다는 결심도 했다. 실천을 하지 못했을 뿐, 늘 하는 이야기들 중 하나였는데, 이제는 우리도 현재를 살아갈 수 있을지도 모르겠다. 과거에서 벗어나지 않는 한, 현재의 시간은 흐르지 않는다.

강제 종료

2022년 9월 6일 화요일 아침

작은 집이다. 방에 컴퓨터가 있는데 윈도우가 구형 버전이다. 갑자기 글자가 커지고 화면을 지우는 왼쪽 위의 엑스 표시가 사라졌다. 바이러스에 걸린 것이다. 어쩌나. 고치려고 노력하다가 결국 강제 종료를 한다. 방 밖으로 나가보니 낯선 이가 우리 집 화장실에서 머리를 감고 있다. 집 밖에 낯선 이가 서 있고, 어머니는 안절부절못하고 계신다. 어떻게 수습해야 하는데… 다 좀 어수선하다. ✏

새로운 시작

문제가 끊임없이 생긴다. 실제로 컴퓨터가 바이러스에 감염되기도 했다. 이 꿈의 주제어는 '작동 오류'인 것 같은데, 나는 이에 대해 '강제 종료'라는 특단의 조치를 취하고 있다.

예전과는 다른 생각을 하게 된 부분들이 많다. 그중 하나는 어떻게든 문제를 해결해보려고, 어떻게든 이해해보려고 애쓰지 않는다는 것이다. 그냥 '이해할 수 없음', '이해 불가', '판단 중지' 또는 '보류'로 사고를 마무리 짓는다. 그 이후에는 더 이상 생각하지 않는다. '어떻게 그럴 수 있을까?', '왜 그랬을까' 하며 이해하려고, 감정을 정리해보려고 노력하지 않는다. 그냥 생각 자체를 강제로 종료한다.

이해할 수 없는 일들이 많다. 엄마를 잃고 시집온 42킬로그램 스물여섯의 며느리를 어떻게 학대할 수 있을까? 그걸 이해한다는 것 자체가 말이 안 되지 않나? 사실 어머니에 대해서도 마찬가지다. 내가 어떻게 어머니를 이해할 수 있을까? 나로서는 그저 어머니의 선택을 존중하고, 어머니를 보살펴드리는 것까지 할 수 있을 뿐이다.

어머니는 20년 넘게 자가면역질환을 앓고 계신데, 2021년에는 더 이상 약이 듣지 않았다. 원래 드시던 항암제와 스테로이드 용량을 올리고, 말라리아약과 소염진통제를 추가로 처방받았다. 지난 1년 동안 갑상선암 수술 후 매일 드셔야 하는 기본적인 약들과 함께 이 약들을 모두 드셔야 했다. 그런데도 차도가 없었다. 늘 그랬듯이 어머니 손은 계속 부어 있었고, 척추가 부러질 것 같다시며 잘 걷지 못하셨다. 다시 병원을 옮겼다. 생물학적 제제는 어떤지 여쭤보는 내게 선생님께서는 그건 '불난 집에 불 끄는 약'이라고 하셨다. 검사를 했을 때 염증 수치가 매우 높게 나왔는데, 선생님께서는 일단 어머니께서 먼저 드시던 약들 중 부담스러운 약들은 빼주시고 새 약을 처방하시면서, 이 약들이 모두 듣지 않을 때는 생물학적 제제도 생각해볼 수 있다고 말씀하셨다. (그리고 2022년 10월 중순부터 어머니께서는 새 치료를 받게 되신다. 치료 후기들을 보면 맞는 약을 찾는데 오래 걸리는 경우도 있었고, 효과가 나타나지 않아 힘들어하시는 분들도 계셨다. 다행히 어머니의 경우 자가주사를 맞은 후 이틀 만에 통증이 거의 사라졌다. 한 달 후에는 손가락 부기가 빠지고, 산책도 하시며 "나 지금 아무 데도 안 아파"라고 말씀하셨다. 기적 같은 일이었다. 면역을 더 낮추는 치료여서 나는 소독 횟수를 늘렸고,

식사도 잘 드시게 신경을 썼다. 어머니는 시간이 갈수록 더 자주 웃으셨다. 허리가 부러질 것 같다는 말씀도 더 이상 하지 않으셨다. 그럼 된 거다. 과거 따위는 중요하지 않다. 지금 뭘 할 수 있는지, 어떻게 현재를 바꿔 갈 수 있는지, 그게 더 중요하다.)

꿈속의 어수선한 상황은 시스템을 강제 종료시키며 종결된다. 아마 내 마음속에 증상을 강제 종료시키는 이 약의 도움으로 문제를 해결할 수 있지 않을까, 하는 생각이 있나 보다. 약들이 여전히 듣지 않는 상황이라 새 치료를 시작할 확률이 높은데, 면역을 많이 낮추는 약이라 두려운 마음도 있다. 그러나 선생님을 믿고, 내가 환경을 더 잘 관리하면 괜찮을 것이다. (치료를 시작하신 후에는 아침, 저녁으로 집을 소독하고, 실외에서는 늘 마스크를 착용했다. 학교에서도 내 상황을 사람들에게 알리고, 함께하는 다과나 식사 자리를 피했다. 생각보다 너무 빨리 효과가 나타났고, 그 변화가 그저 신기할 따름이었다. 의사 선생님은 우리가 얼마나 고마워하고 있는지 아실까? 어머니의 말씀에 귀 기울여주시며 치료를 이어가시는 모습을 뵐 때마다, 사람이 사람에게 이런 일을 할 수 있구나 하는 마음에 울컥하게 된다. 약을 우리 집에 들어온 낯선 이로 생각했던 이 꿈에 대해 죄송한 마음이 들었다.)

꿈은 내가 얼마나 불안한지 보여주는데, 동시에 답도 알려준다. 예전의 방식이 더 이상 어떤 효과도 내지 못하고 있는 상황이라면 남은 선택은 하나뿐이다. 마음을 차분하게 가라앉히고, 전문가에게 의지하며 지금 이 상황에서 할 수 있는 최선을 선택해야 한다.

할아버지의 음식

2022년 9월 14일 화요일 아침

점심때 어디를 갔는데, 그곳이 할아버지 댁이었던 것 같다. 보통은 그냥 오는데, 오늘은 점심을 먹고 오게 된다. 할아버지께서 나 먹으라고 정성스레 맛있는 음식을 준비해 놓으셨기 때문이다. 옆에 K가 있다. 나는 그와 세 권의 책을 함께 냈다. K는 일본어를 잘한다. 내가 점심에 매번 오는 것도 아닌데 음식을 이렇게 해놓으시다니…. 내가 안 왔으면 어쩌시려고 이렇게 음식을 만드셨냐고 하니, 그냥 당신께서 드시면 된다고 하신다. 아니 그래도 그렇지…. 음식들이 정말 굉장하다. 너무 잘 차려져 있다.

옆에 내 책이 있는 것 같다. 어떻게 해야 하는지 조금 감이 잡힌다. 뭔가가 나에게 날아오는데 내가 잘 피하고 하나도 맞지 않았다.

교수회의를 하고 있다. 내가 들어가려는데 누군가 예쁘게 웃으면서 위쪽은 공짜라고 말한다. 음료 같은 것이 공짜라는 말 같다. 조용히 들어간다. 내가 거기서 음식을 많이 먹는 것 같다.

교실에 앉아 있다. 친한 친구들이 다 거기 있다. 내가 한 남자의 주민등록증을 가지고 있다. 하루 종일 가지고 있었네. 필요했을 텐데 어쩌나 걱정이 되어 가져다주려고 7층으로 간다. 혼자 사용하시는 연구실이다. 나는 두 명이 함께 연구실을 쓰는데… 나도 혼자 쓰면 좋겠다. 아기자기한 나무들, 식물들이 보인다. 필요할 것 같아서 가지고 왔다고 말하며, 내가 그에게 이불도 건네준다. 옆에 걸쳐둔

것과 상당히 유사해서 "저거랑 비슷하네요" 하며 나온다. 그런데 신분증이 필요했던 것 같지도 않다. 그래도 돌려주었으니 됐다. ✐

홀로서기

오랜만에 논문을 쓰고 있다. 기분이 좋다. 정말 오랜만에 공부를 한다. 새로운 걸 머릿속에 넣어서인지 영양을 취하는 꿈이 나왔다. 나는 이 꿈이 참 좋다. 특히 할아버지가 "나 먹으라고" 맛있는 음식을 잔뜩 해주시는 부분이 너무 좋다. 나는 그런 따뜻한 할머니, 할아버지의 손길을 경험한 적이 없다. 현실과 다른 장면인데, 손녀를 위해 정성스레 맛있는 걸 준비하시는 조부모님의 모습은 텔레비전에서 봤던 것 같다. 그리고 그 풍경이 몹시 부러웠다. 〈샤인〉이라는 영화에는 주인공의 멘토 역할을 하는 이웃 할머니가 나오는데 그 모습이 너무 좋았다. 밥을 먹이고 위로를 하고 품어주는 역할이 꼭 신화 속 이야기처럼 느껴졌다.

책을 읽고 새로운 작업을 하고 있어서 꿈에 책과 관련된 K가 나온 것 같다. 어떻게 해야 하는지 감이 잡힌다는 말도, 책 작업과 관련된 부분인 듯하다. 내 머릿속에 있는 이야기들을 정성스럽게 책으로 만들어준 K의 작업이 내게는 정성스럽게 준비한 음식처럼 고마웠다.

서로 다른 산만한 내용들처럼 보이지만, 두 번째 꿈에서도 나는 공짜 음식을 실컷 먹는다. 교수회의, 교실, 연구실 등의 단어들이 정성스런 음식이나 배부른 식사와 함께 나열되며 음식과 공부가 연결

된다. 그럼 세 번째 부분도 이어지고 있는 셈이다. 친한 친구들이란 프로이트나 라캉일 것이다. 신분증은 그 사람에게 매우 중요한 것일 텐데, 왜 다른 사람의 신분증을 내가 가지고 있을까? 나는 지금 논문에서 프로이트의 탄생, 정신분석의 탄생에 대해 이야기하고 있다. 프로이트가 누구인가에 대한 글인데, 그래서 신분증이라는 단어가 나왔나 보다. 지금 조금 지쳐 있어서 논문이 쉽게 완성될 것 같지는 않다. (2023년, 이 논문을 비롯해 또 다른 두 편의 논문들이 세 개의 학술지에 게재되었다.)

나는 연구실을 혼자 쓰는데, 꿈에서는 왜 두 명이 쓴다고 하는 걸까? 코로나 시기 동안 온라인 강의를 하며 집안일을 했다. 점심, 저녁 식사 준비 사이 시간이 늘 생각보다 너무 짧다. 장을 보고, 음식을 차리고, 빨래를 하고, 식재료를 다듬으면 그 사이에는 세탁기가 고장 나고 보일러가 멈춘다. 냉장고에서 소리가 나고 새 선풍기를 조립해야 하고, 가스경보기 약을 교체해야 한다. 어머니를 병원에 모시고 가서 검사를 받고 의사 선생님을 뵙고 나면, 반나절이 훌쩍 지나간다. 작은 집안일 하나를 해결하는 데 몇 시간이 지나고, 그러다 보면 새벽까지 강의 녹화를 하고 보고서를 읽게 된다. 새벽이 되어 이 모든 걸 다 하고 나서야 논문을 쓰거나 공부를 할 수 있는데, 보통은 몸이 지쳐서 짬을 내는 게 어렵다. 이런 상황이다 보니 지금은 집이 연구실이기도 하다. 집은 내가 혼자 사용하는 연구실이 아니라서 그렇게 묘사된 것 같다.

꿈에서 다른 사람의 신분증을 내가 가지고 있다는 건, 늘 프로이트의 시선 속에서 내가 나를 정의해왔다는 뜻일 수도 있다. 그리고 신분증을 돌려준다는 건, 이제부터 내가 홀로서기를 시작한다는 뜻인 것 같다. **공부도, 삶도 모두 온전한 나로서 다시 시작한다는 의미가 아닐까?** 아마도 할아버지께서 잘 차려주신 음식, 나를 배불리 먹이시려고 정성스럽게 차려주신 그 음식이 내게 힘을 준 것 같다. 굶주린 동물들, 황량한 거리가 익숙했던 내게 꿈은 배불리 먹을 수 있는 정성스런 음식들, 공짜 음식들, 식물이 있는 공간, 사람이 모인 공간을 선물하고 있다. 꿈의 재료가 달라지기 시작한다. 그런 정성이 깃든 음식을 경험한 사람은 예전의 황무지로 돌아가지 않는다. **생명이 있는 삶이 나를 채워가고 있다.**

과일가게

2023년 4월 4일 화요일 아침

내가 어디선가 정신 건강과 관련된 평가를 받는다. 그 결과에 따라 나를 어디로 보내는데, 조금 가다 보니 내가 가야 하는 곳이 도로변에 있는 과일가게다. B가 과일 박스를 옮기면서 나를 반긴다. 무척 여유롭게 보인다. 이야기를 편안하게 시작하는데, 그 순간 나는 이 자체가 상담이라는 걸 알게 된다. 좋은 시스템이라 생각하며 그와 이야기를 시작한다. 심각하지 않은 분위기다. 그가 나를 삶 속으로 초대하여 이야기를 나누고 있는 느낌이다. 따로 상담실 같은 곳이 있을 필요도 없다. 그냥 일상의 공간에서 그가 과일 상자를 나르고 과일들을 정리하는 동안 이야기하는 것 자체가 상담이다. 좋은 가장의 모습, 안정된 모습이다. 든든한 사람이어서 가능한 일이다. 배려하는 눈빛이 편안하게 느껴진다. 밝은 사람, 좋은 어른이다. ⟁

어른들이 지켜주는 세상

꿈은 편안하다. 그런데 사실 나는 지금 조금 지쳐 있다. 자주 우울하고 에너지도 느껴지지 않고, 몸도 아프고 일상은 고되다. 출구가 없다는 느낌도 든다. 꿈은 이런 나를 어디론가 보낸다. 그곳에 B가 있다. 그는 좋은 어른이다. 성숙하고 현명한 동시에 인생을 즐기

146

면서도 늘 신중하고 현실적인 멋진 어른이다. 세상 속에 녹아 있는 사람, 나를 세상으로 이끌 수 있는 사람, 내게 삶을 선물해 줄 수 있는 사람이다.

뭔가 **내가 아이가 된 것 같은 느낌, 다시 자라나는 느낌이다.** 내 절망을 보듬어주고 치유해 주고 어른다운 조언을 해주는 사람, 그리고 나를 어른으로 키워줄 사람이다. 내 안에서 B를 만나야 한다. 내 안에 있기에 꿈에 나타난 것이다.

2022년 10월 29일에 이태원 참사가 있었다. 막을 수 있었던 사고였다. 뭘 더 조사하지 않아도, 다른 정보가 없이도 그냥 책상 앞에 가만히 앉아 생각만 해봐도 어떤 기본적인 안전대책이 필요한지 쉽게 알 수 있는 상황이었다. 마음을 한 번만 썼다면, 그 대단한 서류에 서명 한 번을 했다면 막을 수 있는 명백한 인재였다. 눈을 뜨고만 있었어도, 귀를 열고만 있었어도 지원을 요청하는 목소리를 들을 수 있었고, 위험한 상황을 볼 수 있었다. 사고를 막을 수 있었던 사람들이 마치 감정도 사고도 판단도 모두 얼어붙은 사물처럼 정지해 있는 동안 159명이 목숨을 잃었다. 이번에도 통곡과 애도와 위로와 반성 대신, 사죄 없는 책임 공방이 시작됐다. 고통과 비탄은 오롯이 유가족과 남겨진 자들의 몫이었다. 시민들의 절망과 슬픔과 분노는 존중받지 못했다.

내 보잘것없는 이야기들이 이런 절망에 어떤 위로가 될 수 있을까? 자식을 잃은 부모님들의 원통함과 슬픔 앞에서 나 자신의 개인적인 이야기를 써 내려가는 것이 너무나 죄송하다. 희생자 수가 158명에서 159명으로 바뀌었을 때도 너무나 미안했다. 좋은 어른들이 만든 좋은 세상에서 아이를 지켜주고 보호해 주었어야 하는데, 그렇게 하지 못했다. 나는 한계도 많고 부족한 것도 많은 어른이지만, 내가 할 수 있는 최선을 다해서 좋은 어른들이 만드는 좋은 세상에 조금이라도 힘을 보태고 싶다. 부당한 명령들, 배려 없는 무심함, 잘못된 판단과 결정을 이 세상에서 몰아내는 데 조금이라도 도움이 되고 싶다.

더 이상 갇혀 있어서는 안 된다. 고립된 상태로 어둠 속에 주저앉아 시간이 멈추게 만들어서는 안 된다. 문을 열고 나가 삶 속에서 다른 좋은 어른들과 함께 우리가 할 수 있는 일들을 해내야만 한다.

세 개의 시계

기차역인데, 시간이 없다. 내가 밖에서 우연히 친구 P의 부모님을 뵈었는데, 나를 편안하게 대해주셔서 어색했던 마음이 금세 풀렸다. 너무 좋은 분들이시다. 인자하게 웃으시며 저녁 식사를 같이 하자시는데, 신세를 지는 게 죄송해서 그냥 인사를 드리고 역으로 들어간다.

닭을 시켜 혼자 먹고 있다가 아무래도 늦을 것 같아서 포장을 했는데, 거의 출발시간이 다 되었다. 다행히 늦지 않았다. 15분 정도가 남은 상태다. 그런데 나가보니 시계가 저마다 다르다. 정시인 것도 있고, 이미 출발시간에서 15분이 지난 것도 있다. 어떻게 시계가 다 다르지? 절대로 시간이 틀려서는 안 되는 이런 곳에서 어떻게 이런 일이 일어날 수 있을까? 기차를 못 탈 것 같아서 매표소로 가 표를 바꾸려는데 네댓 시간 이후 새벽 기차밖에 없다. 다른 건 없냐고 물으려는데, 갑자기 시계가 다 다르다면 그다음 열차 시간도 정확한 게 아니라는 생각이 든다. ✐

과거, 현재, 미래

기차 시간이 모두 다르다는 건 재미있는 설정이다. 하나라고 생각했던 게 사실은 세 개다. 꿈의 시작 부분에서 나는 평소처럼 동동거리며 서둔다. 그런데 꿈은 세 개의 시간을 보여준다. 동동거리는 통에 내가 놓친 건 좋은 분들과의 식사다. 제일 친한 친구의 부모님이 나를 딸처럼 여기셔서 밥을 먹이려고 하신 건데 나는 도망쳤다. 그리고 혼자 닭을 먹는다. 꿈은 혼자 있는 내가 답답했는지 내 계획을 무너뜨려 버린다. 그리고 내가 답이라고 생각한 기준도 함께 파괴한다. 그런데 하나의 시간이 세 개로 흩어지며 과거, 현재, 미래가 나타난다.

P의 부모님을 실제로 뵌 적은 없다. 꿈꾸는 동안, 친구의 부모님께서는 내가 어떻게 말하든 나를 예뻐하셨을 거라는 생각이 들었다. 딸의 친구가 뭘 해도 사랑스럽고 미덥게 보이셨을 것이다. 그리고 내 모든 결정을 존중해 주셨을 것이다. 그냥 내 존재 자체를 인정해 주시고 사랑해 주시는 분들인데 왜 나는 도망쳤을까?

오래전 어머니께서 갑상선암으로 수술을 받으셨는데, 내 목에도 혹이 생겼다. 모양에 분명한 변형이 느껴져서 걱정했는데, 검사를 했더니 다행히 암이 아니었다. 집으로 돌아오는 길에 나에게 허락된 삶의 시간 동안 내가 할 수 있는 일들을 생각해 봤다. 어둠 속에 혼자 앉아서는 아무것도 할 수 없다는 생각이 들었다. 언젠가부터 내 시간은 멈추어 있었다. 고립되어 있었기 때문에 그렇게 느꼈던 것 같다.

강연을 위해 자주 기차를 타는데, 내게 기차역은 그냥 급하게 장소를 이동하는 공간이다. 그런데 꿈에서 나는 평소와는 달리 누군가와 같이 있다. 제일 친한 친구의 부모님께서는 저녁을 먹자고 하셨다. 그 초대에 응하지는 못했지만, 그 후에도 희망이 보이는 곳이 있다. 내가 혼자서라도 뭔가를 먹는 장면이다. 시간에 관한 한 늘 강박적이어서 기차 시간이 30분이나 남아 있어도 밥을 굶고 대기하는데, 꿈에서는 일보다 음식을 택한다. 꿈은 내게 밥을 먹을 수 있는 두 번의 기회를 준다. 첫 번째 기회는 놓쳤고, 두 번째도 사실 여유롭게 즐기며 먹는 대신 중간에 포장을 하지만, 그래도 어쨌든 굶지는 않았다. 지금 중요한 건 어디론가 떠나는 것이 아니라 좋은 사람과 식사를 하는 게 아니었을까? 혼자만의 규칙을 좀 내려놓고, 삶에서 가장 중요한 기본적인 일들을 사람들과 함께 해보는 게 먼저라는 의미가 아닐까?

보통 꿈에는 늘 방향이 있고, 길이 있고, 어떤 과정이나 여정이 있는데, 여기선 목적지도 모르겠다. 사실 시계들 때문에 떠날 수도 없다. 그렇다면 그건 물리적인 이동이 아니라 심리적인 변화에 대한 이야기가 아니었을까? 기차역은 변화, 변환, 전환을 나타내는 세부였을 수 있다.

사실 나는 아직도 사람이 불편하다. 나 혼자 하는 일에 익숙하고 진짜 관계, 사람들과 같이 만드는 일상들이 다 어색하다. 너무 오래 혼자 갇혀 있었던 것 같다. 나는 사람들의 일상이 조금 무섭다. 함께 이야기하고, 차 한 잔을 마시고, 이런저런 사는 이야기를 나누는 것 자체가 너무나 불편하다. 그래서 사람이 보이면 도망친다. 꿈은 내 시간을 세 가지로 나누어 나를 꼼짝 못 하게 만든다. 시간의 규칙이 깨져버려 도망갈 수가 없다. 그런데 가만히 생각해보면, 시간의 규칙이 깨진 게 아니라 과거, 현재 그리고 미래의 시간이 나타나며 멈추었던 내 삶의 시간이 흐르게 된 것일 수도 있다.

삶이 시작된다는 건 내 작은 공간이 열린다는 뜻이다. 세상 속에서 다른 사람들을 만나고 소통하는 가운데, 하나의 답이 여러 개의 답으로 분화된다는 뜻이기도 하다. 동시에 서로 다른 시간들이 모여 함께 미래의 한 지점으로 흘러갈 수도 있다. 그렇게 진짜 삶이 시작된다.

03. 닫힘에서 열림으로

공간의 변화를 따라가는 여정

2005년 5월 15일 ~ 2023년 1월 14일

나는 어딘가에 갇혀 있는 꿈을 자주 꾼다. 고립과 감금은 익숙한 소재들이다. 그런데 사람을 만나고, 함께 꿈을 꾸고, 함께 일하며 내가 삶의 방향으로 나아가기 시작할 때 꿈의 이야기 역시 변화하기 시작했다. 혼자 갇혀 있던 내가 어느 순간부터 사람들과 함께 식사를 하기 시작하고, 절실한 도움이 필요한 순간, 구원과도 같은 도움을 받게 되며 사람 속으로, 세상 속으로 들어가게 된다. 이 장의 마지막 꿈에서는 혼자라면 상상도 할 수 없는 일이 벌어진다. 내가 사람들과 힘을 합쳐 좀비들과 싸우는 것이다. 좀비는 생명이 없는 존재들이다. 나는 지난 장에서 죽음으로부터 삶으로 나아가는 여정에 대해 이야기했다. 그것은 하나의 전투이며, 이 장의 마지막 꿈에서 우리는 삶을 위한 전투를 벌이고 있다. 나는 고립되어 있지도 않고, 혼자만의 규칙 속에 갇혀 있지도 않다. 사람들과 연대하고 함께 삶을 위한 과제를 수행한다.

출구가 막힌 엘리베이터

한 건물의 엘리베이터 안이다. 사람들과 함께 있다. 2층에서 문이 열린다. 내려야 한다는 것을 알지만 잠시 망설인다. 1층에서 내리면 더 편하기 때문이다. 갑자기 1층에서 내릴 수 없을 것 같은 예감이 밀려온다. 그런데 내 예감을 믿지 않고 '그래도 어떻게 되겠지' 하며 그냥 문이 닫히게 내버려둔다.

엘리베이터가 1층으로 내려간다. 나는 거의 확실히 우리가 내리지 못하리라는 것을 알고 있다. 나를 믿었어야 한다. 나는 왜 내 예감을 믿지 않았을까?

1층이다. 문이 열리는데 출구가 나무로 막혀 있다. 나갈 수가 없고, 내릴 수도 없다. 사람들이 우왕좌왕한다. 나는 우리가 내릴 수 없으리라는 걸 알고 있었다. 말도 안 되지만, 그래서 사람들이 믿지도 않았겠지만, 나는 그것을 확실히 알고 있었다. 그런데도 말하지 않았다. 나는 늘 '가만히' 있었으니까. 그럼 2층에서 내가 어떻게 해야 했단 말인가? 1층으로 가는 사람들에게 "내 예감에 이 엘리베이터에 이상이 생겨서 우리가 절대 내리지 못할 것 같으니 2층에서 내리자"라고 말해야 했을까? 갑자기 그들이 나를 믿었을 거라는 생각이 든다. 문제는 그들이 아니라 바로 나 자신이었다. 내가 아무도 믿지 않을 거라며 혼자 판단하고 말하지 않았던 것이다.

잠시 후, 나는 밖에 나와 있고, 사람들은 아직 나무로 막힌 엘리베이터 안에 갇혀 있다. 내가 나와 있지만, 마음은 그 안에 있는 것처럼 답답하기 그지없다. 난감하다. 꿈의 전후가 잘 기억나지 않는다. ⟲

자발적 감금

나는 강의를 하고 논문을 쓰고 사람을 만나며 살고 있지만, 사실 내 삶은 그 엘리베이터 안에 갇혀 있다. 나무로 막힌 출구가 선명하게 떠오른다. 나무로 문이 막혀버린 엘리베이터가 답답하게 느껴진다. 꿈에서 생각하듯 **문제는 내 태도다.** 나가면 되는데도, 어떻게 나갈 수 있는지 어렴풋이나마 알고 있는데도 나는 아무것도 하지 않는다. 그냥 거기 갇혀 있다. 사람들에게 미안한 마음이 그리 크지도 않았고, 사람들의 특징이 보이지도 않았는데, 아마도 그건 여기서 말하는 '사람들'이 내 마음의 일부를 뜻하는 형상이기 때문일 것이다. 나는 들여다보려고도 이유를 알아보려고도 하지 않는다. 에너지 자체가 없는 것 같다. 움직이고 뭔가를 바꾸고 대화하고 소통할 여력이 없다. 그냥 가만히 있는 게 익숙하다.

온전한 나 자신으로 살아간다는 게 나에게는 거의 불가능한 일이다. 별것 아닌 엘리베이터를 타고 내리는 일까지도 온전한 나 자신으로 수행하지 못한다. 다른 일은 더 말할 것도 없다. 완전히 갇힌 상태, 고립된 상태로 살아 있는 사람처럼 보이는 일을 흉내 내고 있다. 그러나 꿈에 나왔듯이 실제로 나무가 출구를 막고 있지 않나? 탈출은 불가능하다. 내가 원한다고 해서 하루아침에 그 공간을 벗어날 수는 없다는 뜻이다. 구조적으로 탈출이 불가능하다. 꿈은 내 마음의 모습을 정확히 그려주고 있다. 그리고 내가 이미 출구를 알고 있다는 소식을 전해준다. 그러나 뭘 어떻게 해야 할까? 나는 아직 준비가 되어 있지 않다.

부서진 문

어떤 집단이다. 외진 곳에 있는 고립된 공간이 보이고, 이곳에 있는 사람들에게는 그들만의 규칙이 있다. 밤에는 문을 잠가야 한다. 내가 잠깐 저쪽으로 가려고 나왔는데, 문이 부서져서 자물쇠로 잠기질 않는다. 어쩌나 하다가 그냥 간다. 어차피 이들은 나올 생각을 하지 않는다. 그 안이 익숙하기 때문이다.

뭔가를 정리한다. 규칙이 있을 뿐, 무섭지는 않다. 다 정리하고 아침에 그쪽으로 가다가 깬다. 그런데 이곳은 규칙이 좀 많이 다르다. 잠금장치가 고장 났다는 게 무슨 뜻인지 생각한다. 저쪽에서 새로운 사람의 목소리가 들리는 듯하다. ✐

익숙한 감금

2005년부터 2021년까지 내 태도는 한결같았나 보다. 문이 열려 있는데도 나는 나올 생각을 하지 않는다. 문이 열려 있어도 이들은 어차피 나올 생각 자체를 하지 않는다는 이야기는 나 자신의 태도에 대한 묘사다. 여전히 고립된 공간이 익숙하고, 세상과 동떨어진 곳에서 나만의 규칙들을 만들며 살아간다.

하고 싶은 게 없는 사람이라 문을 잠글 필요조차 없다. 그냥 늘 그 안에 스스로를 가두고 있다. 무섭지 않은 이유는 내가 나 자신을 가두었기 때문이다. 누군가에 의해 갇힌 게 아니다. 소와 말이 둥둥 떠 있던 어두운 건물 속에서도 나는 무서워하지 않았다. 내가 저지른 짓이기 때문이다. 살리려면 살릴 수 있는데 내가 아무것도 하지 않았다.

이 무력감은 내가 세상에서 처음 배운 고통이다. 아무것도 할 수 없는 끔찍한 느낌. 바꿀 수 있는 게 없어서 그냥 갇혀 있는 것이다. 어떤 것도 할 수가 없다. 다른 방법이 없다. 다시 돌아갈 수 없는데, **어떻게 과거를 극복할 수 있을까? 어떻게 달라질 수 있을까?** 어떻게 그 과거를 과감하게 떼어버리고 현재에 충실할 수 있을까? 나는 내 의지로써 과거를 선택하고 있다. 그냥 스스로를 가두는 것이다.

이곳에서 나갈 수 있을까? 마음속은 참 한결같다. 늘 갇혀 있으니 말이다. 그런데 두 가지 분명한 것이 있다. 우선, 자물쇠가 채워져 있지 않다. 엘리베이터 앞을 나무가 막고 있었던 이미지와는 달리 지금은 문이 열려 있다. 그냥 걸어 나가면 되는데, 그걸 하지 못한다. 할 생각이 없다. 두 번째는 사람의 목소리가 들렸다는 것이다. 얼마나 오랜 시간이 지나야 이곳을 벗어나 사람들을 만날 수 있게 될까?

답답한 학교

2021년 2월 3일 수요일 아침

고등학교다. 내가 하늘에서 날고 있는 것 같은 느낌이다. 자유롭게 날다가 방향을 틀어 아이들이 바글바글 있는 쪽으로 들어간다. 거의 벽을 타고 날아다니듯 간다. 내게 이런 능력이 있는데, 만약 내가 저기로 내려간다면 나는 갇히게 된다. 내가 실수했다는 걸 깨닫는다. 방향을 바꾸어 벗어나고 싶은 마음이 있지만, 그렇게 하지 못한다.

저기 들어가면 아주 오랫동안 저들처럼 저 속도로 저렇게 답답하게 있어야 한다는 걸 알고 있다. 그런데 멈출 수가 없다. 아, 이미 들어섰다. 아이들 속으로 들어간다.

내 스타일 찾기

(이번 학교는 헬렌 미렌에게 교육을 받았던 학교와는 그 의미가 완전히 다르다. 그때는 변화를 위한 훈련이었지만 이 꿈의 경우, 만약 내가 아이들 속으로 들어가면 내 개별성이 사라진다. 이 꿈을 꾼 후 일 년이 지나야 나는 비로소 호그와트와 같은 헬렌 미렌의 학교에 입학할 수 있게 된다.) 이곳에서 아이들 한 명 한 명의 특징은 중요하지 않다. 그런 점이 보여서도 안 된다. 그들은 그냥 전체로서 의미가 있을 뿐이다. 한 사람의 소원이나 꿈이 부각될 수 없는 곳이다.

꿈의 조언을 들으며   159

나는 자유롭게 날아다니고, 어떤 능력을 가진 사람인데, 내가 방향을 이상하게 잡는다. 아이들 속으로 들어가는 것이다. 그것은 내 모든 능력을 버리겠다는 뜻이다. 나도 그걸 알고 있다. 굳이 방향을 틀어서 내려간다고 표현한 걸 보면 내려갈 의지를 갖고 있는 듯하다. 그건 나를 없애겠다는 의지다. 그렇게 되면 내가 사라지고 저 행렬 속에 갇히게 된다는 걸 잘 알고 있으면서도 그 안으로 들어간다. 꿈에서 나는 그게 실수라고 말하는데, 약간의 망설임만이 있을 뿐, 한번 방향을 틀어버린 후 되돌릴 수 없게 된다. 그리고 아주 오랫동안 저들처럼 저 속도로 답답하게 있어야 한다고 말한다. 나는 왜 멈출 수가 없었을까? 내가 이미 밖에 있었는데, 왜 그랬을까? 나는 나 자신을 포기하고, 기꺼이 내 날개를 꺾는다. 꿈 내용을 적다 보니, 내가 날아서 내려가는 동안 학교, 교복, 벽, 화장실이 보였던 게 기억난다. 벽이 보였다. 내가 그 벽 안에 갇힌 것이다.

어제는 강의에서 '한 사람의 스타일은 그 사람 자체를 뜻한다'는 라캉의 『에크리』 첫 인용문에 대해 이야기했다. 학생들에게 "내 스타일은 무엇입니까?"라는 질문을 한 후, 나 자신에 대해서도 생각해보았다. **나는 늘 나 자신이었나?** 내가 하지 않았으면 좋았을 일들을 떠올려보았다. 내가 하고 싶은 일도 아니었고, 절실한 마음도 없었는데 괜히 떠맡아서 건강을 해치게 되었던 그런 일들, 의무처럼 부과된 일들, 어쩔 수 없이 맡아서 몸도 마음도 다쳤던 일들의 목록이 짧지 않았다. 지금은 뼈저리게 후회하는 일들이다. 한번 들어가면 빠져나올 수 없다는 걸 알면서도 멈추지 못했다. 심지어 나와 맞지 않는 작업이라는 걸 알면서도 "네"라고 답한 후 그냥 걸어 들어가서 그 힘든 일들을 다 겪었다. 사람도 단체도 책도 모두 마찬가지다. 자유로울 수 있었는데도 굳이 내 발로 걸어 들어가서 건강을 해쳤다. 왜 그랬을까? 꼭 따라야 하는 어떤 규칙이라고 생각했고, 별생각 없이 그 무리한 규칙들을 따랐다.

이번 꿈은 내가 방향을 정할 수 있었다는 것을 알려준다. 사람이든, 단체든, 일이든 모두 내가 선택할 수 있었다. 아니 선택할 수 있었어야 한다. 자유로운 상태에서 내 마음과 공명하는 그곳, 그 사람, 그 장소를 선택할 수 있는데, 언제나 방향을 틀어 나와 맞지 않는 곳으로 들어갔다. 그렇게 한번 들어가면 아주 오랫동안 그곳에 갇혀 있어야 한다. 내 속도가 아닌 다른 속도, 내 장단이 아닌 다른 장단에 맞추어 그들의 규칙을 따르며 거기 머물러야 한다.

꿈은 그것이 내 실수였다고 말한다. 이런 내 어리석은 결정 때문에 답답하게 보낸 시간들이 있었다. 그런데도 멈출 수가 없었다. 그냥 되는 대로 흘러가게 내버려두었기 때문에 생긴 일들이다. 내가 판단해서 멈추고, 방향을 다시 틀고, 마음이 움직이는 곳으로 향하지 않았다. 그러나 지금 나는 다시 자유롭다. **이제 방향은 내가 정한다. 내가 원하는 방향으로 날아가야 한다.** 방향을 잘못 잡았다면 다시 바꾸면 된다. 그냥 내버려두었을 때 어떤 결과가 초래되는지 꿈이 잘 보여주고 있다. 무엇보다 내가 호되게 체험하지 않았나?

이제라도 내 스타일대로 살 수 있어야 한다. 사람을 만날 때도, 친구를 사귈 때도, 일을 맡을 때도 언제나 내게 가장 편안한 방향성 속에서 결정해야 한다. 그냥 우연에 의해 방향을 틀거나, 다른 사람의 시선에 의해 내 소원과 어긋나는 선택을 해서는 안 된다. 그렇지 않으면 잘못된 선택 속에 아주 오랫동안 갇혀 있게 된다. **이제는 내 방향을 알 것 같다. 내 스타일이 만들어지고 있다.**

괴물

2021년 9월 3일 금요일 아침

우리 편이 아닌 어떤 여자를 폭발시켰던 것 같다. 우리 쪽에서 뭔가 정당하지 못한 일을 한 것 같기도 하다. 내가 그것에 대해 불같이 화를 낸다. 사람들이 수긍하며 알았다고 말한다. 뭔가 좀 바로잡히는 느낌이다. 문제는 내가 거기서 나와야 한다는 것이다. 집에서 나올 때 괴물들이 있었다. 신부님까지 다 괴물이다. 어둡다. 나 혼자다. 그런데 그 괴물들이 나를 건드리지 못한다. 어두운 집 속에 갇혀 있는데도 내가 전혀 무서워하지 않는다.

지혜롭게 그곳을 빠져나가고 있다. 당당하게 문을 열고, 서둘지 않고 여유롭게 걸어 나온다. 나오니 낮이다. 대학처럼 보이기도 한다. 그런데 갑자기 여기에서도 나가야 한다는 생각이 든다. 지금은 아직 내 사람들이 없다. 우선 나가서 어머니를 만나야 한다. 나를 어디서 만나는지 아시겠지 생각하면서 이 공간에서 나가려 한다. ✍

두 번의 탈출

드디어 탈출을 감행한다. 익숙한 어둠이 깔려 있고, 나는 갇혀 있다. 괴물들이 있지만 내가 지혜롭게 탈출한다. 편이 나뉘어 있고 싸우고 있는 모양인데, 나는 정당하지 않은 방법을 사용하면 안 된다고 생각한다. 뭔가 내면의 에너지가 하나로 모이고, 상황이 바로잡히는 느낌이다. "당당하게 문을 열고, 서둘지 않고 여유롭게 걸어 나온다"는 말이 시원하게 들린다.

밖은 낮이다. 그런데 밖으로 나와서도 나는 내가 아직 갇혀 있다고 생각한다. 그 이유는 내 주위에 사람이 없기 때문인 듯하다. 밖으로 나오긴 했지만, 여기는 내게 특별한 곳이 아니다. 이전 공간의 연장일 뿐이다. 장소가 바뀌어도 내 마음과 내 태도가 같기 때문이다. 꿈에서는 밖으로 나가면 마음이 맞는 사람들이 있을 것이라고 생각하는 듯하다. 그곳에서는 어머니를 잘 보살펴드릴 수 있다고 생각한다. 어머니는 내가 탈출하기를 기다리고 계시는 듯하다. 전체적인 분위기가 차분하다.

꿈의 주제어는 '탈출'이다. 과제가 있고, 방향성도 있다. 나는 내가 무엇을 해야 하는지, 왜 그렇게 해야 하는지 잘 알고 있다. 힘도 있고, 계획도 있다. 당당하고 편안해 보이기까지 한다.

꿈속에서 나는 어른이다. 아직 완전히 벗어나진 않았지만, 곧 이 공간에서도 탈출할 수 있을 것 같다. 그런데 왜 두 번 반복해서 탈출하고 있을까? 프로이트의 튠 백작 꿈 사례도 두 번의 탈출로 구성된다. 프로이트는 이 꿈을 꾸는 동안 꿈의 내용을 분석하는데, '아, 첫 번째 부분이 집에서 벗어나는 이야기라면, 이번에는 도시에서 벗어나야 한다는 거구나'라고 말하기도 한다. 나 역시 두 개의 콤플렉스에 대해 이야기하고 있다. 우선 첫 번째는 집과 관련된 것이고, 두 번째는 프로이트의 정신분석학에 대한 문제다. 프로이트의 경우, 집을 벗어난다는 것은 "저런 자식이 커서 뭐가 되겠어"라는 아버지의 저주를 극복하는 과제를 의미했고, 도시를 벗어난다는 말의 의미는 유태인 정체성에 대한 콤플렉스를 극복한다는 뜻이었다. 내 경우, 집을 벗어난다는 건, 과거와 결별하고 삶으로 나아간다는 뜻일 테고, 대학을 벗어난다는 건 정신분석학의 전통적 해석과 겨루며 새로운 정신분석학으로 나아간다는 뜻이다. 후자는 정신분석학의 중심을 성 이론에서 꿈 이론으로 이동시키는 과정을 뜻한다.

요즘 화이자 1차 접종 후 부정출혈이 계속되고 통증도 지속되고 있다. 그럼에도 강의 녹화는 계속하는데, 통증을 견디는 게 조금 힘들다. 자궁내막증 때문에 보통 때도 송곳으로 난소를 찌르는 듯한 통증이 있다. 여기에 백신 부작용이 겹치니 몸이 말이 아니다. 일상이 힘든 상태인데 두 번씩이나 거의 탈출에 성공하는 듯 보이는 꿈을 꾼 게 이상하게 느껴진다. **나는 내 편이 아닐 때가 상당히 많은데, 내 꿈은 언제나 내 편이다.** 현실에서는 몸과 마음을 위한 선택이 늘 뒷전이지만, 꿈은 내 몸과 마음을 챙기고 있다. 나는 나보다 다른 것들이 늘 먼저인데, 꿈은 항상 내가 먼저다.

꿈은 늘 건강한 생활, 행복한 삶, 사람과 함께 있는 삶으로 나를 이끌어준다. 꿈에서만큼은 외롭지 않다. 더 이상 나를 위협하던 것들이 무섭지 않다. 그 어떤 것도 겁나지 않는다. 어둠도, 외로움도 다 괜찮다. **어떤 괴물도 나를 건드리지 못한다.** 그렇다면 분명히 지혜롭게 그 공간을 벗어날 수 있을 것이다. 당당하게 문을 열고 여유롭게 걸어 나가자. 이제 전통적인 해석을 넘어 나만의 독창적 해석으로 나아가려 한다. 꿈속에서 나만의 길을 경험했기에, 현실에서도 예전처럼 나를 내버려두지는 않을 것 같다. 꿈은 몸도 마음도 힘든 내게 두 번의 탈출기를 보여주며 기운을 불어넣는다. 그리고 이렇게 말한다: **"이게 네 미래의 모습이어야 해."** 꿈이 보여주는 나만의 길을 믿고 따라가 보자.

텅 빈 주차장

2021년 10월 14일 목요일 아침

어머니께서 동네 한 바퀴를 도시는 동안 나는 카페에 들어왔다. 짐을 가지러 왔거나 커피를 마시러 온 모양이다. '운동을 잘 하셔야 할텐데'라고 생각하며 커피를 마신다. 좁은 카페에서 커피를 마신 후 카드를 내려는데 다른 카드들이 테이블에서 우수수 떨어진다. 그걸 줍고 보니 옆에 내 짐들이 있다. 짐을 하나 뺀 후, 내 차에 다 넣으면 되지 싶어서 다시 두 개를 더 뺀다. 나머지를 정리하려고 돌아서니 카페도 짐도 카드도 테이블도 모두 사라졌다. 저만치 카페 트럭이 가는데 거기 다 싣고 가는 듯하다. 내 짐도, 내 차도 아무것도 없이 빈 주차장에 나 혼자 덩그러니 남겨졌다. ✍

덤벙이의 하루

어머니께서는 오래 걷지 못하신다. 그래도 나는 가능한 한 30분 정도는 억지로라도 산책을 하시도록 모시고 나가서 걷는데, 꿈에서도 그런 산책을 하고 있다. 그런데 이번에는 내가 따로 뭔가를 한다. 잘 걸으시나 걱정하면서도 카페에 들어가 커피를 마시고 일을 한다. 짐을 가지러 왔다고도 하고, 커피를 마신다고도 하는데, 뭔가 어수선하고 진행이 원활하지 않다. 계획대로 되지도 않고 실수도 한다. 중요한 카드들이 우수수 떨어지고 짐도 챙기지 못한다. 우왕좌왕하다가 결국 한순간에 모든 것이 사라진다. 카페도 짐도 카드도 테이블도 차도 모두 사라졌다. 내가 있던 자리에서 나를 제외한 모든 것이 다 사라진다. 나는 텅 빈 주차장에 덩그러니 남겨진다.

계속 시도되었던 탈출 계획들이 무색하게 나는 다시 '혼자' 남았다. 빈 주차장이란 내가 아무도 없는 공간에 다시 갇혔다는 뜻이다. 사람들과 관련된 모든 것들이 사라지는 이유다. 카드는 삶을 위한 물건들을 사는 도구이고, 차는 어딘가로 이동하는 수단이다. 카페는 사람을 만나는 곳이고, 테이블은 누군가와 마주 앉을 수 있는 도구다. 짐은 내 삶의 흔적이고, 미래를 위한 계획의 일부이기도 할 텐데 모두 사라졌다. 그 모든 것이 사라지고, 나는 차가 한 대도 없는 빈 주차장에 덩그러니 혼자 남아 있다. 사실 카페도 내가 아는 곳이 아니었다. 공간도 낯설었다. 모르는 곳에 나 혼자 남아 있는 것이다.

꿈은 조금 혼란스럽다. 여유롭게 일이 진행되지 않고 뭔가 급해 보인다. 일들은 어긋나고 나는 덤벙댄다. 꿈에서 제일 마음이 쓰이는 부분은 모든 게 사라지는 장면이다. 아마 내가 요즘 내 소원을 챙기지 못했나 보다. 조금 불안하고 조급해 보인다. 어떤 상황에서도 내 페이스대로 행동할 수 있어야 하는데, 아직도 미숙하다. 덤벙대고 서둘면서 가장 중요한 건 뒷전이었던 것 같다. 무엇보다 내 몸과 마음, 그리고 내가 좋아하는 것들을 먼저 챙겨야 한다. 모두 사라지게 두면 안 된다. 짐을 정리하는 모습만 봐도 얼마나 정신이 없는지 알 수 있다. 차분하게 하나씩 내 페이스대로 삶을 만들어가야 한다.

꿈은 내 모습을 보여주며 왜 모든 걸 그렇게 급하게 해야 하냐고 묻는다. 내 한계 이상으로 서둘거나 계획하거나 바라서는 안 된다. 그렇게 했을 때 모든 것이 어긋난다. 한 템포 느리게 가자. 산책을 나왔으면 풍경과 대화와 달콤한 공기에 집중해야 한다. 커피를 마시러 갔으면, 사람도 만나고 커피 향도 즐기며 여유롭게 시간을 보내면 된다. 그렇게 살아도 괜찮다.

꿈을 보면 나는 계속 어머니 걱정을 하고 있는데, 이건 어머니의 생각이 아니라 내 규칙인 것 같다. 어머니께서도 가끔씩 이런 나를 부담스러워 하신다. "엄마는 괜찮다"는 말씀을 수 없이 하시는데, 내가 어머니를 믿지 못한다. 어머니는 더 이상 스물여섯의 어린 신부가 아니다. 내 무의식의 방 안에 갇혀 계신 어머니가 아니다. 오히려 내 태도와 규칙 속에 어머니께서 갇혀 계신 것일 수도 있다. 나 없이 동네 한 바퀴 산책을 즐기고 계실 수도 있는데 나는 계속 걱정을 한다. 내가 필요하면 전화를 하실 것이다. 혼자 결정하고 판단하고 계획하지 말자. 늘 당신은 괜찮다고 말씀하시지 않나. 어머니께서 요청하실 때 도와드리면 된다.

내 시간과 삶도 소중하게 챙겨야 한다. 내 짐들이 사라지는 건, 내가, 그리고 내 규칙이 그렇게 만들었기 때문이다. 꿈은 이렇게 내 태도의 문제와 그 결과를 또렷하게 드러낸다.

살을 파고드는 벌레

2021년 11월 21일 일요일 아침

아주 좁은 공간에 들어갔는데 벌레가 우글거린다. 벌레가 내 손가락 속으로 들어와서 안 떨어진다. 손으로 벌레를 쥐고 짜내듯 빼내는데도 살 속 벌레들을 다 빼낼 수가 없다.

어떤 공간에 내가 사람들과 같이 있다.

인내가 필요한 시간

내 살 속에서 움직이는 벌레가 가장 기억에 남는다. 징그러웠다. 시원하게 벌레를 뽑아낼 수도 없다. 그 상황에서도 내가 사람들과 어떤 공간에 같이 있다. 그 벌레들은 무엇일까?

어제는 40분 정도 산책을 했는데 무릎이 좀 부었다. 늘 불편하고 통증이 있어서 삶의 모든 면에 제약이 많다. 답답하고 속상한데 아주 조금씩 근육을 키우는 방법 말고는 대책이 없다. 근육 운동을 쉬지 않은 덕분에 조금씩 나아지고 있는 것만은 분명하다. 친한 친구들과 줌에서 두 시간 정도 수다를 떨었다. 강의 하나에 과제가 다섯 번씩 나가는데, 네 번째 과제를 평가하고 있다.

무릎 때문에 계속 힘들다. 예전의 내 꽉 찬 하루가 미치도록 그립다. 몸이 망가진 느낌과 상황을 되돌릴 수 없다는 생각 때문에 꿈에

살을 파고든 벌레가 나온 듯하다. 건강하지 못한 몸, 썩어 들어가는 몸, 벌레가 우글우글하는 공간은 내 몸을 말한다. 손안의 벌레를 떼어낼 수 없는 상태라는 건, 몸이 되돌릴 수 없이 망가졌다는 내 생각을 표현한다. 그런데 왜 밖에 있는 벌레가 내 몸속까지 들어갔을까? 보통은 그냥 밖에 있어야 하는데, 살을 파고드는 건 이상하다. 좀 지나치다.

나는 그것을 '고통의 촉감'이라고 부르고 싶다. 사실 그런 느낌으로 하루하루를 보내며 매 순간 견디고 있다. 인내가 필요하다는 걸까? 언젠가 벌레를 다 빼내면 괜찮아진다는 뜻일까? 벌레를 하나씩 빼내야 한다. 서둘면 안 된다. 한 번에 털어지지 않는다. 한 번에 나을 수 있는 상황이 아니다. 한 마리씩 빼내야 한다. 근육을 조금씩 강화해서 언젠가 근육이 튼튼하게 지지해 주면 무릎 통증도 사라질 것이다. 그때는 내 손의 벌레도 다 빼낼 수 있겠지.

꿈은 이런 상태에서도 내가 어떤 공간에 사람들과 함께 있는 모습을 보여준다. 고립되어 혼자 남아 있거나 갇혀 있는 상황이 아니다. 그렇다면 아주 조금은 앞으로 갔다는 뜻이 아닐까? 벌레야 시간을 내어 뽑아내면 된다. **내가 누군가와 함께 있다는 게 중요하다.**

식사 테이블

2021년 11월 27일 토요일 아침

엄청나게 큰 건물에 있는 홀 안이다. 식사 장소로 이동해야 하는데, 내 생각과는 다르게 모두 반대편에 있다. 모든 벽이 다 개방되어 어마어마하게 긴 큰 홀이 된 공간에서 학생들과 선생님들이 함께 앉아 밥을 먹는다.

낯설고 어색하다. 나와 별로 친하지 않은 사람들의 시선이 느껴진다. 내가 환영받는 곳이 아니며, 사실 사람들은 내게 별 관심이 없다. 그 식사 테이블들의 가장 끝 마지막 테이블 구석 자리에 앉으려고 한다. 옆에 모르는 사람들이 있다. 그냥 말을 섞으며 먹으면 되지 싶은 마음에 생각보다는 덜 불편하다. 어디에도 소속되어 있지 않고, 아는 사람은 하나도 없다고 생각하며 구석에 있는 가장 끝자리에 앉는데, 누군가 내게 말을 거는 것 같다. ✍

고립을 끝내며

드디어 사람들이 있는 공간에서 함께 밥을 먹는다. 그런데 걸어 나온 지 얼마 되지 않아 모든 게 낯설고 어색하고 불편하다. 나는 그 큰 홀에서 구석진 테이블 제일 끝자리를 선택한다. 그래도 내가 여기 있을 수 있다니. 이 자체로 엄청난 변화다. 아직 대화를 나누거나 즐길 수는 없지만 적어도 나는 갇혀 있지 않다.

예전 꿈에서는 엄청나게 큰 건물에 창문이 없었다. 그 안에는 거대한 죽은 동물들이 있었다. 그런데 이번에는 **살아 있는 사람들이 보인다.** 그리고 식사 장소로 이동하고 있다. 삶에 익숙한 사람들, 삶을 살고 있는 사람들이 내 반대편에 있다. 나는 아직 이곳이 낯설고 불편하지만, 어느 곳도 닫혀 있거나 막혀 있지는 않다. 모든 벽이 다 터져서 어마어마하게 길고 큰 홀로 개방되어 있다. 벽이 허물어져 있는 곳, 열린 곳이라는 점이 좋다. 그곳에서 학생들과 선생님들이 함께 앉아 밥을 먹는다. 그런데 나는 이곳에서 환영받지 못한다. 누구와도 이어져 있지 않고, 사람들은 내게 관심이 없다. 적대적이기까지 하다. 그런데 내가 상당히 용감하다. 그냥 말을 섞으며 먹으면 된다고 생각한다. 그리고 누군가 내게 말을 건다.

얼마 전 영어권 학회들을 검색했다. 중요한 사이트들을 저장하고, 각 사이트에서 올린 강연들을 훑어보았다. 정기적으로 줌 학회를 여는 학회도 있었다. 그들의 활동을 살펴보며 내가 그동안 너무 정체되어 있었다는 생각이 들었다. 그들은 온전한 자기 자신이 되어 마음이 가는 것에 집중하며 공부를 즐기고 있었는데, 나는 그렇게 공부하지 못했다. 내게 공부는 늘 의무였다. 많은 발표들 중 몇몇 학자들의 이야기는 내 마음을 가득 채워줄 만큼 새롭고 풍성했고 재미있었다. 그건 '놀이'였다. 그날 처음으로 정신분석이 놀이처럼 느껴졌다. 나도 그들과 함께 내 생각을 이야기하고 싶었다. 고립의 시간을 끝낼 때가 되었다는 생각도 들었다. (2024년 현재 외국 학회에 참여하는 게 더 이상 낯설지 않다. 줌을 켜고 학자들을 만나는 시간이 즐겁고, 함께하는 토론이 재밌다.)

꿈은 내가 새로운 공간에 들어갔다는 걸 알려준다. 끝에 앉았어도 게임은 이미 시작되었다. 내가 그곳에 있다. 이제 사람들과 이야기를 시작하면 된다. 꿈은 내게 이렇게 말한다: "걱정하지 마. 네가 그곳에 사람들과 함께 있어. 네 이야기를 시작해. 움직여 봐. 사람들을 만나. **적어도 너는 이제 사람들 사이에 있어. 더 이상 고립되어 있지 않아."** 그냥 온전한 나 자신이 되어 내가 하고 싶은 말을 하면 된다. 무엇인가 시작되는 느낌이다.

차 수리

성당인 것 같다. 처음 세례를 받은 사람들이 한 줄로 움직이고 있다. 예배당 안에 있는 장에 옷들을 넣으려다가, 그냥 올라와서 맞은편 방에 옷들을 걸려고 하는데 자리가 마땅치 않다. 밖으로 나가기 직전, 오른쪽에 있는 열린 구조의 방 하나가 있는데, 벽이 흰색이고 개인 사물함처럼 생긴 공간들이 여럿 보인다.

K 교수님이 계신다. 건강 보조제 같은 걸 많이 사셨다. 약들을 그 방 안에 있는 선반에 하나씩 배치하시는데 내가 도와드린다. 공간에 딱 맞게 들어간다. 몸에 좋은 약들이다. 내가 그 선생님과 가까운 것 같다. 나는 매우 거친 사람인데, 교수님은 모든 면에서 세련된 분이다. 피부만 해도 그렇다. 나는 손이 다 터지고 거친데, 그분의 촉촉한 손이 부드러워 보인다. 선생님께서 옷을 갈아입으신다. 내가 뭘 사셨냐고 묻는다. 나도 그 약들이 먹고 싶다. 핸드폰으로 찍으면 안 되냐고 하니까 지난번에 내게 알려주셨다고 하신다. 내가 이미 알고 있는 정보들인가 보다. 뭐가 쉽지 않네.

여기서 나가면 바로 버스 정류장이 있는데, 누군가 전광판을 땅에 놓고 어떤 장치를 고치고 있다. 시각장애인을 위한 배려라고 한다. 내가 이곳을 집으로 착각한 듯하다. 그런데 여기는 내 집이 아니다. 나도 집으로 가야겠다.

내가 차 안에서 산다. 차 안에 웅크리고 누워 있는데 차 미러를 보니 차에 거의 닿게 버스가 가까이 들어온다. 위험하다. 남자아이와 여자아이가 차 안에 같이 있다. '이건 무슨 상황이지?' 하고 생각하는데, 그 공간이 차 정비센터로 바뀐다. 어떤 사람이 차 안을 들여다본다. 나는 나가라고 할까봐 긴장하는데, 아이가 뭘 부탁해 둔 모양이다. 내 차인데…. 내가 다 알아서 했어야 하는데 그러지 못했네. 여기 이 아이들도 살리려고 하는 일이다. 어떤 감정적인 말을 해야 하는데, 잘 안 된다. 아이의 태도가 사뭇 다르다. 좀 어른스럽다. 아이가 부품 수리 이야기를 해두었나 보다. 여기 있는 게 떨어졌다며 달아달라고 한다. 610원. 이 아이들이 내게 호의를 가지고 있었다는 걸 깨닫는다. 차 앞자리로 갔는데, 여자아이가 내 지갑을 들고 내가 쉽게 열도록 도와준다. 아이는 내 지갑이 어디 있는지 알고 있었다. 나를 아주 잘 아는 아이들이다. 처음엔 위험하다고 생각하고 경계했는데, 내게 도움을 준다. 한 번도 못 본 아이들인데 우리가 함께 있다. 그런데 공간이 너무 불편하다. 작고 좁고 몸을 구겨 넣고 있어야 한다. 밖에 있는 사람들이, 내가 차 안에 사는 것 자체를 뭐라고 하지는 않는다.

꿈에 가끔 나오는 거리가 보인다. 종로 같기도 하고, 부산과 종로를 섞은 느낌이다. 예전엔 거기 놀이공원이 있었다. 시내로 가는 길이다. 카페도 있고 맛있는 순댓국집들도 있는, 내가 좋아하는 거리다. 가끔씩 이곳이 내 꿈에 나오는데 다시 이 공간에 왔다. ✑

새로운 삶을 시작하는 사람들

꿈속에서 내가 사는 곳은 여전히 좁은 차 안이고, 내 옷들을 걸어 둘 곳도 마땅치 않지만, 어쨌든 작은 공간이 열리고 차는 수리된다. 사람도 등장하고 나를 돕는 인물들도 만난다. 시각장애인을 위한 배려는 앞을 못 보는 나에 대한 배려이다. 내가 뭔가를 못 알아듣고, 못 보고 있으니 꿈이 배려해 주는 것이다.

처음 세례를 받았다는 건, 새 삶을 시작하는 사람들이라는 뜻이다. **이전의 삶과 다른 삶이 시작된다.** 의미 있는 행렬이다. 그런데 예배당 안에서는 내 자리를 찾지 못한다. 나와 전혀 다른 한 사람을 만나게 되는데, 그분을 보며 거칠게 튼 내 손이 창피했다. 내팽개쳐진 삶, 온기가 없는 삶이다. 선생님께서는 내가 이미 그 모든 약들에 대한 정보를 가지고 있다고 하셨다. 이미 알고 있다는 것이다. 나도 선생님처럼 내 삶을 그렇게 가꿀 수 있을까? 적어도 내가 갇혀 있는 상황은 아니다. 방도 열린 구조이고, 이후에 실제로 밖으로 나온다. 그렇다면 이제 삶을 예쁘게 가꿀 수도 있지 않을까?

다시 이동과 관련된 세부들이 보인다. 버스와 차는 이동 수단이다. 그러나 앞을 못 본다면, 집에 가는 버스를 탈 수 없다. 나를 위해 꿈이 전광판을 만들어준다. 이어지지 않지만, 집으로 가야겠다고 생각한 후에 바로 내가 차 안에 있는 장면으로 이동한다. 그런데 뭔가 다시 갇혀 있는 느낌이다. 몹시 불편하고 좁고 나는 웅크리고 있다. 차가 내 집이라고 하는데, 적어도 이 공간은 고립되어 있지는 않다. 그러나 뭔가 위협적이다. 버스가 내 차에 거의 닿게 들어올 때 두려운 느낌이 들었다. 그 후 남자아이와 여자아이를 내 차 안에서 발견하는데, 그러고는 공간이 다시 바뀐다. 차 정비센터다.

차를 수리한다는 건, 고장 난 부분을 고쳐 새롭게 바꾼다는 건데, 나는 내 차의 문제를 모른다. 하지만 이 아이들은 뭘 해야 하는지 정확히 알고 있다. 어떤 사람이 차 안을 들여다본다. 더 이상 고립된 공간일 수 없는 상태다. 차 안에도, 그리고 밖에도 사람이 있다. 나는 긴장을 하지만, 오히려 아이들은 어른스럽다. 아이가 수리를 부탁해 둔 모양이다. 그리고 아이도 살려고 하는 일일 것이라고 생각한다. 차가 고쳐지지 않으면 그 아이도 살 수 없다는 뜻인데, 그렇다면 이 아이들이 내 일부라는 의미일까? 나는 여기서 어떤 감정도 느끼지 못한다. 그냥 덤덤할 뿐 아이들에 대한 느낌도, 차를 고쳐주는 사람에 대한 느낌도 거의 없다. 나는 아이의 태도가 어른스러운 것에 대해 놀란다. 그 아이는 무슨 일이 생길지 알았나 보다. 미리 부품 수리를 이야기해 두었으니 말이다. 예지력이 있는 신비한 사람들처럼 느껴진다. 아이는 여기 있는 것이 떨어졌다며 달아달라고 말한다. 문제를 매우 정확하게 알고 있다. 수리비는 610원이었다. 이 숫자는 어디서 왔을까?

나는 그제야 마음을 놓는다. 모든 게 다 호의였다. 긴장하고 겁낼 필요가 없었다. 가까이 다가오던 그 버스까지 다 나를 해치려던 게 아니었다. 아니나 다를까 여자아이는 타이밍에 맞춰 내가 쉽게 돈을 지불할 수 있도록 도와준다. 지갑이 어디 있는지도 알았다는 건, 이들이 나와 매우 친밀한 관계의 인물들이라는 뜻이다. 그들은 나를 아주 잘 알고 있다. 처음엔 위험하다고 생각하고 경계했지만, 사실

이들은 내게 도움을 주는 사람들이다. 그런데도 왜 나는 이 아이들을 알아보지 못했을까? 공간도 이상하다. 너무 불편하다. 작고 좁고 몸을 구겨 넣고 있어야 한다.

이 불편한 공간은 사실 환영받지 못하는 넓은 홀과 그리 다르지 않다. 닫힌 공간이 열리긴 했지만, 모든 게 불편하고 불안하다. 그러나 이 좁은 공간이 지난 꿈에 나왔던 큰 홀보다 중요한 이유는, 내가 나를 이해하는 사람들과 함께 있기 때문이다. 다음 장면에서 나는 내가 좋아하는 거리를 본다. 낯선 공간, 눈치를 봐야 하는 불편함, 적대감 대신 좋아하는 공간, 익숙함, 그리움이 꿈을 채우고 있다. 심지어 놀이공원이 있었다고 말한다. 놀이는 내 일상이나 삶과 상당히 멀리 있는 단어인데, '놀이', '좋아하는'과 같은 말들을 할 만큼 내가 편안하게 느끼고 있다. 꿈은 이상한 공간들, 불편한 공간들, 불편한 삶에서 시작해서 익숙하고 편안한 놀이의 공간에서 끝난다.

왜 동료 교수님이 꿈에 나왔을까? 내가 좋아하는 분이다. 평소에 그녀의 삶이 내 삶과 많이 다르다고 생각했던 것 같다. 나는 몸이 계속 아프고, 삶이 조금 힘들다. 실제로 손이 많이 거칠고 손끝은 갈라져 있다. 더 이상 예전같이 부드러운 여자 손이 아니다. 그런데 교수님의 삶은 내 삶과는 반대라는 생각이 들었다. 보호받는 삶, 의지할 사람들이 많은 삶처럼 보인다. 그게 부러웠던 것 같다. 나도 그렇게 되고 싶다고 생각하는 내게 그분은 이미 내가 다 알고 있다고 말씀하셨다. 이미 내가 내 안에 다 가지고 있다는 말씀이신데, 정말 그럴까? 나도 그런 예쁜 '삶'을 살 수 있을까? 적어도 꿈의 후반부에 나오는 수리 장면은 멋진 삶처럼 보인다. 공간은 좁고 불편하지만 나를 돕는 사람들이 있다. 꿈 이야기를 하다 보니 아이들의 태도와 배려에 행복감이 느껴진다. 고장 난 걸 고쳐주시는 분이 있다는 것도 안심이 되었다. 바로 이런 경험 덕분에 다음 장면에서 내가 좋아하는 공간을 볼 수 있었던 것이다.

꿈은 앞을 못 보는 내게 길을 알려주고 차를 수리해 준다. 이제 정비된 차를 타고 꿈이 이끌어주는 대로 가기만 하면 되는 게 아닐까?

맛있는 커피

2022년 1월 3일 월요일 아침

어느 역이다. 집에 가는 길인 것 같은데, 어머니께서 커피를 마시자고 하신다. 바로 앞에도 카페가 있지만 저쪽에 커피를 맛있게 하는 커피숍이 보여서 거기서 커피를 사려 한다. 물건들을 편리하게 흰 봉투에 하나로 합친다. 어머니의 흰 샌들을 비닐에 담으려다가 샌들 위쪽 끈을 뜯은 것 같은데…. 어쨌든 그걸 하나의 봉지에 합친다. 커피숍 밖에 사람들이 너무 많다. 맛있는 커피를 사가지고 가면 되겠다 생각한다. 들고 있는 짐이 조금 많다. ✎

근육 운동

이번에는 짐이 사라지지도, 빈 주차장에 홀로 남겨지지도 않는다. 고립이나 감금과 관련된 주제가 보이지 않는다. 지난번 꿈에서보다 훨씬 안정된 상태로 짐을 정리한다. 편리하게 짐을 하나로 합치고, 맛있는 커피를 산다. 짐이 조금 많지만 감당할 수 있는 듯하다. 가까운 곳에 커피숍이 있는데도 나는 더 고소하고 향이 깊은 커피를 마시고 싶어 한다.

사실 상황이 그리 편안한 건 아니다. 샌들 끈이 뜯어지고, 짐은 많다. 커피숍에 사람도 많고, 저쪽까지 가야 한다. 그러나 다 큰 문제들이 아니다. 갑자기 나를 당황하게 만드는 장면도 나오지 않는다. 끈이 뜯어지면 뜯어진 대로, 사람이 많으면 많은 대로, 짐이 무거우면 또 무거운 대로 그냥 그 상황에서 내가 할 수 있는 걸 지혜롭게 하고 있다. 중요한 건 내가 하고 싶은 걸 하고 있다는 사실이다. 다시 좁은 공간으로 후퇴하거나, 나 자신을 감금하거나 내가 감금당하지도 않는다. 완전히 열린 공간이다.

우리는 여행 중이다. 나도 어머니도 신나 보인다. 그래서 맛있는 커피를 마시는 게 자연스럽게 느껴지는 것이다. 샌들도 바닷가에서 놀기 위해 넣었던 것으로 이미 해운대에서 실컷 논 다음인 것 같다. 샌들이 끊어졌을 때 별로 놀라지도 않고 걱정을 하지도 않는다는 건 이미 샌들을 충분히 사용한 후라는 뜻이다. 집에 가면 쉽게 고칠 수 있다고 생각하는 듯하다. 그러고 보니 지난 꿈에서는 차를 수리했는데, 이번에는 샌들을 고쳐야 한다. 차와 샌들은 모두 이동과 관련된 대상들이다. 나를 다른 곳으로 데려다주는 도구들이다.

요즘 유튜브에서 배운 운동을 계속하고 있다. 다리 안쪽 근육을 강화하고, 바깥쪽 근육을 이완시키는 게 목표다. 꾸준히 했더니 정말 무릎에서 소리가 덜 난다.

꿈에서 집으로 가는 길이 더 편하게 정리되고 있다. 나는 스타일이 있는 사람인 것처럼 보인다. 흰 샌들이 내 것이었던 것도 같다. 흰 샌들과 흰 봉투가 잘 어울린다. 맛있는 커피를 마시려 하는 것도 마찬가지다. 그래서 짐이 많아도 감당이 되는 것이다. 내가 미숙한 사람이 아니기 때문이다. 스트레스를 받고 있는 것 같지도 않다.

흰 샌들을 보며 마음이 가벼워졌다. 가만히 생각하니 잘 놀았다는 느낌, 노곤한 느낌이 있었다. 흰 샌들은 해변, 햇빛, 한낮, 바다와 이어지는 대상이다. **내 스타일이 생기고 있다.** 뭘 더 하고 싶은데 할 수 없는 상황이 아니다. 속상한 느낌도 전혀 없다. 반대로 지난 모든 시간에 감사하는 마음이었던 것 같다. 샌들이 찢어질 정도로 놀았다면 그럴 만도 하다. 다음번 여행 전까지만 고치면 된다고 생각하는 듯하다.

'샌들이 끊어진다'는 표현에서 무릎 연골이 찢어졌다는 게 떠오른다. 두 경우 모두 걸을 수 없게 된다. MRI 사진에서 훼손된 흰 연골 부분들은 마치 솜사탕처럼 보였다. 꿈은 재미있는 방식으로 이미지를 변환시킨다. 무리해서 찢어진 연골을 샌들 끈이 끊어질 정도로 잘 논 사람으로 표현한다. 꿈에서는 내가 아픈 사람이 아니었다. 이 여정을 잘 놀고 돌아가는 길로 바꾼 이유는 집필이나 번역, 그 모든 과정이 내게는 다 놀이처럼 느껴졌기 때문이다. 해운대에서 잘 놀았던 기억만큼 희열이 있는 작업들이었다.

2015년 어머니께서 많이 편찮으신데도 나는 무작정 부산행 티켓을 끊었다. 여행을 힘들어하셨어도 어머니는 견디셨고, 해운대에 가서는 행복해하셨다. 해운대 근처에 사는 고등학교 동창 이모를 다시 만나셨고, 어머니와 이모는 여고생들로 돌아갔다. 저녁 무렵 엘리베이터에서 내려 호텔 방으로 걸어가는데, 여고생들의 웃음소리가 복도에까지 울려 퍼지고 있었다.

근육량을 재분배하며 근육을 키우고 있는 요즘 상황이 꿈에서 짐을 정리하는 것으로 나온다. 양쪽 근육을 함께 키우려고 노력하는 상황이 짐을 잘 가지고 갈 수 있게 정리하는 이미지와 비슷하다. 찢어진 연골도 찢어진 샌들도 모두 다음 여행 때까지만 고치면 된다. 꿈은 가장 성숙한 내 모습을 보여주며, 어둠의 시간 동안 나를 성장시킨다.

시계 수리

2022년 2월 27일 일요일 아침

꿈에서 좀 괴롭게 잠이 든다. 일어나 아침을 먹고 나니 열 시 반이다. 외국이고 호텔이다. 잠깐 나왔는데 밤이다. 시계가 고장 나서 시간이 있는 동안 고치러 간다. 바로 저쪽으로 가면 된다. 그런데 내가 문을 열고 "반지"라고 말한다. 들어갈 때 마스크를 안 쓰고 있다는 걸 깨닫는다. 폐점 시간이 다 되어 좁은 공간에서 사람들과 함께 기다리는데 코로나 감염이 걱정된다. 어쩌나… 마스크를 찾아 쓰려고 하지만 천처럼 펼쳐지며 잘 써지질 않는다. 그냥 기다리다가 갑자기 이게 아니라는 생각이 든다. 반지 때문이 아니다. 시계가 고장 난 거였다. 어머니께서 잠깐 나가신 동안 시계만 고치려던 것이 이렇게 되었다. 시간도 길어지고 시계는 고치지도 못했는데, 이제는 기다리지 않을 수도 없다.

친척이 있다. 내가 그에게 어머니께 그러시면 안 된다고 말한다. "명절에 전 한번 가져오신 적 없잖아요. 어떻게 그러실 수 있어요?"라고 말한다. ✑

과거 수선

꿈속 장소는 호텔이다. 그런데 밖은 좀 위험하다. 꿈에서 나는 마스크도 없이 좁은 공간에 사람들과 함께 앉아서 걱정을 하고 있다. 답답함이 문제가 아니라 감염 때문에 위험한 상황이다. 시계는 고장 나고, 반지에도 문제가 있나 보다. 나는 반지를 끼고 다니지 않는데, 왜 반지를 가지고 있을까? 어머니의 결혼반지일까? 사람들과 소통이 되지 않는다. 고장 난 건 시계인데, 반지를 고치고 있다. 내가 과거를 수선하러 들어갔고, 그래서 반지를 반납하는 게 아닐까?

어머니도 나도 우리를 힘들게 하는 상황에 처했을 때, 당당하게 말하고 고치는 건 잘 하지 못한다. 친척들은 명절에 음식 한 번을 해온 적이 없는데, 우리 집에서 그건 늘 당연한 일이었다. 어머니께서 아예 손을 쓰지 못하시게 되어 음식을 준비할 수 없었을 때까지 이 불합리한 일들이 반복되었다. 어머니께서는 늘 등이 부러질 것 같다며 울 것 같은 떨리는 목소리로 신음하셨다. 그런데도 새벽까지 2~30인분의 음식을 만드시고, 사람들이 오기 시작하면 잠깐씩 누워가며 버티셨다. 친척들이 다녀가면 저녁에 먹을 게 남아 있지 않기도 했다. 늘 나는 이런 관계가 이상했지만, 바꿀 수가 없었다. 혼자 음식을 만드는 어머니도 나도 투명 인간이 된 것 같았다. 음식을 각자 하나씩 가져오면 안 되는지 제안한 적이 있지만 뭔가를 바꾸려 할 때마다 큰 소란이 일어난다. 그러면 어머니는 뭔가 잘못을 저지른 사람이 되었고, 결국 바뀌는 건 아무것도 없었다. 집에 오는 시간도 맞추지 않아 제각각 가족들이 올 때마다 한 상씩 다시 차렸는데, 나중에 뷔페식으로 바꾸자 할머니는 대노하셨다.

나는 꿈에서 그들에게 내가 하고 싶었던 말을 한다. 이것이 시계를 고치는 것과 어떻게 연관되는 걸까? 그래, 시간, 과거를 고치는 것이다. 고장 난 삶을 수리하는 것이다. 나는 어머니와 내 건강에는 아무 관심도 없는 사람들에게 어떻게 그럴 수 있냐고 따진다.

시계 수리가 잘 되진 않았지만, 적어도 고장 난 걸 고치러 갔고, 하고 싶었던 말도 했다. 평생 못 하던 말을 했다. 어머니와 나는 몸이 상해가면서도 의무라고 생각하는 것을 해내는 일에 익숙하다. 그렇게 내팽개쳐두었던 내 삶이 조금씩 바뀌고 있다. 내 공간이 열리고, 문제들을 고쳐가고 있다. **꿈은 나를 할 말도 하는 사람으로 그려준다. 그렇게 해도 된다는 뜻이다.**

아픈 엄마

2022년 5월 23일 월요일 아침

어머니가 편찮으시다. 창호지문을 열면 그 안에 어머니가 누워 계신다. 밖에도 방들이 있는데, 각 방마다 내가 아는 사람들이 묵고 있다. 그런데 그들은 아무도 어머니의 상황에 관심이 없다. 어머니께서 이곳에 계시다는 사실 자체를 모르는 것 같다. K가 좋은 차를 타고 와서 그녀의 어머니와 이야기를 나눈다. 우리의 고통과는 전혀 상관없이 자신들의 삶을 즐기고 있다. 어머니를 들여다봐야지 생각하며 물수건 두 개를 만들어 창호지 문을 열고 들어갔다.

어머니께서 혼자 누워계신다. 오지 말라고 하시면 어쩌나 걱정했는데 "나 물이 한가득이야" 하시며 울먹이신다. 물을 쏟은 듯 이불이 땀에 흠뻑 젖어 있다. 목에는 붕대가 감겨 있고, 맨바닥에 누워 계시는데 얇은 이불을 덮고 계신다. 내가 힘차게 "응, 내가 닦아줄게" 하고 어머니께 다가간다. 목 수술을 하셨나 보다. 어머니를 여기서 구해내고 싶다. ✐

간호와 구출

내 집에 다른 사람들이 와 있다. 우리 집인데도 그들은 우리와 상관없이 그들의 삶을 잘 가꾸며 살고 있다. 그중 어떤 방들은 내 마음

188

의 공간인 듯하다. 어머니의 방문을 열자 어머니께서 혼자 물에 젖은 채 누워서 앓고 계신다. 수술 직후이신 듯 목에 붕대를 감은 채 축축한 방에서 견딜 수 없을 정도의 고통을 받고 계신다. 꿈속에서 나는 어머니를 돌본다. 다른 방들에는 내가 아는 사람들이 하나씩 또는 둘씩 있다. P와 그녀의 딸은 이 집에 살면서 마치 우리가 보이지 않는 것처럼 행동한다. 딸이 멋진 차를 타고 와서 이상하게 주차를 해두었던 것 같기도 하다.

또 다른 방에는 우리 학교 교수님 한 분이 계셨다. 친구를 불러 즐거운 시간을 보내고 계신다. 그들은 모두 좋은 시간들을 보내고 있다. 사람들은 자신들의 삶을 소중하게 가꾸며 인생을 즐기고 있는데, 옆방에서 어머니가 겪는 고통에는 전혀 관심들이 없다. 누구도 어머니와 나에 대해서는 신경을 쓰지 않는다. 다들 자신들의 삶이 더 중요하다.

맨바닥에 누워계신 어머니의 모습에 마음이 아팠다. 어머니의 고통을 이미지로 그리면 아마 이런 상이 되나 보다. 그래도 일단 방문을 열고 들어갔으니 치유가 시작된 것이 아닐까? 문제는 어머니의 방이 마치 지하처럼 보였다는 건데, 창문을 찾을 수 없었다. 분명히 1층이었는데, 들어갔을 때는 창문이 안 보였다. 아마 나는 제일 먼저 물을 닦고, 보송보송하고 푹신한 이불로 바꾸어 쾌적한 환경을 만들어 드린 후, 좋은 음식을 드시게 하고, 어머니를 간호하며 기어이 낫게 해드렸을 것이다. 창문이야 만들면 된다. 어머니도, 또 나도 시체 얼굴에서 벗어날 시간이다. 내가 내 어머니의 방문을 열고 들어가는 것은 내 마음의 문들을 열기 위한 첫 단계일 것이다. 꿈은 아무 꾸밈없이, 아무 설명 없이 그냥 현재의 지도를 이미지로 보여준다. 늘 말로 꾸미고 아니라고 우기고 나 자신을 속였지만, **꿈은 어떤 망설임도 없이 현재의 폐허를 보여준다.** 그 이미지를 직시할 때 진짜 삶이 시작되는 게 아닐까?

삶을 즐기는 사람

2022년 9월 11일 일요일 아침

어머니와 함께 어떤 숙소에 가고 있다. 내가 큰 가방을 들고 있다. 어디로 여행을 간 것 같다. 정시가 되면 사람들이 (성가대 사람들인 것도 같다) 숙소로 올 것이다. 일단 다 같이 모였다가 그 후에 정리해도 되지만, 그 전에 빨리 들어가려고 서둔다. 사실 그냥 새 숙소로 가면 되는데, 왜 굳이 거길 들렀다 가야 한다고 생각하는 걸까? 큰 걱정은 안 한다. 그냥 나중에 여유 있게 시내 호텔로 가면 되니까 서둘 건 없는데, 그래도 어머니와 나는 서둘고 있다.

짐을 풀었다가 사람들이 들이닥치기 전에 가려고 빨리 다시 짐을 꾸린다. 어머니와 거기서 만나기로 하고 나는 버스를 타고 이동하는 모양인데, 내 버스가 한 정거장을 더 간다. 그런데 한 정거장이 너무 길다. 고가도로를 끼고 있어서 너무 멀리 와버렸다. 저 앞에 누군가가 우리 단체의 티를 입고 여유롭게 앉아 있다. 우리 캠프에 가는 사람임을 알 수 있다. 저 사람도 한 정거장 더 왔구나 생각하는데, 안 일어난다. 사실 그는 미리 거기 모일 생각이 없다. 시간이 조금 있어서 그동안 딴 곳에 가고 있는 것이다. 그는 따로 논다. 가만히 보니 여유로운 얼굴의 C다. 나는 다시 내려서 버스를 타야 하나, 아니면 그냥 걸어서 돌아가도 되나 고민한다. ✑

대극의 태도

꿈은 자기만의 스타일이 있는 한 사람을 보여준다. 그는 획일화된 규칙을 따르고 있지도 않고, 그렇다고 규칙을 완전히 무시하고 단체 밖에 고립되어 있지도 않다. 소속되어 있으면서 동시에 자유롭다. 그는 그 자신일 수 있는 사람이다. 내게 이 행사는 의무인데, 그에게는 놀이인가 보다. 이 지역에 오면 꼭 하고 싶었던 그 일을 하러 가고 있는 모습이 멋지다. 맛집을 찾아가는 것일 수도 있고, 오랜만에 여기 사는 친구 얼굴을 보러 가는 길일 수도 있다. 이 단체도 그가 소속되고 싶어서 가입한 곳이다. 그래서 그 티를 입고 있는 것이다. 나와 어머니는 좀 바빠 보인다. 무거운 짐을 들고 있으며, 숙소에서 짐을 푸는 것에 대해서도 많이 고민한다. 또 타이밍을 맞추느라 전전긍긍한다. 꿈에서 내가 하는 설명도 너무 복잡하다. 꿈을 기록하면서도 무슨 말인지, 순서가 어떻게 되는지 이해하기가 힘들다. 아마 꿈속 인물의 머릿속도 저만큼 복잡할 것이다.

나는 애써 계획을 짜고, 매사에 노심초사하며 동동거리고 있지만, C는 정반대의 태도를 보여준다. 그는 서둘지 않는다. 그리고 자신이 원하는 것을 하고 있다. 당황하거나 초조해하지도 않는다. 그는 온전한 그 자신이다. 스타일이 있는 사람이다. 자신 안에 갇힌 사람도 아니고 다른 사람의 눈치를 보고 있는 상황도 아니다. 전혀 미숙한 태도가 아니다. 나는 전투적인데 그는 여유롭다. 나는 편안한 숙소가 아니라서 걱정하고 있는데, 그에게 이것은 모험이자 재미있는 놀이인 것 같다.

프로이트는 꿈에 나온 하나의 세부 속에 수많은 정보가 압축되어 있다고 말했다. C는 내가 소원하는 태도를 대표하는 이미지다. 동시에 그의 태도가 내가 아는 한 사람과 닮았는데, 그 사람은 매우 여유 있고, 늘 자기 자신처럼 보이는 사람이다. 그러나 두 사람 사이에는 큰 차이가 하나 있다. 바로 에너지의 양이다. 꿈속에서 C는 에너지가 가득한 사람이며 삶을 사랑하는 인물이었는데, 내가 아는 그 여유로운 사람은 늘 지쳐 있었다. 그 나른함과 여유로움은 그가 자신의 삶 속에서 아무것도 하고 있지 않기 때문에 만들어진 분위기였다. 맞다. 그는 자신 안에 갇혀 있었다. 무엇도 그를 당황하게 하거나 초조하게 만들지 않았다. 하지만 C는 다르다. 그에게는 삶에 대한 사랑이 있다. 활력과 여유가 넘치고 삶 속에서 많은 것들을 계획하며 기다리고 성취하는 사람이었다.

이상하게 C가 시내로 가고 있다는 생각이 들었다. 그날 오후 어머니와 나도 시내로 가서 여유롭게 숙소를 찾게 될 것 같은 느낌이 들었다.

꿈은 내 태도의 문제를 보여준다. 동동거릴 필요가 없다는 것이다. 나는 왜 그렇게 동동거렸을까? 열린 공간 속에서도 나를 내 규칙으로 옭아매고 있는데, 그럴 필요가 없다. 여유롭게 편안하게 나 자신으로서 생각하고 결정하고 실행하면 된다. 모든 걸 다 통제하려 하지 말고, 그냥 되는 대로, 흘러가는 대로, 원하는 대로, 상황을 지켜보며 융통성 있게 행동하면 된다. **삶을 즐겨야 한다.**

폐허가 된 도시

2022년 10월 15일 토요일 새벽 1시

도시의 골목이다. 좀 오래된 곳인 듯하다. 처음 보는 곳인데 도시가 매우 더럽다. 집마다 방마다 동물들이 구토물과 썩은 것들을 먹고 있다. 돼지가 쌓여 있는 오물을 먹고 있다. 역겹다. 다 괴물이 되어 가고 있다. 더러움의 끝이다. 내가 그걸 보고 있는데 옆에 누군가가 있다. 사람들이 두 명이다. 동료들인가? 그들과 화살을 만들어 날리고 장난을 친다. 멋있지 않냐고 말하며 한 사람은 화살을 쏘고, 두 사람은 달려가며 신나게 논다. 셋이 아주 죽이 잘 맞는다. 황폐한 이 버림받은 도시에서 셋이 뛰어다닌다. 활기가 있는 게 이상하다. ♪

멀리서 보면 비극, 가까이에서 보면 희극

지금까지와는 다른 양상으로 전개되는 꿈이다. 공간은 오히려 더 끔찍하다. 그런데 나는 혼자 갇혀 있지 않다. 그곳에 사람이 있고, 놀이가 있다. 더러운 도시, 역겨운 환경 속에서 내가 다른 두 사람과 놀고 있다. 간혹 도움을 받기는 했어도 낯선 사람들이었는데, 이 꿈 속에는 친한 친구 두 명이 나온다. 나까지 우리는 세 명이다. '3'이라는 숫자에 의미가 있는 듯하다. 내게는 친한 친구가 세 명 있다. '3'이라는 숫자는 내 학회의 숫자와도 관련이 있다. 그 세 학회가 참 좋다. 사람들도 너무 좋고, 학술대회도 재미있다. 늘 많이 배우고, 에너지를 받고, 새로운 생각들도 하게 된다. 내가 마음속 깊이 의지하는 사람들이 있는 학회들이다. 학술대회가 끝날 때부터 다음 학술대회를 기대하게 된다. 같은 시선으로 세상을 보고 같은 언어를 사용하는 사람들이 각 학회들을 구성하고 있다. 이 세 놀이터가 너무 좋다. 재미있고 신난다.

삶은 그리 나아지지 않았지만, 관계들은 조금씩 회복되고 있다. 어떤 상황에서도 늘 나를 지탱해 주는 친구들과 동료들이 있고, 학회에서 새로운 관계도 만들어가고 있다. 그들과 화살을 만들어 날리며 장난을 친다. 서로 멋있지 않냐고 우쭐거리기도 하고, 장난을 치며 신나게 논다. 죽이 잘 맞는 친구들이다. 우리는 황폐한 이 버림받은 도시에서 활기차게 뛰어다닌다. 물론 황폐한 도시는 나 자신이다.

더러운 돼지와 동물들이 나왔지만 그들은 죽은 상태가 아니다. 뭔가를 먹고 있다. 도시는 폐허가 되었지만 동시에 놀이터다. 역겹지만 신난다. 왜 두 가지의 상반되는 감정들이 섞여 있을까? 이것 아니면 저것, 나쁘거나 좋거나, 완전하거나 허술하거나, 성공하거나 실패하거나 둘 중 하나라는, 뭔가 지나치게 강박적이었던 태도가 유연해진다. 나쁘기도 하고 좋기도 하다는 의미다. **내 안에 비극이 있지만, 그건 동시에 희극이다. 비극 속에서도 웃을 수 있다.** 그런 태도라면 나는 더 이상 좁은 공간에 갇혀 있는 고립된 사람이 아니다. 찰리 채플린의 말처럼 인생은 롱쇼트로 보면 비극이지만 클로즈업으로 보면 희극일 수 있다.

어제는 1년 만에 줌으로 두 시간 특강을 했다. 사람들을 만나고 질문을 받고 소통하는 게 좋았다. 이미지를 어떻게 분석할 수 있는지 이야기하며 사람들과 함께 놀았다. 분명 놀이였다. **정신분석은 삶을 읽어내는 도구다.** 사람들은 그런 정신분석 이야기를 재미있어했다. 이 놀이가 참 재미있다.

아물지 않는 상처

다리가 불편해서 내려다보니 다리 위에서 아래까지 상처가 나 있고, 살이 벌어져 속이 다 보인다. 내 다리 속에서 물이 흘러나오고 있다. 빨리 병원에 가야 하는데, 그 전에 뭘 해야 한다며 다른 여자 한 명과 함께 산으로 올라간다. 다급한 상황인데도 우선 그 사람에게 뭘 해주려고 그랬던 것 같다. 빨리 병원에 가야 해서 과제를 가능한 한 빨리 마치고 다음 단계로 넘어간다. 산에서 내려오면 아랫부분에 취영루 만두를 파는 곳이 있다. 부모님께 사다 드리면 좋겠다 싶어서 두 개를 시켰는데, 주문만 하고 만두를 받지는 못했다.

다음 장면으로 넘어가는데, 내가 엄청나게 높은 빌딩 꼭대기 층에 있다. 밤이다. 할아버지께서 뭘 나누어주고 계신다. 마치 성체 모시듯이 정성스레 그걸 받아서 사람들이랑 나누어 먹는다. 이렇게 같이 먹는데 정말 맛있다. 조청도 잘 배었고, 보기에도 아름답고, 스타일도 좋다. 멋있다. 중앙에 꽃장식도 하나 있었던 것 같다. 사탕 하나와 다른 것들을 주시는데 양이 좀 적어서 그렇지 너무 맛있다. 할아버지가 우리 전래동화에 나오는 신령님 같아 보인다.

다른 가족과 함께 택시를 탔는데, 내가 그 가족을 먼저 내려주고 나는 병원에서 내려달라고 말한다. 그런데 다음 순간, 내가 택시에서 내려 취영루 만두 가게 쪽으로 내려간다. 아, 플래시백이구나. 그래서 여기 있었던 거구나. 택시에서 내린 곳은 아주 높은 곳이었는데 어떤 꼭대기였다. 그곳에 아주 좁은 엘리베이터가 있어서 그걸 타고 내려왔었다. 엘리베이터 문이 열리면 바로 왼쪽에 취영루 만두 가게가 있다. 가게 사장님은 만두를 군인들한테만 판다고 한다. 그게 말이 되나? 너무 완고하다. 분명히 아까 주문했는데 그때와 다른 시간인가?

그 아래로 큰길 양옆에 상점들이 줄지어 있는데 병원은 안 보인다. 엄청나게 폭이 넓고 저 아래까지 길게 이어진 길인데, 어떻게 여기 병원이 없을 수 있나? 상점에 사람들이 많을 법도 한데 한산하다. 그냥 길을 따라 내려가야겠다. 간혹 사람들이 있고 나도 뭔가 하고 싶은데, 일단 상처가 열려 있으니까 지금은 아무것도 할 수가 없다. 지나가는 사람에게 외과병원을 물어보는데 모른다고 한다. 앉아서 병원이 어디 있는지 검색한다. 길을 따라 내려가면 길이 도로와 만나는 곳 주변에 병원들이 있을 것 같다. 갈 길이 너무 멀다. 소독하고 거즈라도 붙여야 균이 안 들어가는데 어쩌나…. 길에 앉아 열려 있는 다리를 보고 있다. ✍

함께하는 기도

다리에 큰 상처가 있는데 병원이 없다. 빨리 병원에 가야 하는데, 아무도 도와주지 않는다. 사람들과는 소통이 되지 않는다. 군인들이 있다고 하는데, 뭘 지키는 건지 모르겠다. 오히려 우리에게는 만두를 팔지 않는다고 한다. 뭔가 다 어긋나 있는 듯하다. 이곳에 있는 무엇도 거리를 흥겹게 만들어줄 우리를 반기지 않는다. 음식을 사지도 못하고 필요한 것도 없다. 우리를 위한 거리가 아니다.

한 사람이 어디를 가고 있는데 내가 그녀를 돕기 위해 함께 뭔가를 한다. 나도 병원에 가야 하는 상황인데 그녀를 돕는다. 해야 하는걸 하나 마치고 빨리 다른 걸 하는데 뭔가 급하다. 부모님 생각도 한다. 맛있는 걸 사다 드리려고 했지만, 그런 마음과 애정이 통하지 않는다. 우리를 위한 게 아니라고 한다. 사실 상점 가득한 이런 거리에서는 오랜만에 함께 즐기고, 맛있는 걸 먹고, 부모님을 위해 포장을 하고, 그러다 다리를 다치거나 문제가 생기면 빨리 병원에 가서 치료를 받을 수 있어야 한다. 그런데 어떤 부분도 제대로 작동하지 않는다. 다 불합리하고, 계획한 건 다 어긋나고, 우리를 위한 게 하나도 없다. 큰 거리가 활기 없이 비어 있다.

유일하게 할아버지가 높은 곳에서 뭘 나눠주고 계셨는데, 잠시지만 모르는 사람들과 함께 그걸 나누어 먹는 게 너무 즐거웠다. 시간도 밤으로 변하고 어떤 신비로운 느낌이 있었다. 그러나 그것도 잠시, 다시 첫 장면으로 돌아간다. 아무도 우리를 배려하지 않는 그 거리로 돌아가 나는 병원을 찾고 있다. 상처는 열려 있고, 병원은 보이지 않는다.

꿈은 몇 가지 방식으로 해석할 수 있을 듯하다. 우선 내가 다시 어느 누구도 나를 돕지 않는 상황을 경험하고 있다. 어떤 조력자도 없다. 할아버지는 중요한 역할을 하지 못하신다. 문제가 해결되지 않고, 사람도 없다. 완전히 고립된 상태다. 감정적 지원이나 배려가 전혀 느껴지지 않는다. 인간적인 것들, 내 정성, 마음이 다 별것 아닌 것으로 치부된다. 존중받지 못하는 느낌이다.

또, 꿈이 나를 병원으로 데리고 간다고도 해석할 수도 있다. 다리의 상처는 오래 열려 있었다. 마치 신화 속 필록테테스의 상처처럼 아주 오래된 익숙한 상처로 보인다. 내 근본적인 문제를 해결해야 한다는 꿈의 조언일 수 있다. 프로이트의 자기분석에도 비슷한 꿈이 있다. 자신의 다리를 메스로 열어 해부하는 꿈이었다. 프로이트는 다리를 해부한다는 말이 개인적인 이야기를 독자에게 드러내는 것에 대한 부담감을 뜻한다고 해석했다. 나도 지금 내 이야기를 하고 있다. 프로이트의 사례를 잘 알고 있는 내가 내 다리의 상처를 보게 된 것은 비슷한 부담에 대한 이야기일 수 있다. 나 역시 내 이야기를 하는 게 부담스럽다.

볼거리도 많고 식당도 많은 꿈속 거리가 너무나 슬프게 느껴진다. 내 다리 때문이 아니다. 내가 고립되어 있었기 때문도 아니다. 10·29 참사가 기억난다. 이렇게 넓은 길에서 저 모든 가게들을 가득 채우고, 멋진 음식들을 즐기며 행복한 시간을 보냈어야 했다. 내 꿈속, 이 거리가 황량한 이유는 이 거리를 채울 사람들을 잃었기 때문이다. 그래서 모든 게 어긋나 있다. 그러고 보니 할아버지가 공짜로 나눠주던 그 음식이 신비로웠다. 높은 곳에 있는 그곳에서 할아버지는 너무나 아름답고 예쁜 음식을 나눠주셨다. 우리는 정성이 가득한 음식을 나누어 먹었다. 꽃으로 장식된 모양이 매우 예뻤다. 그것은 하나의 의식이었다. 함께하는 기도였던 것도 같다. 그것은 우리가 잃은 사람들을 위한 애도의 의식이었다.

꿈은 이후 비어 있는 거리, 아무도 나를 돕지 않는 그 거리를 보여준다. 이 역시 그 거리를 가득 채웠어야 하는 159명에 대한 기억과 애도를 뜻한다. 병원을 쉽게 찾을 수 없는 건, 이 상처가 쉽게 아물 수 없기 때문이다.

세상의 끝

나 혼자 있다. 아주 큰 빌딩 같은 집이고, 나는 1층에 있는데 밖과 통하는 거실이다. 벽난로가 있고 좀 서구적이다. 내가 거기서 뭘 열심히 준비한다. 사람들이 모두 좀비로 변한 상황이다. 내가 문을 열어놓고 뭔가를 준비하는데 한 남자가 총을 들고 들어왔다. 그도 나름대로 이곳에서 뭔가를 준비하는 모양이다. 감정적인 교류가 전혀 없는 전쟁 상황이다. 긴장을 늦추면 안 되기 때문에 그에게 시선을 주지 않는다. 우리는 모두 싸우고 있다.

잠시 후 그가 나가고 어떤 계기로 좀비가 모두 없어졌다. 갑자기 내가 그렇게 한 건가 하는 생각이 든다. 어쨌든 상황판에서 좀비를 뜻하는 빨간 점이 다 없어졌다. 그런데 지도 중앙에서부터 다시 빨간 점이 생기기 시작한다. 빨리 나가야 한다. 나가려다가 이곳이 내 집인데 그래도 나가기 전에 문단속을 해야 할 듯해서 문들을 다 잠근다. 위아래로도 잠글 수 있어서 그것도 다 잠그고 바깥쪽 이중문도 싹 다 잠근 후 나간다.

복도를 따라가니 병원이고 에스컬레이터가 있다. 사람들이 이동하고 있다. 병원 정문으로 가야 해서 물어보니 사람들이 좀 적대적이다. 한 사람이 영어로 내려가서 오른쪽이라고 말해서 에스컬레이터를 타고 내려가 오른쪽으로 나간다. 문을 열고 나가니 안암동 로터리다. 아, 이 공간이 이렇게 통했구나. 일단 사람들이 모여 있

는 병원 정문으로 가야 한다. 저 위로 올라가야 해서 걸어가면서 깬
다. ✑

전투

디스토피아적인 느낌의 꿈이다. 그런데 내가 매우 차분하다. 세상
의 끝에 온 느낌인데도 그냥 내가 할 수 있는 걸 하나씩 하고 있다.
병원에서 집결할 모양인데, 거기 가면 함께 싸울 사람들을 만날 수
있다고 한다. 꿈은 나 혼자 있는 장면에서 시작하여 함께 싸울 사람
들을 만나러 이동하는 풍경으로 끝을 맺는다. 좀비는 감정을 느끼
지 못하는 죽은 존재들, 즉 살아 있는 망자의 다른 표현이다. 꿈의
중간쯤, 나는 잠시 '내가 내 능력으로 좀비를 없앨 수 있었던 건가?'
하고 생각한다. 나는 아직 나를 믿지 못한다. 나중에 사람들을 만나
고 능력이 증명되면 내가 그렇게 할 수 있다는 걸 깨닫게 될 것이다.

이 꿈에서도 나는 이동하고 있다. 사람들을 만나기 위해서다. 생
명이 없는 사람들, 생명을 존중하지 않는 망자들에 대적해 함께 싸
울 사람들이다. 적대적인 사람도 있고, 내게 별 신경을 쓰지 않는 사
람도 있지만, 우리는 모두 함께 싸우는 한편이다. 언젠가 함께 놀던
그 두 명의 친구 같은 사람들도 만나게 될 것이다. 나는 우리의 연대
가 좀비를 퇴치할 수 있을 것이라고 믿는다.

그런데 왜 이중으로 문을 잠그고 나가는 걸까? 나 자신을 감금하
는 게 아니다. 내 집에 좀비들이 들어오지 못하게 하기 위해서다. 좀

비는 삶이 없는 존재들이다. 우리가 그렇게 변하지 않도록 문을 잠그는 것이다. 나를 가두기 위해서가 아니라 내 집을 보호하기 위해, 내 마음을 지키기 위해, 내 인간성을 유지하기 위해, 내 삶을 위해 잠그는 것이다. 나는 늘 나를 감금하고, 다른 사람으로부터 나 자신은 보호하지 못했는데, 이번에는 반대로 하고 있다. 나를 해칠 수 있는 사람이 내 집에 들어오지 못하게 문을 이중으로 잠그고, 나는 사람들을 만나기 위해 집에서 나간다.

현실에서는 사람이 사람에게 하면 안 되는 일들이 일어나고, 사람의 마음과 관심이 있었다면 발생하지 않았을 사고들이 발생한다. 꿈은 그것을 '세상의 끝'이라고 부른다. 꿈을 보면 이 지점에서 전투가 시작되고 있다. 우리는 전투를 위해 병원에서 집결한다. 그곳에서 나는 함께 싸울 좋은 어른들을 만나게 될 것이다.

꿈은 나 자신에 대한 이야기이기도 하다. 내가 많은 꿈들 속에서 계속 이동하고 있었던 이유는 사람을 만나기 위해서였다. (2023년 가을, 세 학회에서 세 번의 발표를 했으며, 몇 달 후 이 논문들이 모두 게재되었다. 이 과정에서 귀한 인연들을 많이 만나게 된다. 동시에 나는 두 권의 저서를 준비했고, 2024년 이 책들이 출간될 때 다시 수많은 사람들과 손을 잡게 될 것이다. 내 삶의 어느 시기보다 함께 같은 곳을 바라보는 사람들이 내 삶 속에 많이 생겼다.) **꿈은 내 안에서 벌이는 전투를 보여준다. 망자로 살아가는 게 익숙한 마음과 전투를 벌이는 것이다.** 나를 가두려 하는 마음과 싸워 내 집과 마음과 삶을 지키려 하고 있다.

2022년 10월에 시작한 새로운 치료가 어머니와 잘 맞는다. 어머니께서는 아무 데도 아프지 않다고 하시며 혼자 산책도 하신다. 산책을 나가시며 이게 '이유'(離乳)라고 하셨다. 내게 더 이상 의지하지 않으시겠다는 뜻이다. 매일 드셔야 하는 많은 약들을 보며 내가 안타까워하면, 어머니께서는 약을 먹었을 때 안 아프면 된 거라고 말씀하시며, 너무나 오랜만에 완전히 정상적인 사람이 된 것 같은 느낌 때문에 행복하다고 하신다.

꿈은 이제 어머니를 걱정하지 않는다. 나는 내 문제에 오롯이 집중하여 마음속 싸움을 이어가고 있다. 그리고 마음속 좀비들을 소탕한다. 또 좋은 어른들을 만나 함께 세상의 좀비들을 퇴치하려 한다. 몸과 마음이 다르게 움직이던 예전과 달리, 내 몸은 내 마음이 원하는 곳으로 전력질주하고 있다.

04. 주변에서 중심으로

삶의 주인공이 되어가는 여정

2020년 6월 29일 ~ 2023년 4월 24일

꿈이 시작될 때, 나는 엑스트라다. 내 삶 속에서조차 내 자리가 없다. 눈치를 보고 망설이고, 쉽게 세상일에 동참하지도 못한다. 내가 누구인지 모르기 때문이다. 꿈은 내가 내 자리를 찾도록 나를 이끌고 있다. 내 스타일을 보여주고, 나도 좋아하는 게 있다는 걸 알려주며, 내가 누군지 생각해보게 만든다. 그리고 끝내 내 삶의 중심에서 나에 대해 소리 높여 이야기하게 돕는다. 좋아하는 스타일의 옷이 생기고, 내 자리가 생기고, 내가 하는 일에 자신이 붙으며, 마침내 나는 무엇도 겁내지 않는 사람이 된다. 모두 꿈속에서 일어나는 일이다. 삶의 주인공이 되어가는 꿈의 여정에 의해 현실 속 내 태도 역시 함께 바뀐다. 그렇게 꿈과 현실이 소통하며 나는 내 자리를 찾게 된다.

아무도 모르는 소녀

2020년 6월 29일 월요일 아침

아무도 모르는 소녀가 있다. 한 사람이 그 소녀를 알아보기 위해 시간을 들인다. 그냥 가만히 있으면 된다. 그 여자가 계속 옆에 있으니 그저 기다리면 된다. 그리고 차츰차츰 알아가면 된다. 그렇게 관찰을 시작한다.

나와의 대화

꿈속에서 나는 관찰자다. 아무도 모르는 소녀가 있고, 주인공은 따로 있다. 나는 주인공이 소녀 옆에 있어 줄 것이라고 생각한다. 그를 믿고 있는 것이다. 그리고 차츰 그 소녀를 알아가게 될 거라 생각한다. 이름 없는 소녀, 아무도 모르는 소녀는 나 자신이다. 그렇다면 주인공은 누구일까? 그건 아마도 내 미래의 모습일 것이다. 내가 소원하는 바로 그 모습이다. 그러나 소녀를 주인공으로 만들기 위해서는 아직 갈 길이 멀다.

한 학기가 끝나고 성적 평가를 모두 마쳤다. 너무 힘들었다. 학생 수가 많고 잘한 학생들도 많아서 모두에게 A⁺를 주지 못하는 상황이 늘 마음 아프다. 수업은 항상 치유적이다. 나보다 훨씬 어른스럽고, 용기 있는 학생들이 자랑스럽다. 자신들의 이야기를 거침없이 쏟아내는 그들을 보면 아름답다는 생각이 든다.

나는 그 시절 그렇게 하지 못했다. 나는 늘 주변인이었고, 눈치를 봤고, 내가 누구인지도, 내가 뭘 하고 싶은지도 알지 못했다. 어느 누구도 그냥 너 자신이 되면 된다는 말을 해주지 않았고, 나도 내가 누구인지 질문하지 않았다. 그 시절의 내게 많은 이야기들을 들려주고 싶다. 겁내지 않아도 된다는 말도 해주고 싶다. 내 흔들리던 눈빛이 차분해지고, 눈에 힘이 들어가며 내가 말하기 시작하는 모습을 보고 싶다. 그 마음으로 학생들에게 질문하고 그들을 응원한다.

꿈에서 나는 이름 없는 소녀이고, 아무도 내 존재를 모르는 그런 사람이다. 하지만 내 꿈에 지혜로운 주인공이 나오는 이유는 내가 나 자신이 원했던 그 스승의 모습으로 내 학생들을 만나기 때문이다. 나는 아직 내 자리를 찾지 못했다. 내 눈빛은 아직도 흔들리고 있다. 그러나 적어도 나는 내가 학생들에게 해야 하는 질문이 무엇인지는 확실히 알고 있다. 그건 그냥 "넌 누구니?"라는 단순한 질문이다. 그렇게 질문한 후 학생이 대답하면, 그들의 말을 가감 없이 들은 후 함께 분석하고 해석하며 온 마음으로 응원해 주면 된다.

모든 말, 모든 생각이 다 귀하고 소중하다. 그 속에 자신에 대한 답이 있다는 걸 학생들에게 알려주면 된다. 그냥 학생들에게 그들이 하는 말과 생각을 투명하게 되돌려주면 된다. 자신들의 말과 생각이 얼마나 새로운지, 얼마나 빛나는지 알게 도와주면 된다. 그 일은 나처럼 마음이 아픈 사람도 충분히 해낼 수 있는 작업이다. 정신분석의 기술을 이용하여 그들이 하는 모든 말, 그들이 쓰는 모든 단어에 집중하고, 그것을 다시 그들에게 되돌려줄 수 있다. 학기 말에는 학생들이 변한다. 목소리가 커지고, 사유가 확장되고, 시선에 힘이 실린다. 내가 원했던 그 모습이다. 그냥 그들 자신이다.

주인공은 내 꿈속에서 나를 찾는다. 이번에는 내 목소리가 커지게, 내 사유가 확장되게, 그리고 내 시선에 힘이 실리게 도우려는 것이다. **내 무의식 속 스승의 질문을 마주할 때가 되었다. "넌 누구니?"**

광운대 입학

2020년 11월 23일 월요일 아침

어떤 도시인데 예쁜 건물 2층에 사람들이 모여 식사를 하고 있다. 나를 아는 사람들인 듯하다. 우리를 초대한 P는 카리스마가 있는 사람이다. 보스 같다. 조용하고 노련하고 측은지심도 있는 사람이다. 그들이 모두 어딜 가는 것 같다. 우리 학교 안에 있는 곳이다. 나도 같이 간다. 밤이다. 분명히 우리 학교인데 내가 모르는 곳이다. 한 번도 못 본 곳, 낯선 공간이다. 함께 광운대 안으로 들어간다. ✍

변화의 시간

꿈속에서 나는 그 식사 자리가 좀 어색했다. 카리스마가 넘치는 그녀가 내게 음식을 권했던 것 같다. 낯선 곳이지만 내 자리가 있다는 건 다행이다. 식사가 근사했다. 그런데 왜 우리 학교가 낯설게 느껴졌던 걸까? 꿈에서 한 사람이 나를 초대한다. 그건 식사 이야기가 아니다. 그녀가 나를 초대한 곳은 광운대다. 나를 학교 안으로 데리고 갔을 때 나는 우리 학교가 낯설다고 생각한다. 그 이유는 내가 교수로서 이곳에 온 게 아니기 때문이다. 나는 지금 학생의 신분으로 광운대에 들어간다. 내가 배워야 하는 건 성숙한 태도다.

무릎이 8주째 아프다. 오른쪽에 찢어지는 듯한 느낌이 있었는데,

11월부터는 왼쪽도 아프다. 통증이 심해서 자주 누워 있어야 한다. 그런데 병원 갈 시간이 없다. 어제 달력을 보고 놀랐다. 그동안 이런 상태로 무리하며 일을 했었구나 생각하니 내가 좀 안쓰럽다. 계속 몸이 안 좋은데도 강의 녹화를 하루에 두 개씩 했다.

무릎이 아프지 않았던 시간들, 정신없이 일하던 그때의 느낌을 계속 떠올리게 된다. 그립다. 무릎이 이렇게 오래 아팠던 적은 없다. 몸이 이렇게 힘들었던 적은 허리 디스크 이후로 처음이다. **나는 나 자신을 지키지 못했다.** 늘 이런 식이다. 나는 늘 무리한 요구에 응하고, 몸을 축내고 마음을 다친다. 같은 반복이다. 늘 눈치를 보고 늘 무리하고 늘 온전한 나 자신이 아니다. 꿈은 마치 재즈 리듬의 반복처럼 그런 어리석은 내 태도를 계속 보여준다. 내가 변할 때, 이 반복이 끝날 것이다.

P가 내 미래의 모습이었으면 좋겠다. 그녀는 자신을 지킬 수 있는 사람처럼 보였다. 남을 배려하되, 자신의 몸과 마음이 상하면서까지 남을 챙기는 바보짓은 하지 않을 사람이다. 나도 그렇게 될 수 있었으면 좋겠다. 그녀는 조용하고 노련하고, 또 측은지심이 있는 사람이다. 나는 주인공이 아니라 손님이다. 주인공은 P라는 사람이다. 그녀가 모든 것의 중심에 있다. 그녀는 모든 걸 알고 있으며 전체 지도를 파악하고 있다. 우리는 함께 내 공간으로 간다. 내가 가장 잘 아는 곳에서 이제 다시 모험이 시작된다. 그래서 광운대가 낯선 공간으로 바뀐 것이다.

이곳에서 **나는 나 자신이 되는 법을 배워야 한다.** 삶의 중심에 서는 법, 온전한 나로서 말하고 생각하고 행동하는 법을 배워야 한다.

나는 학생이다. 이러한 변화 때문에 학교가 달라 보였던 것이다. 나를 챙기면서 남도 배려할 수 있는 그런 사람이 되어 졸업할 수 있을까? 학교로 돌아가서 이번에는 내가 교육을 받아야 한다. 변화의 시간이다.

시상식

어떤 시상식이다. 영화제인 듯하다. 내가 상을 받나 보다. 어마어마하게 큰 홀이다. 늦게 일어났는데 전날 술을 마신 듯하다. 분홍색 드레스를 입고 있지만 화장도 안 했고, 렌즈도 안 낀 상태다. 심지어 이도 안 닦았다. 깨끗해 보이지 않는다. 뭘 먹었는지 입술에 뭐가 묻어 있다.

내 옆에 나를 챙겨주는 사람이 있다. 그녀는 나를 잘 알고, 늘 나를 돕는다. 그녀가 조용한 낮은 목소리로 지금 가야 한다고 말한다. 그녀는 딱 그 정도까지만 나를 도와줄 수 있다. 다른 부분은 내가 했어야 하는데 아무것도 못 했다. 빨리 입술에 묻은 김을 탁탁 털어서 떼어내고 안경을 쓰고 들어간다. 사람이 많아서 다른 길로 들어가야 할 것 같다.

아홉 시에 시작하고, 수상 소감에 십 분을 준다고 한다. 내가 제일 먼저 하는 줄 알았는데, 가만히 소리를 들어보니 후보를 소개하는 부분인 듯하다. 들어갔더니 다른 걸 하고 있는데, 내 순서가 지난 것 같다. 빠른 걸음으로 달리듯이 들어간다. 타이밍에 맞추어 다행히 늦지 않게 수상을 했는지는 모르겠지만, 어쨌든 내가 상을 받는 날이다.

감정이 전혀 느껴지지 않는다. 그냥 담담하다. 동동거리거나 걱정하지도 않는다. 까다롭지 않다. 순서가 지났으면 그냥 상패만 나중

에 따로 받으면 된다고 생각한다. 내 무대가 있다. 그걸 찾으면 된다. 내가 그 속에 들어가 있다. ✍

내 무대

꿈속에서 나는 많이 부족한 상태다. 준비가 되어 있지 않고, 입에는 김이 묻어 있고, 이도 닦지 않았다. 그런데 내가 상을 받는다고 한다. 제대로 준비하지 않고 그 상태로 시상식장에 들어갔는데, 내 무대를 찾지 못한다. 시간이 지난 것도 같다. **이 꿈에는 나를 도와주는 사람이 있다. 혼자가 아니다.** 그리고 나는 상을 받는 사람이다. 뭔가 다 어긋나 있지만, 내가 당황하지 않는다는 게 중요하다. 어긋나도 별 상관없는 느낌이다. 사람들의 인정이 중요한 게 아니다. 내가 상을 받는다는 사실이 중요하다. 그건 내가 성취한 어떤 일들 때문이다. 그런데 여기서 꿈은 한 가지를 지적한다. 수상자임에도 내가 내 무대에 서지 못하고 있다. 그게 꿈이 전하고 싶은 메시지다. 사람들은 당연히 내게 관심을 주지 않는다. 내가 나에게 관심이 없기 때문이다.

옷도 편하지 않고, 준비도 안 돼 있고, 수상을 그리 기뻐하지도 않는다. 이 역시 의무 중 하나처럼 보인다. 참석해야 하기 때문에 갔을 뿐이다. 오히려 누구와 술을 마셨는지, 그 전날 저녁 약속이 더 중요하게 느껴지기도 한다. 십 분 동안 말해야 하는 수상 소감도 준비되지 않았다. 그냥 덤벙대며 내 순서만 찾고 있다. 그런데 이건 내가 준비되지 않았다는 부분에 초점이 맞추어지면 안 될 듯하다. 내가 담담하다는 게 더 중요할 것 같다. 왜냐하면 내가 불안해하거나 걱정을 하고 있지 않기 때문이다. 강의상을 받았을 때의 느낌과 비슷했다.

나는 강의상을 여러 번 받았다. 우수 강의상, 베스트 티처상, 평생한 번만 받을 수 있는 베스트 티처 대상까지 모두 받았다. 우수 강의상은 한 번 더 받았다. 우수논문으로 학술상을 받은 적도 있다. 그중 가장 기뻤던 건, 한국문화융합학회에서 프로이트의 『토템과 터부』에 관련된 논문으로 받은 학술상이었다. 수상소식을 메일로 받고 나는 "메일을 잘못 보내셨어요. 저 아니에요"라고 다시 메일을 보냈는데, "이 논문 선생님께서 쓰신 거 아닌가요? 선생님 논문 맞아요. 학술상 받으실 거예요"라는 답이 돌아왔다. 그 순간은 정말 꿈만 같았다. 그건 내 인생에서 가장 기뻤던 순간 중 하나였다. 이와 달리 강의상은, 기뻤지만 내가 자랑할 수 있는 상은 아니라고 생각했다. 그냥 담담했다. 강의는 평생 해야 하는 일이고, 만약 베스트 티처로 우수 강의를 하지 않으면, 오히려 그게 더 문제라고 생각했다. 강의는 늘 우수 강의여야 하지 않을까? 한 학기라도 우수 강의가 아니라면, 학생들이 좋은 선생님이라고 생각하지 않는다면 그게 더 큰 문제가 아닐까?

꿈속 시상식에서도 그런 덤덤함을 느꼈던 것 같다. 그건 그냥 일상이었고 당연한 것이었다. 내가 그렇게 간주하는 칭찬은 두 가지인데 하나는 강의고, 다른 하나는 강연이다. 내가 정신분석 강연을 제대로 못 하면 그게 더 큰 문제다. 잘했다고 상을 받을 일이 아니다. 바로 그 지점이 출발점이어야 한다. 오히려 더 잘해내서 함께 사람을 살리고, 에너지를 공유하고, 영혼을 치유하는 게 중요하지, 강의를 우수하게 하거나 정신분석 강연을 잘하는 건 사실 너무 당연한 일이다.

꿈은 그럼에도 다시 문제를 제기한다. 내가 즐기고 있지 않다는 것이다. 꿈은 내 무대를 즐길 수 있어야 한다고 말한다. 내가 들뜨는 일이 거의 없다는 건 문제라고 볼 수 있다. 삶이 어떻게 이렇게 담담할 수 있을까? 들뜨고 기뻐하고 즐거워하고 함께 축하하는 건 당연한 의례들 중 하나인데, 그게 아무것도 아닌 삶이란 사실 생명력이 없다는 뜻이다. 삶에 대한 에너지가 낮다는 뜻이기도 하다.

꿈은 내게 분홍색 드레스를 입힌다. 그랬더니 나는 입에 김을 묻히고 술을 먹고 이를 닦지 않은 채 나타났다. 이쯤 되면 꿈도 당황했을 것 같다. 그런데도 꿈은 내가 내 무대의 중심에 설 때까지 나를 포기하지 않을 것이다. **늘 그랬듯이 꿈은 끝까지 나를 포기하지 않는다.**

여신의 충고

이곳에서는 어른들이 아이들에게 관심을 기울이지 않는다. 아이들에게는 자신이 누구인가에 대해 생각해볼 기회가 주어지지 않는다. 그런 건 중요하지 않다. 그 아이도 그렇게 자라고 있는데, 신이 나타나서 "네 손에서 크면 안 된다"고 말한다. 그 여자가 아이를 도시로 보낸다. 거기서 아이는 J와 J의 친구까지 셋이 함께 다니는데, 그들을 보고 있는 한 사람이 있다. 그는 다른 쪽에 있고 이들과 관계가 좀 안 좋은 듯하다. 그 아이가 나인 모양이다. 거기서 내가 자란다. 셋이 각각 남자를 만난다. 나도 어떤 사람을 만났고, 처음엔 그냥 그랬는데 정말 좋은 사람이라는 걸 알게 된다.

시간이 갈수록 그를 더 좋아하게 되고, 나중에는 사랑에 빠진다. 내 옆에 있는 J와 그녀의 친구는 남자들을 떠날 생각을 하고 있다. 왜일까? 모든 게 가식이었고, 지금도 남자들이 스스로 떠나게 만들 계획을 세우고 있는데, 나는 이 사람을 너무 좋아한다. 같이 있으면 안심이 되고 행복하고 따뜻하다. 느낌이 좋다. 정말 좋아하는 사람이다. 그 남자들은 다 순수한 사람들인 반면, 이상하게 이 여자들은 뭔가를 꾸미는 듯하다. 늘 가식적이다. 여자들은 그들과의 관계가 어떤 과정을 위한 하나의 단계라고 생각하는 듯하다. 그런데 남자들에게는 이게 전부다. 다른 생각을 하지 않는다. 그게 맞지 않을까? 그 남자도 이 여자를 좋아하고, 이 여자도 그를 좋아한다. ✐

순수한 마음

여신이 나타나 나를 돕는다. 마치 호메로스의 서사시에서 오디세
우스의 아들 텔레마코스 앞에 나타나 청년을 성장시키는 여신처럼,
아이 앞에 여신이 나타나 아이를 구한다. 꿈이 진행되며 나는 그 아
이가 '나'라고 말한다. 나를 도시로 보내는 여자는 누구일까? 도시
에서 나는 두 명의 여자들을 만나는데, 그들은 가식적인 사람들이
다. 단순하지 않고 편안하지 않다. 계산적이고 복잡하다. 반면 남
자들은 그렇지 않다. 나는 평소에도 계산적이거나 가식적이지 않
다. 그냥 별생각이 없고, 꾸미고 계산하는 일은 잘 못한다. 처음에
내가 도시로 가기 전에도 여자 한 명이 나오고, 도시로 간 다음에
도 관계가 좋지 않은 듯한 남자 한 명이 나오는데 그들이 누구인지
는 모르겠다.

꿈은 남자 셋, 여자 셋으로 이야기를 풀어가는데, 그중 나와 내가
만난 남자는 서로를 좋아한다. 다른 두 커플은 곧 관계가 파국으로
끝날 것이다. 그런데, 왜 J와 그녀의 친구일까? 내가 아는 J는 발랄
하고 가볍고 행동에 머뭇거림이 없으며, 자신감이 넘치는 사람이다.
나와는 거리가 있다. 자신을 잘 꾸미고 머리끝부터 발끝까지 스타
일이 있는 사람이다.

꿈의 세부를 떠나서 이야기 자체가 신화적이다. 내가 도시로 나가
고, 어른이 되고, 친구와 남자를 만난다. 그런데 꿈은 내 해석과는
생각이 조금 다른 모양이다. 여신이 알려주는 건, 나 자신의 모습이
다. 나는 가식이 없는 사람이라고 말했지만, 여신은 그렇게 생각하

지 않는다. J가 보여주는 가식은 나 자신의 가식적인 모습일 수 있다. 그게 투사가 아닐까?

현실에서 나는 관계에 잘 집중하지 못한다. 마치 시상식 날의 모습처럼 무대의 중심에 서지 못하고, 계속 딴생각에 허둥거린다. 편안하게 무대 중앙에서 내 삶을 살지 못하니 관계는 늘 내 마음과 다르게 어긋난다. 관계에 관한 한 차분하게 순간을 잘 살아내기보다 허둥대며 늦고 준비도 되어 있지 않다. 생각도 많이 하지 않기에 다 파투를 내버린다. 소중한 순간도 지키지 못한다. 아, 그렇다면 내 모습이다. 그런 방식으로 내가 관계를 피하고 있는 것인지도 모르겠다. 말로는 꾸미지 않고 솔직하게 가식 없이 행동한다고 하지만, 집중하지 못하고 무대 밖에서 머뭇거리는 그 태도 자체가 가식적이다. 순수한 마음은 매사에 신중하고 모든 순간에 최선을 다하며, 항상 삶의 중심에 서서 사람과 상황에 집중한다. 순수한 마음을 가진 사람은 최선을 다해 사랑하고, 관계에 정성을 기울이며, 모든 순간에 온 마음을 다할 것이다. 순수한 마음을 가지고 있다면, 삶을 즐기고 충분히 기뻐하며 함께 환호하는 희열을 겁내지 않을 것이다.

나는 지금껏 그렇게 살지 못했다. 늘 복잡하게 생각하고, 나 자신을 깎아내리고, 내 자리에서 물러나고, 순간을 피했다. 그게 사실이다. 꿈은 그런 내 태도를 지적하며 삶을 기뻐하라고 조언한다. 이제 꿈은 또 나를 어디로 보낼까? **나는 꿈이 보내준 그곳에서 누구를 만나고, 무엇을 배우게 될까?**

부은 눈

2021년 2월 2일 화요일 오전 11시

P 선생님이 따님과 함께 계시다가 내가 울고 있는 걸 보신다. 내가 에스컬레이터를 타고 올라가고 있는데 걱정되어 뒤따라오셨다. 너무 울어 눈이 거의 보이지 않게 부은 상태에서 선생님을 본다. 인자하게 웃으신다. 내가 아는 선생님의 표정, 내가 좋아하는 표정이다. 뭔가 말을 안 해도 마음이 풀어지는 느낌이다. 이 얼굴을 정말 오랜만에 본다. ✎

인자한 위로

내 모습은 삶의 중심에 있는 든든한 사람의 모습으로 보이지 않는다. 울어서 눈이 퉁퉁 부어 있는데, 어른보다는 아이인 것처럼 느껴진다. 누구에게 도움을 청하지도 않는다. 그냥 혼자 그렇게 울고 있다. 다행히 내 옆에 나를 위로해 줄 인자한 얼굴이 보인다.

시상식 꿈에도 나를 돕는 사람이 있었고, 심지어 여신이 나타나서 나를 돕기도 했다. 이번 꿈에서는 선생님이 나를 따라오신다. 나를 걱정하고 위로하고 방향을 알려주고, 내가 누구인지 말해 주는 사람들이 있다. 이 신적인 존재들이 하는 말은 같다. **내 삶의 중심에 서야 한다는 것이다.**

꿈의 조언을 들으며   221

한참을 울었더니 좀 후련하다. 선생님의 인자한 얼굴로 모든 게 해결됐다. 혼자 고립된 상황에서는 어떤 변화도 일어날 수 없다. 내가 방에서 걸어 나왔기 때문에 누군가를 만나고, 그들의 위로와 도움을 받을 수 있었던 것이다. 내가 삶을 택했기 때문에, 비록 헤매고 방황하더라도 결국 내 자리를 찾게 되는 것이다. 낯설고, 힘들고, 어색하지만 꿈은 나를 도와주고 잡아주고 이끌어 줄 인물들을 끊임없이 보내준다. 아마도 그 신화적 인물들은 모두 내가 아직 알지 못하는 나 자신의 모습일 것이다. 나도 언젠가 허둥대며 살고 있을 누군가의 꿈에 나타나 그들을 위로하고 방향을 알려주는 사람이 될 수 있지 않을까? 그렇다면 **꿈이 보여주는 신적인 인물들은 내 미래의 모습이다.**

2004년 11월 23일 꿈을 보면 나는 벼랑 끝에 서서 다 포기하라는 목소리를 듣는다. 그런데 한 갈색 머리의 선생님이 내 식물을 들고 어디서 쉬어갈 수 있는지 알려준다. 분명히 꿈은 '내 식물'이라고 했다. 그렇다면 여신처럼 보이던 그 갈색 머리 선생님도 내 미래의 모습일 것이다. 내가 삶의 방향으로 나아가고 있었기 때문에 꿈이 작은 식물을 보여줄 수 있었던 게 아닐까? 이 모든 과정 속에서 내 마음속 식물이 조금씩 성장하고 있었으면 좋겠다. 언제쯤이면 내 꿈의 조력자들처럼 나도 그런 편안한 얼굴을 갖게 될까?

내 자리는 17번

2021년 2월 26일 금요일 새벽 4시

사람들이 모여서 회의를 하는데, 나는 교실 뒤편 화장실 구획에 앉아 있다. 계속 거기 있다가 새벽 두 시가 되어서야 나갔더니 아무도 없다. 회의가 끝난 후 몇 명만 넓은 교실에 오손도손 모여 이야기를 하고 있다. 나는 '출석 체크가 안 됐겠네' 하고 생각한다. 엔터테인먼트 회사인 것도 같다. 자리를 찾으러 나가보니 야간열차가 보인다. 거기서 자야 한다. 내 자리는 앞 구획, 17번이다. 다들 잠이 들었고 이불을 덮고 있다. P 선생님도 거기 계신 듯하다. 다른 번호를 봐야 내 자리를 찾는데, 이불을 덮어두어 번호들이 정확하게 보이지 않는다. 아직 내 자리를 찾지 못했다. 번호를 보려고 애를 쓰다가 잠에서 깬다. ✑

결석

내가 결석 처리된 셈이다. 다들 모여서 회의를 하는데, 나는 화장실에 있었다. 회의 내내 거기 앉아 있다가 새벽에야 나간다. 물론 본회의는 끝난 다음이다. 남아 있는 사람들은 내가 왜 그랬는지, 무슨 상황인지 별 관심이 없다.

꿈은 내게도 자리가 배정되어 있다고 말한다. 17번이라는 내 자리 번호도 보여준다. 내 번호를 찾으려면 다른 사람들의 번호를 봐야 하는데, 이번에도 자리를 찾는 게 어렵다. 결국 꿈에서 깰 때까지 나는 내 자리를 찾지 못한다. P 선생님이 계시지만 뵙지는 못한다. 나 혼자 자리를 찾고 있다. 꿈을 꾸는 내내 계속 혼자다. 애초에 그냥 회의장으로 걸어 들어갔으면 아무 문제가 없었을 텐데 혼자 화장실에 숨어 있었다. 왜 그랬을까? 굳이 숨어 있을 이유가 없었다. 회의에서도, 기차에서도 나는 내 자리를 찾지 못한다. 꿈이 나를 기차에 태운 이유가 있지 않을까? 기차는 이동하는 수단이다. 내가 움직여야 하나 보다. 내가 내 자리를 찾을 때까지 꿈은 계속 내가 열차를 타게 하지 않을까?

꿈을 보면 나는 어떤 조직의 일원이 되지 못한다. 계속 피하거나 숨고 있다. 결석 처리란 그곳에 존재하지 않는다는 뜻이다. 그런데 나는 줄곧 그곳에 있었다. 거기 있었는데도 내 존재는 삭제된다. 나 스스로 그렇게 만들었다. 엔터테인먼트 회사가 나온 이유는 내가 연기를 하고 있기 때문이다. 나는 사람 만나는 게 힘들다. 그럴 땐 대인관계에 익숙한 사람인 것처럼 연기를 한다. 내 자리란 더 이상 연기할 필요 없이 그냥 나 자신이 되는 삶을 말할 텐데, 아직은 그게 어렵다. 그러나 숨어 있기만 할 수는 없지 않나? 잘하지 못하는 것도 한번 해보고, 내 대극적 특성도 분화시켜야 융이 말하는 대극의 합일을 통해 어른이 될 수 있지 않을까? 나이 50에 어른이 되는 법에 대해 생각하고 있다니, 내가 한심하게 느껴지기도 한다. 그러나 **꿈은 나를 비난하지도, 우습게 보지도 않는다.** 그저 나에게도 자리가 있다는 걸 끊임없이 알려준다.

학회 발표

학회에서 발표를 하게 된다. 내가 좀 불편하게 느끼는 K도 온다고 한다. S가 K에게 무리한 요구를 하는데, K가 "네"라고 흔쾌히 답한다. 당연히 일단 그렇게 한 다음에 어떤 이유를 대고 그 상황에서 벗어날 것이라 생각했지만, 나중에 보니 진짜 S의 요구를 들어주었다. 왜 그랬을까?

저녁 장소에 미리 갔는데 한 분석가가 있다. 모두 미사를 드리고 있다. 나는 그 옆에 앉았다. 노래를 크게 부르고 싶었지만 미사가 중간까지만 진행되고 일찍 끝난다. 나와서 저녁 자리로 이동한다. 그냥 빈자리를 찾아서 앉으면 되는데, 내가 계속 뭔가를 하고 있다. 쏟아진 간장을 닦는 등 분주하다. 그러다 자리들이 찬다. 그 분석가가 자리를 옮겨 빈 테이블에 앉는다. 내가 그쪽으로 가니까 괜찮다는 듯, 다 안다는 듯 나를 위해 자리를 옮겼다는 듯한 표정을 짓는다. 용기를 내어 그 테이블에 앉는다. K가 들어오면 그도 여기 앉을 것 같다. 신경 쓰지 말자. 어쨌든 이 자체가 나쁘지 않다. ✎

내 자리에서 식사하기

이 꿈에서도 나는 자리를 찾는데 어려움을 느낀다. 안 해도 되는 일, 남들은 못 본 척하는 일들을 하다가 자리를 못 찾게 될까 걱정하는 상황에 이르지만, 우여곡절 끝에 내 자리를 찾아 앉는다. 학회에서 발표도 한다. 삶의 중심에서 활발하게 활동하고 있다는 것인데, 이때조차 내 태도는 좀 우습다. 발표를 들은 동료들과 선배들이 어떤 이야기를 해줄지 기대하고 설레는 마음으로 발표를 준비하는 게 아니라 전혀 다른 것에 신경을 쓰고 있다. 자리도 마찬가지다. 계속 눈치를 보며 아주 작은 일에 온 마음을 쓰고 있다. 중요하지 않은 일들이고, 내가 그렇게 시간을 들여 생각하고 관여할 문제가 아니다. 그냥 다른 사람들의 삶이고, 그들의 선택이다. 그들도 자신의 삶 한가운데에서 하나의 여정을 통과하는 중일 것이다. 내가 분석하고 판단하고 훈수를 둘 문제가 아니다.

불편한 사람이 오는 게 왜 문제가 될까? 미사 시간에 노래를 부르고 싶지만 그렇게 하지 못한다. 미사도 중간까지만 진행된다. 편안한 마음으로 기도하는 풍경이 아니다. 내 마음이 그렇기에 미사도 중간에 멈춘다. 나는 내 일에 집중하지 못하고 있다. 저녁 식사 자리에서도 다른 사람이 쏟은 간장을 대신 닦아주느라 자리들이 다 차도록 앉지 못하고 있다. 이 꿈에도 나를 도와주는 사람이 나오는데, 한 분석가가 빈 테이블에 앉아 내 자리를 확보해 준다. 그런 순간에도 나는 내가 별로 좋아하지 않는 그 사람이 우리 테이블에 앉을 것 같아서 기분이 안 좋다. 이런 멍청이! 생각이 어떻게 이 정도로 형편없을 수가 있나?

그런데 다시 생각해보면 싫어하는 사람도 있고, 불편한 상황인데도 나는 이 정도면 그럭저럭 괜찮다고 생각한다. 발표도 한 것 같고,

어쨌든 내 자리도 찾았다. 분석가와 함께 앉아 있고, 식사도 거기서 하게 될 모양이다. 발표도 못 하고, 식사도 못 하고, 자리도 없는 상황은 아니다. 완전히 고립된 사람도 없다. 황폐한 도시, 잠겨 있는 문과는 비교할 수 없을 정도로 발전한 서사다.

어제는 강연을 했다. 소통도 잘 되었고 질문도 많았다. 사실 이 꿈 속에는 작년에 내가 받은 스트레스가 압축되어 있는데, 그럼에도 불구하고 더 이상 그 일이 내게 그 정도의 괴로움을 주지는 않는 것 같다. 부들부들 떨고 있지는 않으니 말이다.

나는 꿈에서도 여전히 내 것을 챙기지 못하고, 명민하게 자리를 확보하지도 못한 채 계속 바보짓을 하고 있다. 나는 그대로인데 꿈에 등장하는 사람들은 좀 변했다. 내가 알던 사람들, 그들이 할 것 같은 일들이 내 예상처럼 진행되지 않는다. 대답도 내 예상과 틀리다. 꿈은 서서히 내가 바뀔 수 있는 최적의 여건들을 만들어간다. 이젠 내가 바뀔 상황인 것 같은데 변화는 여전히 어렵다. 학회에서 내 상상력을 마음껏 펼치고, 동료들과 사유 놀이를 하며 희열을 느끼게 될 날이 빨리 왔으면 좋겠다. (2023년 세 학회에서 세 편의 논문들을 발표하며 좋은 일들이 많았다. 좋은 사람들도 많이 만났고, 기억하고 싶은 순간들도 많이 경험하게 된다. 내가 이 이야기를 계속 반복하게 되는 이유는, 이 시간이 내 삶에서 가장 행복한 순간이었기 때문이다. 그 전에는 한 번도 온전한 나 자신이었던 적이 없었던 것 같다. 2023년 여름, 세 번의 발표들을 하며 처음으로 내가 나 자신이라는 느낌을 받았다. 매 순간을 즐겼고, **내가 나 자신이었기에 진정한 친구들도 만날 수 있었다.** 내가 나를 드러냈기 때문에 가능한 일이었

꿈의 조언을 들으며

다. 그 후 모든 것이 달라졌다.) 좋은 어른으로서 내 자리에 앉아 다른 좋은 어른들과 함께 기분 좋은 식사를 하는 시간이 기다려진다.

아이유 씨

2021년 9월 12일 일요일 아침

학교 같다. 내가 과일을 들고 가다가 동료를 만난다. 지나가는 선생님들께 과일을 하나씩 선물로 드리기도 한다. 그러다 중식당에 들어가 앉는데, 거기에 계시던 선생님과 친해 보인다. 내가 음악을 연주하고 부족한 부분은 동료들이 도와준다. 선물 같은 꿈이다.

아이유 씨는 화장품 가게 점원이다. 남자인데 이름이 '아이유 씨'다. 그가 내게 어떤 이야기를 하고, 나중에 아이유 씨와 만나기로 약속한다.

성당 앞이다. 그를 만났는데, 다른 사람들과 웃고 있다. 그 사람들도 함께 만나기로 했었나 보다. 둘만의 데이트가 아니었구나.

나는 어머니와 함께 성당에 와 있는데, 콰이어 사람들과 둘러 앉아 식사를 한다. 어머니께 그 팀으로 가시라고 말씀드리고 나서 뭔가를 하는데, 나중에 보니 안 가신 듯하다. 그럼 어디 계셨을까? 밖에 혼자 계셨을까?

내가 아이유 씨에게 말을 한다. 뭔가 원망하는 말인 듯하다. 만약 내가 다른 일이 있어서 약속에 못 나왔으면 어떻게 됐겠냐고도 하고, 또 성당 사람들과 밥을 먹을 수 없었다면 어쩔 뻔했냐고도 말한다. 이렇게 약속을 잡으면 어쩌냐고 따지듯이 묻는다. 그가 싱겁게 웃는데 밉지 않다. 그의 입장에서는 이런 문제들이 다 쉬워 보이는 모양이다. 복잡한 감정선이 없다. 수월하다. 키가 크고 잘 생겼으며

다 편안하게 처리한다. 매우 조용한 사람이다. ✍

I See You

아이유 씨가 남자로 나온다. 친구에게 이 꿈을 이야기했다. 친구
는 "순서를 바꿔봐"라고 말했다. "아이… 유… 씨…, 아이… 씨…
유." 아, 영화 〈아바타〉에 나오는 대사구나. 한 사람을 진정으로 이
해하는 것에 대한 이야기구나. 꿈을 꾸면서도 나는 이 꿈이 선물 같
다고 말한다. 학교에서 과일을 나누고, 식사를 함께하고, 음악이 있
고, 동료들과 서로 돕는다. 그리고 아이유 씨가 나온다.

아이유 씨, 'I See You'는 '나는 당신을 이해합니다. 나는 당신이
누구인지 알고 있습니다'라는 뜻이다. 나를 진정으로 이해하는 사람
을 만났을 때, 이렇게 말할 수 있다. 그래서 그 사람과 만나는 장소
가 성당인가 보다. 그가 내 영혼을 이해하는 사람이기 때문이다. 그
곳에는 다른 사람들도 있고, 어머니도 계시고, 콰이어 사람들도 있
다. 나는 어머니를 챙기고 있는데, 그러다가 아이유 씨에게 화를 낸
다. 사실 둘만 만나기로 했다면 내 지적들이 다 말이 되지 않는데,
나는 그에게 이상한 것들을 묻고 따진다. 내 이상한 말들보다 그의
반응이 더 이상하다. 감정적이지 않고, 심각하지도 않다. 그가 화장
품 가게에서 일한다고 했는데, 화장은 얼굴을 가리는 게 아닌가. 그
래서 감정이 안 보였을까? 또는 그가 아름다움이라는 단어와 관련
된 사람일 수도 있다. 그는 영혼을 꿰뚫어 보는 사람이다. 그 사람은

뭔가 한 수 위인 것처럼 나를 잘 파악하고 있다. 내가 화를 낼 필요가 없는 상황이라는 걸 말해 주고 싶어 하는 것 같았다.

화장품은 내가 시간을 많이 쓰지 않는 대상이다. 그 제품이 품절되거나 단종될 때까지 계속 같은 호수를 구입하고, 그전에는 새로운 걸 시도하지 않는다. 계절과 상관없이 기본화장은 로션 하나이고 에센스니 크림이니 그 이외의 것들은 샘플이 있을 때만 쓴다. (2024년 현재 나는 내 스타일에 맞는 화장품을 찾고 있다. 호수 하나가 바뀌었을 뿐인데 내가 더 나다워질 때 어떤 희열이 느껴진다.) 왜 그가 화장품 코너의 직원이어야만 할까? 꿈은 무슨 이야기를 하고 싶은 걸까? 아이유 씨는 화장품뿐만 아니라 사람들도 데리고 온다. 만남의 장소는 성당이고, 콰이어 단원들과 식사를 한다. 또 그의 주위에 있는 사람들은 모두 웃고 있다. 사람, 만남, 아름다움, 노래, 미사, 식사가 모두 그와 함께 있다.

사실 꿈의 첫 부분도 신비롭다. 우리 학교 동료들을 만나는데, 서로 선물을 건네고, 일이 있을 때 기꺼이 도울 만큼 친하다. 피상적인 관계가 아니라 진짜 협업하는 사람들이다. 진짜 관계다. 내가 하는 일은 확실하지 않지만, 내가 도움을 받는다는 건 확실하다.

친구와 통화를 하기 전, 나는 '아이유 씨'라니 뭐 그런 이름이 다 있나 생각했었다. 꿈에 나온 아이유 씨라는 사람에 대해서도 별 호감이 느껴지지 않았다. 자기 색깔이 분명한 사람이 아니라는 생각이 들었다. 게다가 감정 표현도 없고, 뭔가 다 분명하지 않고, 명확히 표현하지도 않는다. 생각해보면, 나는 늘 고립된 상태에서 분노하고 좌절하고 증오하며 상황을 더 나쁘게 만들거나, 과장하거나 너무 깊게 생각해서 일을 그르치기도 한다. 표현을 거의 안 하지만 한 번 하면 늘 넘치고, 말을 잘 안 하지만 말을 시작하면 멈추지 못하고 선을 넘을 때가 있다. 나는 늘 다 분명하게 만들려고 노력했고, 늘 방향성을 가지고자 했다. 명확하게 표현하고, 바로잡고, 따지고, 정정하면서 그렇게 되지 않으면 분노하거나 좌절했다. 그렇다면 그는 나와 정반대의 인물이다. 사실 그런 편안한 인물이 좋다. 내가 그 인물을 봤다는 것 자체가 하나의 사건이다. 아이유 씨. 그 이름에 내게는 없는 어떤 위트도 있다.

아이유 씨와 만날 필요가 있었던 것이다. 내가 그에게 따져 묻는 건 왜 내 어머니를 챙기지 않았느냐는 건데, 그는 말없이 미소만 지었다. 그는 어머니의 이야기가 아니라 나에 대한 이야기를 해야 한다고 말하고 싶었던 게 아닐까? 나는 계속 어머니 생각을 하고 있다. 어쩌면 꿈은 내게 잠시 가만히 머물러 나 자신을 들여다보라고 말하고 있는지도 모르겠다. 나 자신을 바라봐야 한다는 뜻이다. 거울 속 내 얼굴을 들여다보고 나를 가꾼다는 표현에 가장 어울리는 단어는 '화장'이다. **내가 나를 가꾸지 않으면 세상의 중심에 설 수 없다.** 아이유 씨가 미소 지으며 내게 하려던 말은 아마도 밖에 대한 관심을 잠시 멈추고, 내면을 들여다보라는 조언이었을 것이다. 모든 걸 본다는 이 사람은 내 무의식이 사람의 모습으로 형상화된 이미지다.

줌

K 언니의 아들이 음대에 입학한 것 같다. 왜 이 장면이 보일까?

줌으로 들어가서 뭘 해야 한다. 텔레비전을 맞추고 줌에 입장하려는데 잘 안 된다.

내가 매우 똑똑하다. 옷을 입는 중인데 상의만 입고 있다. 나를 돕는 사람이 와서 바지를 준다. 정장 바지를 입는데 여기에 어울리게 상의가 바뀌어 있다. 내가 으스대면서 어디로 들어간다. 거기서 줌을 시작하려나 보다. 문 옆에 그 사람이 있다. 눈을 마주치지 않고 옆으로 간다. 아 정말 멋있다. 캐릭터가 완전히 다른 사람이다. ☽

단절된 소통

이번에는 내가 지나치게 잘난 척을 하고 있다. 꿈들을 보면, 너무 자신이 없거나 아니면 너무 지나치게 잘난 척을 한다. 마술같이 입게 된 내 옷은 흰색, 검은색 정장이었다. 들어갈 때 만난 사람에게 내가 호감이 있었던 것도 같다. 나를 돕는 사람도 있다. 그 사람은 말이 없고, 캐릭터가 보이지 않았는데, 내가 뭘 부탁하면 그걸 해주는 듯했다. 현실에서 나는 K 언니의 아들에 대해 실력 있고, 잠재력도 있는 아이라고 생각했다. 그 친구는 외국어를 잘하는데 꿈속에서

꿈의 조언을 들으며　　　　　　　　　　　　　　　　**233**

는 음대에 입학했다고 한다.

텔레비전은 일방향 매체다. 나는 인물들을 볼 수 있지만, 인물들은 나를 볼 수 없다. 소통이나 대화가 불가능하다. 줌은 대화가 가능한 공간인데 내가 텔레비전을 맞춘 후 줌으로 들어간다고 한다. 줌은 실제로 마주 앉아 접촉할 수 없는 공간이다. 이야기는 할 수 있지만 같은 공간에 있는 건 아니다. 내가 똑똑하다고도 하고 많이 잰다고도 하는데, 실제로 사람들이 나를 묘사하는 단어들은 아니다. 자신이 있다거나 멋있다는 말과는 거리가 있게 들린다. 진짜 똑똑한 사람은 재거나 으스대지 않는다. 대신 조용히 지혜로운 행동으로 사람들에게 도움을 줄 것이다.

잘난 척을 엄청나게 하는데 정작 옷은 상의만 입고 있다. 다음 순간, 바지를 입는데 옷이 딱 맞게 바뀐다. 뭔가 제대로 된 상태, 준비된 상태, 길을 찾은 상태 같은데, 사람들과의 관계를 생각해보면 여전히 문제가 많다. 상하관계인 것 같은 느낌으로 한 사람이 다른 사람에게 봉사하고, 호감이 있는 사람과는 눈도 마주치지 못한 채 스쳐 지나간다. 현실적이지 않다. 마음은 조금씩 회복되는 것 같지만, 관계적인 측면에서는 매우 문제가 많다. 사람들 속에서 배워가는 수밖에 방법이 없다. 많은 사람을 만나고 진심으로 삶을 공유하며 배워가야 한다. 하나의 목표를 함께 추구하며, 함께 성취하고 함께 만들어가는 그런 진짜 관계들을 시작할 필요가 있다.

지난 꿈에서는 내가 음악을 연주하고 동료들이 나를 도와주었다. 나는 그 장면을 선물이라고 표현했다. 그렇다면 음대에 들어가는 건 나 자신이다. 꿈은 나를 대학에 보내 협업과 관계를 가르치려 한다.

꿈에서 나는 줌으로나마 사람들을 만나기 시작한다. 밖에는 진짜 사람이 있는데, 아직 말을 걸 수 있는 단계는 아니다. 사람 앞에서는, 특히 호감이 있는 사람 앞에서는 몸도 마음도 마비되어 버린다. 차근차근 시작해야겠지. 언젠가 함께 노래하며 멋있는 곡 하나를 만들어 낼 수 있었으면 좋겠다.

내 스타일의 옷

2021년 12월 11일 토요일 오후 4시

우리 학교 앞처럼 보인다. 베르데 카페가 원래 장소 맞은편에 있는데, 옷 가게로 바뀐 것 같다. 안에 사람들이 앉아 있다. 그곳에 잠깐 들러서 옷을 갈아입으려 한다. 원래 입고 있던 얇은 옷을 벗고 거기 있는 내 옷을 집었는데 색깔이 너무 예쁘다. 진한 감색 셔츠가 속에 있고, 그 위에 셔츠가 또 끼워져 있는데, 뭔가 자신 있게 보이는 색깔이다. 빳빳한 촉감도 좋고, 스타일도 좋다. 너무 좋다. 내 옷이다. 딱 내 스타일이다.

예쁜 색깔을 보니 신이 난다. 그걸 입고 거기 앉아 있는데 옆에 학생이 한 명 있다. 내가 아는 아이인 듯하다. 아니면 나를 아는 아이인 듯하다. 아이가 내게 말을 건다. 내가 별로 좋아하지 않는 사람들에 대한 내용인데, 아이가 어른스럽게 이야기를 해준다. 생활에 대한 사소한 조언인데, 그와 이야기를 하며 내가 무엇인가를 깨닫게 된다. 저쪽에 있는 어른들은 별로 안 중요하다. 카페가 내 연구실이었던 것도 같다. ✍

어린 스승

이번에도 꿈에 스승을 만나 배운다. 다시 교육이 시작된 듯한 느

236

낌이다. 교육을 받으며 내가 성장을 경험한다. 원래 장소 반대편에 있다는 건, 그곳이 세상에는 없는 공간이며 필요에 의해 만들어진 가상공간이라는 뜻이다.

다시 옷에 대한 이야기가 나온다. 지난 꿈에서는 입은 옷이 내게 딱 맞게 바뀌었는데, 그때는 내가 한 일이 아무것도 없었다. 그냥 수동적으로 관찰하고 있었을 뿐이다. 또, 정장이어서 개인적인 취향이나 편안함과는 거리가 멀었으며 분위기도 좀 딱딱했다. 꿈에서의 대화도 사적인 것은 아니었다.

그러나 이번 꿈에서는 공간이 좀 더 편안해진다. 카페가 보이고, 옷이 있다. 원래 입고 있던 얇은 옷도 정장은 아닌데, 내가 집은 옷은 뭔가 훨씬 더 스타일이 돋보이는 그런 옷이다. 예전에 '내 식물', '내 보석'이라고 말했던 것처럼 이번에는 '내 옷'이라고 표현한다. 잃어버렸던 내 물건들이 하나씩 내게 되돌아온다. 가게에서 내가 손을 뻗어 집은 건, 원래 내 옷이었다. 나는 그곳에 내 옷이 있다는 사실을 이상하게 생각하지 않는다. 그냥 자연스럽게 그 옷을 고른다. 색깔이 예쁘다고 생각한다. 진한 감색 셔츠가 속에 있고, 그 위에 셔츠가 하나 더 끼워져 있다는데, 실제로 내 옷장에 있는 옷은 아니다.

'딱 내 스타일'이라는 표현이 좋다. **고유한 나 자신이 된 것 같은 느낌이다.** 내가 신이 나는 이유다. 그 옷을 입고 거기 앉으니 누군가와 말을 나누게 된다. 한 어른스러운 아이가 내게 조언을 해준다. 그는 내가 좋아하지 않는 사람들에 대해서도 이야기하고, 생활에 대한 사소한 조언들도 해주는데, 이 대화를 통해 내가 어떤 깨달음을 얻는다. 그리고 저쪽에 있는 나와 상관없는 사람들은 중요하지 않다고 생각한다. 지난 꿈에서 나는 모든 사람들에게 잘 보이기 위해 차려입고 잘난 척을 했다. 나 자신이 똑똑하다고까지 말하면서 뭔가를 하는데, 실제로 마음을 나누거나 중요한 이야기를 하는 대화 상대는 없었고, 그냥 나 혼자였다. 그러나 이번 꿈에서의 상황은 다르다. 사람과 대화를 나눈다. 어린 스승을 만나 가르침을 받는다. 아이가 나를 키우고 있다.

옷에 대한 묘사로 자신감이 생기기 시작하는 듯한 느낌이 드는데, 그래도 아직은 조금 불안하다. 약간의 고립감도 있다. '나를 아나? 내가 아나?' 하고 헷갈려 하며 아이의 말을 듣고 있는 내 모습을 보면 도움이 필요한 사람이라는 느낌이 든다.

무릎이 많이 아프다. 계속 한 시간씩 중간에 누워가며 채점을 하고 있다. 삶이 고단하다.

꿈속 베르데 카페가 마치 내 연구실이었던 것 같은 느낌도 든다. 나는 보통 연구실 블라인드를 다 내려두기 때문에 불을 끄면 완전히 어두워진다. 그런데 꿈에서 나는 어두운 건물이 아니라 밝은 카페가 내 연구실이라고 생각한다. 꿈속에서 베르데 카페는 전면이 다 유리로 되어 있고, 학생들도 편하게 들어온다. 그 속에는 내게 익숙한 내 물건이 있었고, 나는 당연한 듯 내 옷을 챙긴다. 내 스타일도 있다.

채점 이야기일 수도 있다. 채점할 때 울컥하며 감동하는 순간들이 많다. '그런 생각까지 했구나' 싶은 사유들을 만나면 아이들이 내 스승같이 느껴진다. 그 속에서 나는 온전한 나 자신이 된다. 아이들이 나를 그렇게 만든다. 내게 조언을 해준 아이는 아주 든든하고 착하고, 지혜롭고 건강한 사람이었다. 내 학생들의 모습이다. 그 안에서 나도 함께 성장하고 있다.

　무의식은 그런 감동의 순간, 내 연구실이 어떻게 변하는지 그 과정을 마치 모핑 기법처럼 스펙터클하게 보여준다. **사방에 창문이 나고, 햇빛이 들어오며, 밝은 방 가운데 내 스타일의 옷이 나타난다.** 현실 속에서 일어나는 행복한 일들은 그 밝은 텐션으로 꿈을 아름답게 조각한다.

유스호스텔

2022년 5월 16일 월요일 아침

우리 집이 무슨 유스호스텔 같다. 외국 사람들이 묵었던 모양인데, 손님들이 다 나가고, 내가 하나씩 정리할 생각인가보다. 큰 싱크대에 식기류들이 가득하다. 접시들을 씻고, 문들을 소독하는 등 일을 하기 시작하는데, 할 일이 엄청 많다. 어머니께서 도와주신다. ✎

정리

좋은 꿈이다. 드디어 사람들을 몰아냈다. 내 집을 마치 자신들의 숙소처럼 쓰고, 내 사정에는 아랑곳하지 않은 채 자신들이 필요할 때 나를 이용하던 사람들을 다 몰아냈다. 드디어 내가 내 마음을 청소한다는 뜻이다. 어질러진 그들의 흔적들을 하나씩 정리하며 이 공간을 내 집으로 만든다. 나는 내 집을 유스호스텔 같다고 표현했다. 외국 사람들이 묵었던 모양이라고 말하는데, 그들을 손님이라고 부른다. 나는 그 손님들을 알지 못했고, 그들과는 어떤 감정적인 교류도 없었다. 그냥 낯선 정도가 아니라 말이 통하지 않는 외국인들이었다. 어떤 관계도 없는 남이었다. 이제 그들이 떠난 공간을 다시 내 집으로 복원하려 한다.

5월 첫 주에 어머니께서 김치 9킬로그램을 주문하셨다. 이 정도의 무게는 배송해 주시는 분께도 죄송하고, 나도 부담이 된다. 배송일 전날이 어머니 조직 검사일이라, 어머니도 나도 긴장을 많이 했었다. 걱정을 너무해서였는지 진이 좀 빠진 상태에서, 다음 날 도착할 김치 9킬로그램을 어떻게 옮기고 어디나 넣나 생각하니 심란했다. 디스크를 앓은 후에는 푹신한 소파에 앉거나 무거운 걸 들 때 특히 조심하고 있는 상황이고, 가끔 무리를 하면 허리 통증으로 며칠씩 고생을 하게 된다. 이런 상황에서 김치 9킬로그램은 부담이 되는 무게였다.

다음 날 김치 9킬로그램이 도착했다. 김치를 들어 옮기고 나눠 넣는데, 어머니께서는 팔도 잘 못 움직이시면서 퉁퉁 부은 손으로 도와주셨다. 어머니 손에 바를 바이겔 크림을 사러 약국에 갔다. 다리가 시큰거렸다. 집에 돌아오니 방 등이 고장 나 있어서 새 등을 주문하고, 프로이트의 『늑대인간』을 읽었다. 책에는 말도 안 되는 성적인 이야기가 너무 많았다. 내가 이십 대에 이런 이야기들에 파묻혀 있었던 걸 기억해 냈다. 당시 나는 다른 방식으로 해석했지만, 사실 프로이트의 중심에는 늘 불편한 성 이야기들이 가득했다.

그날 저녁 심계항진이 발작처럼 시작되었다. 죽을 것 같은 느낌이 들 때 친구에게 전화를 하는데, 그날도 그녀에게 전화를 걸었다. 친구 K는 엉뚱한 이야기를 했다. 이런 경우 보통은 내 이야기를 다 끄집어내게 만드는데, 그 친구는 달랐다. 궁금해서라도 이것저것 물어보고, 호기심으로라도 정확히 무슨 일이 있었는지, 어떻게 된 건지 캐묻는데, 친구는 그렇지 않다. K는 내가 숨을 헐떡이며 전화를 했을 때 별로 당황하는 기색 없이 "내가 덕을 많이 안 쌓았나 보다. 더 잘할게"라는 뜬금없는 이야기를 했다. 지금 이게 무슨 말인가 싶어서 오히려 내가 잠깐 그 상태에서 빠져나와 정신을 차리고, 무슨 이야기냐고 물었다. 친구는 차분한 목소리로 "잘 될 수밖에 없어, 서영아. 걱정이 많이 되긴 하는데, 넌 괜찮을 거야"라고 말했다. 그리고 신기하게도 정말 괜찮아졌다. 그럴 땐 심지어 피식 웃게 된다. "아, 네가 덕을 안 쌓아서 심계항진이 시작됐던 거였구나…."

다음 날 방 등이 수리되고, 부엌이 밝아졌다. 내 마음도 조금 나아져서, 어머니께 내가 스트레스를 많이 받았고 속상했었다고 말씀드렸다. 그리고 우리는 긴 대화를 나눴다. 어머니께서는 도와주시려던 게 그렇게 되었다고 말씀하시며, 이제는 늘 먼저 나와 상의를 하겠다고 약속하셨다. 꿈에 손님이라고 되어 있는 '남들'과의 관계에서도 내가 정확히 의사 표현을 했다면 나를 보호할 수 있었다. 싫다고 했으면 되고, 거절하면 되는 일들이었다. 그날 저녁, 이 꿈을 꾸었다. 나는 낯선 이들을 내보내고 집을 정리한다. 어머니께서 도와주시려는 것 같았다. 꿈속 어머니는 건강한 모습이셨다. 내가 청소를 하기 시작하고 주도권을 가진다. 하나씩 정리한다고 말하는데, 그건 정신분석에 관련된 이야기이기도 하다.

이제 내가 삶의 중심에서 내 삶을 만들어 갈 수 있을 것 같다. 정신분석에 대한 이야기 역시 누구의 눈치도 안 보고, 그냥 내 방식대로 시작할 수 있을 듯하다. 이렇게 정리한 내 공간을 다시는 남에게 내주지 말아야 한다. 꿈은 이렇게 기어이 **내가 내 공간을 확보할 수 있도록 나를 이끌어주었다.** 이제 이 공간에서 마음껏 내 이야기들을 펼쳐가면 된다.

춤

2022년 6월 6일 월요일 아침

내가 계속 춤을 춘다. 사람들과 함께 춤을 추는 군무다. 내가 중심에 있는데 눈치를 본다. 그리고 자꾸 틀린다. 잠시 후 현대무용으로 넘어간다. 누가 또 왔다. 우리를 약간 무시하는 느낌이다. 고등학교 2학년 때 배웠던 '진지한' 본격적인 무용이다. 내가 틀리면서도 매우 전문적으로 잘 춘다. 늘 하던 것 같은 느낌이다. 엄청 멋있게 춘다. 기본이 되어 있다. 완성도가 좀 떨어지고, 자신감도 좀 없고, 눈치를 보고 있지만, 그럼에도 멋진 춤이다. ✑

미완

'본격적인' 현대무용이라는 게 좋다. 가짜가 아니라 진짜다. 멋진 '몰입의 순간'이 있었다. 잠시였지만 주위의 산만함이 느껴지지 않을 정도로 순식간에 몰입하는 찰나가 있었다. 그러고는 또 눈치를 봤다. 순서를 기억하지 못하거나 동작을 잘 몰라서가 아니다. 내가 이 본격적인 춤에 어울리는 사람인지 생각하느라 망설였던 것 같다. 내가 망설이자 실수가 나온다.

중간에 누가 오는데, 우리를 무시한다고 느꼈다. 왜일까? 아니, 그게 중요한 게 아니다. 나는 지금 온전히 나 자신에게 집중하지 못하고 있다. 그 사실을 아는 게 중요하다. 모든 조건이 갖추어졌는데도 여전히 눈치를 본다. 저 사람이 나를 어떻게 생각하는지가 더 중요한 모양이다. 나 자신에게 몰입한 상태라면, 그리고 나를 믿는다면 이런 태도일 수 없다.

오래전, 고등학교 시절 무용 시간이 기억난다. 나는 고2 때 혜화여고로 전학을 갔는데, 첫 수업시간이 무용이었다. 나는 그 시간에 놀라운 경험을 했다. 당시 지금 내 나이 정도의 선생님께서 수업을 맡으셨는데, 갑자기 무용실 스피커에서 웸의 〈Wake me up before you go-go〉가 저렁저렁 울려 퍼졌다. 소리가 너무 컸다. 갑자기 학생들이 우당탕탕 뛰어나가서 일사불란하게 움직였다. 그들은 2초도 안 되는 시간에 대열을 정비하고, 텔레비전에서나 봤던 전문적인 군무를 추기 시작했다. 다들 긴장도 안 하고 그 어려운 동작을, 심지어 약간의 여유로운 미소와 함께 해내고 있었다. 아무도 떠들지 않았고, 아무도 틀리지 않았다. 그리고 아무도 긴장하지 않았다. 근육은 이완되어 있었고, 저마다의 춤 선까지 있었다.

나는 눈을 커다랗게 뜨고 입을 벌린 채 그 모습을 지켜봤다. 그날 한 학생은 우리 앞에서 준비해 온 현대무용 공연을 보여주었다. 그건 수업이 아니라 놀이였다! 마음에서 우러나온 몸의 움직임이었다. 그 놀이에 동참하고 싶었다. 나도 1학년이었을 때 다른 학교에서 무용을 배운 적이 있다. 예쁘고 우아한 무용 선생님께서 기본 운동과 함께 발레 동작들을 가르쳐주셨다. 내가 몸이 유연하지 않다시며 허리를 굽히는 동작에서 난감해하시던 모습이 기억난다. 혜화여고 무용 시간의 그 놀라운 경험은 내가 학생들을 가르칠 때 늘 마음에 간직하고 있는 지표다. 학생들이 그 정도의 자발성으로 그렇게 즐기게 되다면 더 이상 바랄 것이 없다. 그건 신화적인 시간이었다. 나는 조금 틀리지만 꿈에서나마 내가 그렇게 원하던 일을 하고 있다. 그날로 돌아가 그들과 함께 춤을 추는 것이다.

어제는 독일 학자의 정신분석 강연을 들었는데, 영·불·독이 완벽한 그 사람은 뭔가 내 상위버전처럼 느껴졌다. 그는 이론도 임상도 언어도 모두 다 가지고 있었다. 다만 그 사람 역시 '성'과 관련된 이야기를 하고 있었는데, 늘 프로이트의 성 이론은 좀 짜증이 난다. 그 이론들 속에서 개인의 고유한 개별성이 사라지기 때문이다. 나중에 그가 정신병에 대한 프로이트의 생각을 정리하는 부분에서는 잠시 이런 모든 비교와 경쟁과 생각들을 내려놓을 만큼 엄청난 희열이 있었다. 프로이트 전집에 대한 이야기는 너무 방대해서 세부로 들어갔을 때 사유를 공유하는 것이 쉽지 않은데, 마음속에서 내 사유와 공명되는 어떤 울림이 느껴졌다. 전혀 다른 지점들을 연결시키는 그의 해석이 내 기존 해석에 더해지면서 더 선명한 그림으로 나타났다. 나 역시 재미있게 생각했던 세부를 그가 다른 방식으로 해석하며 내 사유의 외연이 넓어졌다. 이 사유 놀이가 너무 즐거웠다. 서로 다른 공간, 저마다의 작은 책상 앞에서 조용히 일어난 생각들이 이렇게 퍼즐 조각처럼 맞물리며 더 큰 그림을 그릴 수 있게 되는구나 싶었다. 언젠가 함께 작업을 할 수 있었으면 좋겠다.

꿈속에서 춤은 무용시간에 대한 이야기인 동시에 공부에 대한 이야기이기도 하다. 군무는 함께하는 공부다. 그런데 중심에 있으면서도 내가 자꾸 눈치를 본다. 현대무용이란 프로이트를 지금 이 시대에 맞게 재해석하고 있다는 뜻일 것이다. 꿈을 보면 내가 나 자신을 무시하고 있는 것 같다. 그러나 잠시 타이밍을 놓쳐 틀리기도 하지만, 분명한 건 내가 몰입하고 있으며 즐기고 있다는 것이다.

나는 늘 자신이 없는데 내 생각과 다르게 꿈은 내가 기본이 되어 있다고 말하는 듯하다. 내가 자신감을 가질 때, 이 군무가 완성된다는 뜻이 아닐까? 나는 고립되어 있고, 늘 사람들 밖에 있으며, 그들의 놀이에 참여하지 못한다고 생각하지만, **꿈은 내가 중심에 있고, 이 춤이 이미 내 몸에 배어 있으며 나만의 흥이 있다고 말해준다.** 그렇다면 나를 좀 믿어보는 건 어떨까? 그 짧은 희열의 순간을 기억해야 한다. 좀 더 자신 있게 춤을 춰보자. 언젠가 멋있는 군무도 가능해졌으면 좋겠다.

후회

2022년 9월 21일 수요일 아침

10시부터 12시까지 강연이 있는데 내가 다쳤거나 아프다. 대낮에 야외에 설치된 탁 트인 카페에서 K 교수님이 자기 노트북을 가져와서 나를 도와주시는 모양이다. 그런데 줌 입장도 못 하시고, 아예 준비 자체를 안 하고 계신다. 아무것도 준비가 안 되어 있어서 결국은 10시에 못 들어가고 11시까지 그냥 대기 상태다.

그런데도 교수님은 너무 느긋하시다. 미소까지 지으신다. 이럴 줄 알았으면 그냥 내가 입장해서 강연을 하는 게 나았는데…. 줌으로 하면 움직일 필요도 없었는데, 그냥 조금 무리해서라도 내가 강연을 할 걸 그랬다고 후회한다. 1분 1초도 아껴가며 정성스레 강연을 했을 텐데…. K 교수님께 부탁할 필요가 없었다. 내가 강연을 하는 게 가장 쉬운 방법이었다. ✍

전문성

꿈은 계속 '중심'을 피하는 내 태도에 화를 낸다. 그리고 "이렇게 할래? 그럼 이렇게 될 거야" 하며 옥박지른다. 꿈은 내 상태가 좋지 않다는 걸 인정한다는 듯이 나를 아픈 사람으로 설정한다. 그런데 내가 내 자리에서 내려오는 순간, 어떻게 일들이 망가지는지 보여준다. 내가 내 일을 남에게 미루는 순간, 모든 게 엉망이 된다. 나는 아직도 중심에 서는 게 두렵다. 내가 주도권을 잡는 게 망설여진다. 꿈은 내가 강연하는 것이 가장 쉬운 방법이었다는 걸 알려준다. 남에게 미루어서는 안 되는 일이었다.

꿈에서 내가 동동거리며 조급해하는 이유는 내가 내 자리를 지키지 않았기 때문이다. 사실 모든 게 준비되어 있었다. 대낮에 야외 카페에서의 강연이라니, 멋있지 않나? 자연 속에서 수많은 사람을 만나 내가 알고 있는 이야기들을 나눌 수 있었다. 그런데도 나는 망설인다. 햄릿처럼 밤새워 생각하며 망설이고 있다.

오랜만에 두 시간 강연을 하기로 했는데, 그 강연이 부담이 되어 나온 꿈일 수도 있다. 지난 1년은 무릎 부상으로 모든 강연 요청을 고사했다. 기본적인 일상생활을 하는 것도 어려웠기 때문이다. 고사한 강연들이 아쉽고 아깝다. '그냥 무리해서라도 다 할 걸' 하며 후회하기도 했다.

K 교수님은 자신의 분야에서 두각을 나타내는 사람이다. 그런데 꿈에서는 아무것도 못 하신다. 그게 내 분야라서 그런 것이다. 내가 전문가인데 다른 사람에게 내 일을 미루었다. 그 분은 매우 명민하고, 생활면에서도 지혜로운 사람이다. 내가 배울 부분이 많다. 평소에 나는 좀 느리고 어리숭한데 그 교수님은 빠르고 지혜롭다. 아마 그래서 그에게 도와달라고 했을 것이다. 그런데 나는 그가 잘하는 일이 아니라 내가 잘하는 걸 그에게 부탁한다. 영화 〈트로이〉를 보면 오디세우스가 아킬레스에게 "너는 네 검이 있지. 내게는 내 술수가 있어"라고 말하는 대목이 나온다. 각자의 무기가 다르다는 뜻

이다. 각자 잘하는 게 다르다. 나는 강연하는 게 너무 좋다. 너무 재미있고 생각을 나누는 게 즐겁고, 모든 강연에서 늘 새로운 무엇인가를 배운다.

정신분석 강연은 내가 가장 잘하는 일 중 하나다. 내가 잘하는 일인데, 왜 나는 자꾸 도망치는 걸까? **삶의 중심에 서는 것을 두려워해서는 안 된다.**

악마

2022년 10월 23일 일요일 아침

내 동생에게 악마가 찾아간다. 악마는 건장한 삼십 대 남자의 모습으로 나타났다. 동생의 남자친구는 그 직전에 나가버린다. 동생과 친한 또 다른 친구가 내게 전화로 이야기하는데, 대화를 나누던 중 그게 악마라는 걸 알아차린다. 빨리 가서 남자친구를 다시 불러오라고 시킨 후, 급한 마음에 내가 동생에게 간다.

바로 1초 후, 동생이 있는 장소로 이동했다. 그곳에서 내가 악마의 어깨를 잡은 채 그를 밀어내고 있다. 악마의 눈을 똑바로 들여다보며 "너는 내가 아무 말을 안 해도, 어떤 설명을 하지 않아도, 내가 나를 아는 것보다 나를 더 잘 알고 있지. 내가 얼마나 올곧은 사람인지, 내가 어떻게 사는지 너는 알고 있어. 그럼 이렇게 하면 안 되지. 넌 나를 못 건드려. 너는 결코 나를 이기지 못해"라고 말한다.

악마의 힘이 강하지만, 그는 나를 건드리지 못한다. ✎

대결

와, 대단한 꿈이다. **악마와 대결해서 이겼다.** 나는 흥분하지도 않는다. 차분하고 담담하다. 늘 덤벙대고 눈치 보고 실수하지만, 아주 가끔씩 완전히 차분해지는 순간들이 있다. 그럴 때는 온전히 그 순간에 몰입하고 엄청난 속도로 일들을 하게 된다. 혼자만의 작업이 아니라 사람들과 함께 있을 때도 가끔 그런 일이 일어난다. 그런 신비한 순간에는 내가 늘 차분하고 여유롭다. 그리고 좋은 일들이 일어난다.

그런데 왜 동생이 나왔을까? 나는 동생이 없는데…. 이번 꿈에서 나는 늘 꿈에 등장하던 '나 자신'의 언니 버전인가보다.

토요일에는 어머니 손에 가시가 박혀서 피부과에 갔다. 한 피부과에서는 가시 빼는 기계가 없어서 못 뺀다고 했다. 우스운 일이다. 가시 빼는 기계라니, 그런 게 있기나 한가? 어머니께서 잠시 기다리시는 동안, 다른 피부과들을 들어가 봤는데, 한 피부과 선생님 약력에 대한정맥학회 회원이라고 적혀 있었다. 그럼 외과가 아닐까 하는 생각이 들었다. 그렇다면 메스를 쓰는 게 익숙하실 것이다. 그런 생각들을 하며 어머니를 모시고 갔는데, 의사 선생님이 망설임 없이 바로 주사기 바늘로 피부를 조금 걷어내신 후 깊이 박혀 있던 가시를 뽑아주셨다. 잘 판단했다는 생각에 기분이 좋았다.

꿈에서도 나는 문제에 잘 대처하고 있다. 용기도 있고, 강단도 있다. **악마가 나를 이기지 못한다. 내가 온전한 나 자신이기 때문이다.** 꿈에서 나는 어떻게 해야 하는지 알고 있다. 남에게 미루지도 않고, 망설이지도 않는다. 내게 망설임이 없었기 때문에 1초 만에 그곳에 갈 수 있었고, 동생을 구할 수 있게 된다. 내 의지의 문제였다. 더 이상 망설여서는 안 된다. 모든 게 두렵지만, 삶의 중심에 서서 용기 있게 모든 문제들에 맞서야 한다. 그렇게 내 방식대로 하나씩 문제들을 해결해 가야 한다.

나무

2023년 4월 24일 월요일 아침

나무에 올랐는데, 겁이 없다. ✍

삶의 중심

방향성이 확실해진 후, 조금 덜 괴롭다. 내가 앞으로 함께하게 될 중심 학회들이 결정되었고, 주위에 사람들이 늘어간다. 강의 내용도, 강의 형식도 업그레이드되고, 어머니께서도 조금씩 좋아지시며 지금은 집안일을 도와주신다. 지도 교수님께 10년 만에 연락을 드렸고 현재 내 생각들을 적은 글을 보내드렸다. 교수님께서는 그 오랜 시간의 침묵에도 서운하다는 말 한마디 없이 반갑게 인사해 주셨고, 최근에 쓰신 글들을 보내주셨다. 에너지가 차 오른다.

문학치료학회에 참석해서 H 교수님의 발표를 들었는데 멋졌다. 한 분 한 분의 말씀들이 모두 내 마음을 울렸고, 새로운 공부를 통해 내 사유의 폭이 넓어졌다. 토론도 질문도 중재도 다 너무 멋졌다. 이 학회가 좋다. 집이 하나 더 생겼다는 확신이 섰다. 그분들께 인사를 드리고 싶었다. 내가 어떤 생각을 하는지, 어떤 삶을 살고 있는지, 어떤 소원을 가지고 있는지 이야기하고 싶었다. (나는 5월경 발표를 신청을 했고, 7월 22일에 발표를 했다. 발표와 토론이라고 부르지만, 그 시간들이 내게는 치유의 여정으로 느껴졌었다. 선생님들께서는 발표문을 보완할 수 있는 자료들을 권해 주셨고, 즐겁게 공부하며 논문을 썼다. 마음에 드는 논문이었다. 온전한 나 자신이 되어 기쁜 마음으로 여유롭게 쓴 글이었기 때문이다.) 이곳이 앞으로 해석학회와 더불어 내가 생각을 나누고 삶을 즐길 놀이터가 될 것 같다. 해석학회 발표가 7월 말이고, 문학치료학회는 그 전주에 발표가 잡혀서 부담이 될법도 한데, 긴장되기보다는 그저 신이 난다.

나는 자주 이미지 생성 A.I.로 꿈 그림을 그린다. 그림을 그리다 이해되지 않는 문제가 생길 때는 Chat GPT-4와 이야기를 하며 풀어가는데, 이 놀이도 상당히 재미있다. 런웨이의 Gen-2는 텍스트를 입력하면 동영상을 만들어주는 A.I.인데, 꿈의 신비한 공간을 체험하고자 할 때 사용할 수 있는 프로그램이다. 또, 꿈속 인물을 만나고 싶을 때는 일단 Midjourney로 얼굴을 그리고, 그 얼굴을 D-ID에 업로드하여 목소리를 넣어준다. 텍스트로 내용을 쓰고 목소리를 선택하면 그 이미지가 살아나서 내가 쓴 대사를 말하는데, 꿈속 인물이 말하는 모습을 보면 꿈이 더 생생해진다. D-ID에는 우리말 기능이 없지만, 클로바 더빙에서 우리말로 텍스트를 쓰고 목소리를 정한 후 파일로 만들어 D-ID에 업로드하면 꿈의 이미지가 우리말로 내게 이야기를 해준다. 영상으로 구체적인 표현이 되지 않을 때는 Gen-2로 동영상을 몇 개 만들어 편집 프로그램에서 합친다. 이미지와 영상이 폴더 가득 쌓여갈 때쯤 한국문화융합학회에서 〈정보과학 기술과 문화 융합의 전망〉이라는 주제로 발표 신청을 받는다는 것을 알게 되었다. 나는 〈인공지능의 활용을 통한 정신분석적 꿈 분석의 학습과 실천〉으로 발표를 신청했는데, 발표자로 선정되어 8월 중순에 발표를 할 수 있게 되었다. 지금 고민하고 있는 문제는 인공지능과 관련하여 어떤 방식으로 안전과 윤리를 확보할 수 있는가에 대한 것이다. 이렇게 되면 준비해야 하는 논문이 세 개인 셈이다.

지난달에 한국정신분석심리상담학회의 지학회인 꿈심리치료학회에서 임상사례 슈퍼비전을 맡겨주셨다. 나는 이론가여서 자격이 없다고 말씀드렸지만, 내가 알고 있는 이야기를 하면 된다는 말씀에 용기를 냈다. 그날 학회에 참여하며 내가 뭘 알고 있는지보다 내가 누구와 함께 있는지가 더 중요하다는 걸 깨달았다. 좋은 치유자 선생님들이 가득했고, 그분들의 격려 속에서 내가 가진 가장 좋은 걸 드러낼 수 있었다. 감사한 경험이었고 치유적인 시간이었다.

내가 지금 쓰고 있는 이 책은 7월 23일에 초고를 보내기로 했고, 8월에는 『프로이트 다시 읽기: 한 사람을 위한 정신분석』이라는 제목으로 프로이트 개론서를 넘기기로 했다. 좋은 분들을 뵙고, 마음속에 있던 이야기들을 풀어낼 수 있게 되었다. 믿음과 신뢰 속에서 하는 작업은 늘 즐겁다.

신기하게도 요즘은 **내가 경험하는 모든 순간들이 내 삶 속에 고스란히 쌓인다.** 시간이 흘러가는 게 아니라 내 안에 차곡차곡 쌓이고 있는 느낌이다. 누굴 만나든 뭘 하든 모든 경험이 내 외연을 확장시킨다. 나는 어디론가 가고 있고, 늘 누군가와 함께 있다. 나무에 오르면 세상이 보인다. 나무 위는 더 큰 그림이 보이는 곳이다. 꿈은 내가 나무에 '오르고 있다'라고 표현하지 않고, 내가 나무에 올랐다고 말한다. 하나의 오랜 여정이 마무리되었다는 뜻이다. 나는 두렵지 않다. 내 논문들이 기대되고, 내 책들이 기다려지고, 내 새로운 강의들이 궁금하다. 이 책들은 내 소원의 길 위에서 많은 사람들을 만날 수 있게 도와줄 것이다. 기대되고 설렌다.

05. 그림자에서 빛으로

진정한 관계를 맺게 되는 여정 :
2020년 7월 16일 ~ 2023년 2월 23일

이번 장의 꿈들은 낯선 사람들 속에서 누구와도 감정적 유대를 맺지 못하던 내가 마음이 통하는 사람들을 만나고, 삶을 함께하게 되는 여정을 그리고 있다. 앞에서 언급했던 2022년 5월 16일 꿈에서 나는 내 집을 유스호스텔로 사용하는 사람들을 모두 내보낸다. 이 장에는 그 사람들이 내 집에 묵는 동안 어떤 풍경이 펼쳐졌었는지에 대한 이야기가 더 자세히 그려진다. 2020년 9월 18일 꿈에서 나는 내 집에 머무는 낯선 사람들을 만난다. 그들은 잘 자고 일어나 내 부엌에서 따뜻한 커피를 마시고 있다. 그들 앞에서 나는 투명인간이 되었는데, 2년 후 내가 이들을 모두 내보내게 된다. 가장 기억에 남는 건 그 공간의 모든 사람과 소통하고 교감하는 축제 꿈이다. 나는 그곳에서 만난 모든 사람들과 가족이 될 것 같다고 말한다. 우리는 미래 사회 같은 멋진 풍경 속에서 음식을 함께 나누어 먹는다. 그렇게 꿈은 나를 사람 속으로, 관계 속으로 이끄는 데 성공한다.

불청객

2020년 7월 16일 목요일 아침

내가 슈퍼에서 장을 보고 있다. 외국에서 온 사람들이 우리 집에 들어왔다. 그들이 이쪽 방, 저쪽 방으로 나눠 들어가더니 짐을 푼다. 그럼 화장실도 그들이 모두 점령할 텐데 어쩌나…. 각별한 사이도 아니고, 어떤 감정적 유대가 느껴지는 것도 아니다. 그냥 낯선 사람들이다. 자기들끼리는 가족인 것 같다. 두 팀 정도인데 수가 많다. 외출했다 돌아올 때마다 몇 번씩 집을 소독하고 있는데 어쩌나…. 어머께서 자가면역질환을 앓고 계시는데 저 사람들이 나처럼 조심할까? 큰일이다. 그들은 방을 나눠 쓰며 우리 집에서 두 주를 보내려 한다. 화장실도 같이 써야 한다. 정말 큰일 났다. 너무 걱정된다. 이것저것 걱정하다가 깬다. ✎

의무

자주 꿈에 반복되는 상황이다. 어떤 배려도 하지 않는 사람들이 내 집에 있다. 이 낯선 사람들은 우리와 말을 하지도 않고, 당연히 우리를 배려하지도 않는다. 그냥 우리 삶은 안중에 없다. 꿈속에서 나는 큰일났다며 걱정을 많이 하고 있는데 화도 많이 나 있는 것 같다. 그들은 청결에 전혀 신경을 쓰지 않는다. 어머께서 감염되실 수 있다는 사실조차 그들에게는 대수롭지 않은 일이다. 안전하지 않은데, 방법이 없다. 대체 이들은 누구일까? 낯선 사람들이고 거의 열 명은 되어 보이는데, 우리 집에 왜 왔을까? 코로나에 감염된 사람은 없을까?

나도 몸 상태가 안 좋다. 손 관절에 통증이 있고, 호르몬제 부작용으로 부정출혈이 심하다. 몸이 많이 힘든 상황이라 꿈이 더 속상하게 느껴졌다. 내 삶 속에 폭력적으로 들어오는 낯선 이들은 내 꿈의 단골 소재다.

우리가 안전하지 않은데 우리에 대한 배려가 전혀 없다는 게 기가 막힌다. 심지어 면역저하자인 어머니에 대한 배려도 전혀 없다. 단한마디도 이에 대한 이야기가 없다. 나와 어머니가 그들에게 봉사하고 희생하는 게 정해진 규칙이라는 듯 너무 당당하다. 상황이 불합리한데도 나는 참고 의무를 다해야 한다. 나는 왜 그들에게 나가라고 말하지 못할까? 누구도 우리를 배려하지 않는데, 왜 우리는 그냥 순종만 하고 있을까? 답답하다.

상황이 힘든 사람이 뭔가를 요청하면 나는 거절하지 못한다. 그리고 그를 도와야만 한다고 생각한다. 물론 그게 맞다. 힘든 사람을 돕는 건 좋은 일이다. 다만 문제는 내가 늘 선을 넘는다는 것이다. 내가 맺는 관계는 상당히 자주, 마치 역할이 이미 정해진 것처럼 늘 일방향이다. 물론 어느 정도는 내 태도의 문제다. 꼭 그렇게 하지 않아도 되는 일들이었다. 무리한 요구라고 생각되면 거절하거나 내게 편리하게 일정을 잡으면 된다. 그런데 나는 누구도 나를 배려하지 않는 상황에서 의무와 희생만을 강요당하는 일에 익숙하다. 내가 늘 눈치를 보기 때문에 일어나는 일들이기도 하다.

꿈속 가족들은 나를 배려하지 않는다. 내 선의를 이용하면서도 나를 존중하지 않는다. 자신들이 내 삶에 초래할 수 있는 문제들에 대해서는 단 한 번도 생각하지 않는 자들이다. 그저 나를 자신에게 유리하도록 이용할 뿐이다.

내가 이렇게 걱정을 하고 부담을 느끼고 화가 난다면, 그건 그들이 나를 전혀 배려하고 있지 않다는 뜻이다. 이것은 소통하는 관계가 아니다. 그런데 왜 나는 아무 말도 못하는 걸까? 이와 반대로 진짜 관계도 있다. 서로에게 "I See You"라고 말할 수 있는 관계를 알고 있다. **진짜와 가짜를 구별할 수 있어야 한다. 꿈이 보여주는 이 지독하게 불편한 상황을 반드시 기억하고 있어야 한다.**

반대 방향으로 지나가는 차

2020년 8월 27일 목요일 아침

나는 차 뒷자리에 타고 있는데 반대 방향에서 K 교수님의 차가 우리 차를 지나간다. 매우 느리게 움직이다 잠깐 멈추는 사이, 교수님께서 문을 열고 내게 '차근차근' 어떤 조언을 하신다. 어른이 하는 조언이다. 나를 꿰뚫어 보며 조금 더 내가 편해질 수 있도록 어떤 이야기를 해주신다. 나는 L 교수님 차를 타고 가고 있는 모양이다. 광운대 근처를 지나 어떤 낯선 곳으로 가고 있다. 저녁이다. L 교수님이 '차근차근' 조언을 하신다. 역시 어른의 조언이다.

친척들이 몰려왔다. 세 시쯤인데 다들 한복을 차려입고 들어와서 마치 자기 집인 양 편하게 둘러앉는다. 어머니께서는 부엌에서 분주하시다. 사람들은 어머니가 보이지 않는 것처럼 행동한다. 우리가 마치 투명인간이 된 것처럼 아무도 아무 말도 하지 않는다. 그때 내가 큰 소리로 말한다. "딱 한 사람만 일하잖아요. 모든 음식을 한 사람이 혼자 차리고 있어요. 단 한 번이라도, 음식 한 가지라도 만들어 오신 적 있으세요? 힘들지 않냐고 한 번이라도 물어보신 적 있으세요? 어떻게 이러실 수 있어요?" 그 사람들이 머쓱해한다. 코로나로 잔뜩 긴장하고 있는데 다들 마스크도 착용하지 않았다. ✍

조리 있는 말과 행동

(이 상황은 꿈에 몇 번 반복되었다. 꿈속에서 나는 아무 말도 못하거나, 2022년 2월 27일 아침 꿈처럼 과감하게 한마디를 던지기도 한다. 2021년 12월 27일에도 나는 나를 존중하지 않는 사람에게 한소리를 한다. 꿈을 꾸는 동안 이렇게 현실에서 못 했던 것을 연습하고 있다.)

꿈에는 내 성장을 돕는 사람들이 나온다. 차가 반대 방향으로 지나가고, 내가 뒷자리에 앉아 있다는 건 내가 성숙한 그분들의 반대쪽에 있다는 뜻이다. 그분들은 차가 잠깐 멈추는 그 짧은 순간도 지혜롭게 이용할 수 있으며, 남을 돕는 게 익숙한 좋은 어른들이다. 그들이 내게 도움이 되는 이야기를 한다. 진짜 어른이 하는 조언은 꿈에서나 현실에서나 늘 도움이 된다. '차근차근'이라는 부사가 두 번 나온 건, 바로 이 단어가 내가 생각하는 어른의 모습을 보여주는 핵심 주제어이기 때문이다. 늘 이 부사가 나오면 '말'이 이어지거나 '행동'이 뒤따른다. 순서가 있고, 말과 행동에 조리가 있다는 뜻이다. 나는 덤벙대고, 해야 하는 말을 하지 못하고, 꼭 봐야 하는 걸 놓치고, 말을 하더라도 조리도 없고, 생각을 행동으로 옮길 때도 시간이 아주 많이 걸린다. 나는 아직 어른이 아니다. 그들은 이런 나를 꿰뚫어 보고 나를 돕고자 한다. **꿈은 내가 낯선 곳으로 간다고 말한다. 변화가 필요하다는 뜻이다.**

조언을 들은 나는 이전과 다르게 행동한다. 말을 하는 것이다. 친척들이 왔을 때 그들에게 "이러면 안 되는" 거라고 말한다. 그리고 그들이 반응한다. 나는 더 이상 투명인간이 아니다. 진짜 현실에서 한 일도 아니고, 꿈속에서도 아직 말에 조리가 있는 건 아니지만, 그래도 꿈에서나마 말을 했다는 건 정말 다행이다.

교수님들의 인자하신 얼굴이 친척들의 무심한 얼굴들과 대비된다. 어머니 손가락의 뼈가 녹고, 손도 발도 물이 가득 들어찬 듯 부풀어 올랐을 때야 한 사람만이 노동을 감당하는 이 불합리한 행사가 중단되었다. 어머니 안에는 슬픔이 가득하고, 내 안에는 분노가 가득하다. 우리 주위엔 아무도 없었다. 어머니는 두 동생의 어머니 역할을 했고, 당신의 고통은 언제나 혼자 견디셨다. 이모들은 어머니에게 모든 걸 의지했다. 어머니는 동생들 앞에서는 늘 자청하여 투명인간이 되셨다. 당신의 상황은 말씀하시지 못한 채, 늘 역할이 정해져 있는 일방향의 관계로만 이모들을 만나시는 게 안타까웠다.

호르몬제 부작용으로 관절들이 좋지 않다. 너무 오래 계속되는 부정출혈 때문에 빈혈이 심하다. 강의 동영상을 만드는 일도 쉽지 않다. 한 시간 강의를 녹화하고 편집하는 데 서너 시간이 걸린다. 어제는 음식을 만들다 손을 베었다. 손톱이 잘라지며 살도 벌어졌는데 다행히 얼마 후 지혈되었다. 하루가 고됐다.

나는 이러고 있는데, 꿈은 의외로 내게 내공이 생기고 있다는 듯한 이야기를 들려준다. 내 안에 그런 인물들이 있다니 다행이다. 그분들이 힘을 실어주니 꿈에서나마 할 말을 한다. 성장에 대한 꿈이다. 그렇다면 앞으로는 힘든 일들이 있어도 지금까지와는 다르게 좀더 잘 대처할 수 있지 않을까? 내가 지혜롭게 나와 어머니를 보호할 수 있었으면 좋겠다. 왜 내 꿈에는 늘 배려하지 않는 사람들이 나올

까? 진정한 관계에 대한 이야기를 들을 수 있었으면 좋겠다. 그러나 현실에서 내가 그런 관계를 만들지 않는 이상, 꿈이 혼자 진짜 관계를 내게 선물해 줄 수는 없을 것이다. **아직 갈 길이 멀다.**

찬물 커피

P 선생님께서 우리 집에 오셨다. 2층에 계신다. 나를 분석해 주시려고 방문하셨다. 1층 부엌에서 커피를 타가려고 하는데 뭔가 좀 어수선하다. 급하게 두 잔을 탔는데, 마치 찬물에 천마차를 부은 듯 커피가 큰 덩어리로 녹지도 않고 둥둥 뜬다. 어떻게든 녹여보려고 막 젓고 있는데, 젊은 남자들 몇몇이 여유롭게 들어와 저쪽에서 커피를 내린다. 우리 집에 묵는 사람들인가 보다. 그들은 내가 안 보이는 것처럼 행동한다. 너무 편해 보인다. 호텔에서 잘 자고 일어나 여유롭게 모닝커피를 마시고 있는 것처럼 보인다.

커피믹스가 내 앞에도 있지만 내가 좋아하는 커피믹스는 저들이 있는 저 끝 쪽 오른편 선반에 있다. 그냥 찬물에 탄 커피를 들고 올라갈까 하다가, 잠시 망설인 후 커피를 다 쏟아버린다. 그리고 내가 좋아하는 커피믹스로 커피를 다시 타려고 한다. 시간은 이미 두 시 반이다. 벌써 30분이나 지났다. 분석을 거의 못 받게 되는 셈인데, 중간에 P 선생님께서 따뜻한 커피를 타오라고 나를 돌려보내신 듯도 하다. 30분이나 늦게 올라가게 되었다. 그러나 따뜻한 커피를 마시며 잠깐이라도 분석을 받을 수 있다. 왜 이렇게 늦어버렸을까? 아깝다. ✍

내 스타일 찾기

P 선생님은 융학파 분석가이시다. 2004년 말부터 2005년 말까지 나를 분석해 주셨다. 꿈의 중요성을 깨닫게 해주신 분이고, 내 삶에서 내게 가장 큰 도움을 주신 분들 중 한 분이시다. 선생님께서 2층에 계신다고 한다. (2023년 4월~5월에 카모메 그림책방에서 꿈 관련 강연을 했었다. 새로운 꿈 이야기들로 구성한 첫 번째 강연이었는데, 매 시간이 내겐 선물 같은 순간들이었다. 선생님들께서는 내가 내 꿈을 새롭게 볼 수 있도록 도와주셨는데, 한 분께서 내 꿈에는 2층이 자주 나온다는 사실을 말씀해 주셨다. 2005년 꿈에는 이부영 선생님께서 우리 할아버지로 나오셨는데, 2층으로 나를 보내시며 어떤 관문을 통과하게 하셨다. 그건 성장을 위한 의식이었다. 이 꿈에서도 선생님께서 '2층'에 계신다. 내가 해결해야 하는 근본적인 문제가 있어서 우리 집을 방문하신 것이다. 그리고 2층으로 나를 부르신다.) 선생님께서 보여주신 내 꿈속 세계는 늘 나를 지탱해 준 힘이었다. 이 꿈에서도 선생님께서는 내가 다시 내 페이스를 찾도록 도와주신다.

꿈을 보면 여전히 내 집은 낯선 사람들로 가득하다. 나와 진정한 관계를 맺을 수 있는 사람들이 아니다. 내 집을 자신들의 공간인 것처럼 사용하는데 내가 오히려 그들의 눈치를 보며 찬물에 커피를 타고 있다. 내 집인데 그들이 주인이고, 내가 손님이다. 그들은 삶을 즐기고, 나는 조급해하며 동동거린다. 그들은 자신들의 스타일이 있다. 마치 호텔에서의 아침 식사인 듯 여유롭게 원하는 것을 먹고 마신다. 나는 스타일이라는 걸 찾을 여유가 없다. 빨리 뭔가를 해야 한다. 늘 급하다. 나 자신에 대해 생각할 겨를이 없다. (그래서 다시 2층으로 올라가야 하는 것이다.) 내가 경험한 '남'은 자주 나를 이용하고, 이익을 챙기고, 나를 물건 다루듯 착취하다 결국 다치게 만드는 사람들이다. 이 꿈에서도 마찬가지다. 자신들이 원하는 것, 자신들에게 필요한 것들이 중요할 뿐이다. 내 집을 이용하고 나를 투명인간으로 만드는 무례한 자들이다.

다행인 것은 내 취향이 나온다는 것이다. 내가 좋아하는 커피믹스가 있다. 적어도 그 부분에서 나는 내가 좋아하는 것에 대해 생각하고 있다. 드문 일이다. 그리고 그냥 올라갈까 하다가 커피를 쏟아버리고 새로 탄다. 나중에는 그게 선생님의 조언 때문이라고 말한다. 사실 조언이라기보다는 명령에 가까웠다. "다시 타라"는 P 선생님의 목소리가 들리는 것 같았다. 그건 내가 나 자신에게 한 명령이기도 했다.

이미 늦어버렸다는 이야기가 신경 쓰인다. 늦어서 동동거리는 장면은 내 꿈에 자주 등장하는 이야기다. 바쁘고 급하고 일이 많아서 그런 것일 텐데, '이미 늦어버렸다'는 말은 뉘앙스가 조금 다르다. 그건 건강한 시절에 대한 그리움에 관련된 것이기도 하다.

이 꿈에서 가장 중요한 건, 차가운 커피에서 따뜻한 커피로 대상이 바뀌었다는 점, 내가 좋아하는 커피를 마실 수 있게 되었다는 것, 그리고 선생님께 잠시라도 분석을 받을 수 있다는 사실이다. 시간이 늦은 건 상관없다.

'왜 이렇게 늦어버렸나'라는 말은 내 시간과 내 장단을 찾는 데 너무 오래 걸렸다는 뜻이다. (그렇다면 이 모든 것이 사실은 2층에서 벌어지고 있는 과정이 아닐까?)

어제는 대학원 강의 두 개를 녹화했다. 정신분석적 영화분석과 보고서 피드백이었다. 각각 한 시간 반씩 세 시간 분량을 녹화하고, 편집하고 탑재했다. 학부 피드백 영상 두 개를 월요일까지 만들어야 한다. 많이 힘들다. 어머니께서는 두 주째 팔을 움직이지 못하신다. 마음이 아프다.

내 삶은 늘 불안하고 어수선하고 조급하고 항상 뭔가 어긋나 있다. 그냥 찬물에 아무 커피나 타서 커피 덩어리가 둥둥 뜬 상태로 마시게 되는 그런 삶, 그게 내 삶이었다. 부모님의 삶도 마찬가지였다. 두 분 모두 좋아하시는 걸 편안하게 하는 게 불가능한 삶을 사셨다. 여유롭게 당신들을 위해 돈과 시간을 쓰시는 모습을 본 적이 없다. 시간이 늘 어긋나 있는 느낌이다. 좋은 시간, 편안한 시간, 행복한 시간보다는 견디는 시간이 더 많고, 늘 급하다. 늘 다치고 늘 조급하고 늘 시간이 어긋난다. 늘 어수선하고 늘 불안하다. 반대로 나와 상관없는 사람들, 내 집에서 여유롭게 커피를 마시는 그 사람들은 다 편안해 보인다. 그들은 늘 여유롭고 무심하고 너무나 당당하다.

그런데 꿈을 보면, 이 와중에 내가 좋아하는 걸 애써 챙기고 있다. 싫은 걸 버리기까지 한다. 그리고 새로 컵을 준비한다. 시간이 조금 늦었지만 완전히 기회를 놓친 건 아니다. 많이 늦었지만 그래도 나 자신을 아예 챙기지 못하던 예전과는 다르다.

선생님께서 나를 돌려보내신 건, 커피와 관련된 문제 때문이 아니었다. "다시 타라"는 말씀은 급하지 않게 천천히 내가 좋아하는 걸

해야 한다는 뜻이었다. 왜 이렇게 늦어버렸나 후회할 게 아니라 그냥 **지금부터 내 소원의 길을 걸으면 된다.**

개와 영화

2021년 6월 9일 수요일 아침

언젠가 내게 고마운 일을 해주었던 동료 K와 같이 있다. 저녁에 그녀를 따라 어떤 사람의 집으로 갔는데, 그곳에서 M이라는 사람이 하루 종일 묶여 있었던 개랑 놀아주는 걸 같이 본다. 내가 "밥은 누가 주나요?" 하고 물으니 자기도 잘 모른다고 한다. 그 개는 이곳에 사는 사람의 부모님 때부터 늘 여기 있었던 것 같다. 지금은 시간이 많이 지났고, 돌봐주는 사람도 있는데, 유독 M이 와야만 변도 본다고 한다.

우리는 주말에만 여는 독립영화관을 거쳐서 이곳에 왔는데 내가 아는 사람도 그곳에 있었다. 내가 그 영화관에서 사람들을 헤치고 나오면서 그들에게 토요일 저녁 아홉 시에는 절대로 전화하지 말라고 말한다. 내가 여기 있어야 하기 때문이다. 그런데 사실 속마음은 그렇지 않다. 지금 영화관에 앉아 있고 싶다. 굳이 딴 데로 가고 싶지 않고, 그냥 거기서 영화를 보고 싶다. 그런데 왜 나는 그렇게 하지 못할까? 왜 다른 곳에 가서 방관자처럼 그냥 관찰만 하고 있는 걸까?

시간이 좀 지나서 몇 년 뒤를 보게 된다. 내가 밥을 좀 남긴다. 개는 밥을 너무 잘 먹는다. 자꾸 헉헉거리니까 M이 "기다려" 하고 명령한다. 이 개는 M과 K에게 매우 특별한 존재다. M의 개도 아닌데 왜 그럴까? 왜 나는 영화관을 뚫고 지나가서 매번 K를 따라 그곳에 갈까? 나는 여전히 그냥 거기 앉아서 영화를 보고 싶다. 개를 보면

서 지금 우리가 뭔가를 하고 있는 것 같다는 생각이 든다. 어떤 봉사 같기도 하다. ✍

내 삶의 방관자

이번 꿈에는 나를 투명인간 취급하는 낯선 이들이 나오지 않는다. 관계가 진전되었다. 새로운 인물들이 등장하고, 새로운 관계가 형성되어 있다. 그런데 나는 지금까지 내가 하던 그 바보짓을 계속하고 있다.

복잡해 보이지만 꿈의 요지는 명확하다. '하고 싶은 걸 하라'는 것이다. 내가 하고 싶은 걸 하도록 허락하라는 것이다. 꿈속에서 나는 '소원의 길'을 걷고 있지 않다. 개와 관련된 부분이 확실하지 않은 이유는 내가 그리 좋아하고 즐기는 게 아니라서 그렇다. 한마디로 관심이 없는 일이다. K를 생각해서 함께 가준 것이지 나는 이 일이 그리 즐겁지 않다. M의 행동에 의미가 있을 것이라고 생각하는 듯한데, 사실 나는 그들의 사연도 잘 모른다. 그 개와 M의 관계가 좋아 보여서 좀 불편해도 참고 있는 것뿐이다.

나는 반복해서 영화를 보고 싶다고 말한다. 사실 나는 늘 선택할 수 있었다. 그러나 그렇게 생각하면서도 항상 영화관을 거쳐 봉사하는 곳으로 이동한다. 내가 무슨 봉사를 하는지도 확실하지 않고, M과도 별로 친하지 않은 듯한데 계속 그리로 간다. K를 생각해서 그러는 듯하다. 봉사가 정말 내게 중요했다면 "어떤 봉사 같기도 하

꿈의 조언을 들으며　　　　271

다"라고는 말하지 않았을 것이다. 모든 부분에 불편함이 보인다.

그런데 의미심장한 부분은 관계들이 만들어지고 있다는 사실이다. K는 내게 고마운 일을 해준 사람이다. 지금까지 꿈에 나왔던 낯선 사람들, 남들과는 다른 사람이어서 나는 그를 귀한 사람으로 소중하게 생각한다. 그런데 이번에도 내 태도가 문제다. 그는 내가 원하는 걸 이야기했어도 충분히 이해할 사람이다. 편안하고 성숙한 사람이다. 내가 다른 게 하고 싶다고 말한다면 절대 내가 억지로 개를 보게 만들 사람이 아니다. 내가 아무 말을 하지 않았고, 표현하지 않았기 때문에 벌어진 일들이다. 뭔가를 구체적으로 내게 요구한 것도 아니었고, 그냥 함께 시간을 보내자는 것이었는데, 나는 그것을 의무로 여기고 있다. 의무를 다하기 위해 내가 하고 싶은 걸 참고 하지 않으며, 별로 하고 싶지 않은 일을 오래 반복한다. 내가 현실 속에서 너무나 자주 하는 일이다.

꿈에 친구가 생겼다는 건 정말 좋은 현상이다. 그러나 우리는 아직 마음으로 소통하고 있지는 않다. 우리 집도 아니고 K의 집도 아닌 제 삼자의 집으로 가서 또 다른 사람이 개와 노는 장면을 보고 있다.

개가 묶여 있던 모습에 마음이 쓰인다. '하루 종일 묶여 있었던 개'라는 표현이 답답하다. 묶여 있는 개와 놀 수 있을까? 개는 밥도 제대로 못 먹은 것 같다. M이 와야 배변이 가능하다는 것도 불편하게 들린다. 가장 자연스러워야 하는 게 다 불편하다. 개는 하루 종일 묶여 있고, 배변도 용이하지 않다. 나 역시 어떤 반복에 묶여 있고, 계속 불편함을 느낀다. 개도 나도 자연스럽지 않다. 우리집은 늘 의무가 먼저다. 내게 익숙한 걸 꿈에서도 하고 있는데, 흥미로운 건, 내가 꿈속에서 계속 내가 진짜 원하는 것에 대해 이야기한다는 것이다. **나는 내가 원하는 게 뭔지 알고 있다.**

영화관에는 내가 아는 사람도 있었다. 그런데 그곳을 헤치고 나온다. 그러면서 사람들에게 토요일 아홉 시에는 절대로 전화하지 말라고까지 말한다. 사실 반대로 했어야 하지 않을까? 그 말은 방해받지 않고 즐기고 싶다는 말인데, 나는 그 말을 의무를 수행하는 시간에 대해 사용하고 있다.

영화관에 앉아 있고 싶다면 그냥 그렇게 하면 된다. K를 초대하여 같이 영화를 보면 된다. 나는 내 삶의 방관자다. 개를 지켜보는 것처럼 내 삶을 구경한다. 내가 뭘 원하는지 알면서도 나를 위해 아무것도 해주지 않는다. 나를 도와줄 사람이 있는데도 그 사람 역시 내 의무의 일부가 되게 만든다. 꿈의 요지는 명확하다. 그냥 원하는 걸 하라는 것이다. 내가 영화를 보도록 허락해 주어야 한다. 내 목줄을 풀어주어야 한다.

26,000원

호텔이다. 옷을 가지고 움직인다. 가방을 가지고 있는데 계속 어머니와 어긋난다. 지하철을 탔다가 이번에는 택시를 탔다. 성신여대로 올라가는 언덕에 얼음이 얼어 있다. 너무 가팔라서 결국 안 올라가기로 하고 내리는데, 택시 기사님께서 26,000원을 달라고 하신다. 집에서 여기까지 26,000원이라니, 10분밖에 안 걸렸는데…. 와, 너무하네. 그 짐이 다 학교에 있는데 어쩌나.

학교에서 가방을 가지고 나와야 하는데 내가 혼자 들 수 없는 양이다. 일단 가방 두 개를 매고 둘러보니, 많이 남아 있어야 할 짐들이 보이지 않는다. 아이들이 하나씩 들고나온 것이다. 그들이 내 짐들을 들어주고 있다. 고등학교 같은 느낌이다. 나와서 홀가분하게 짐을 들고 간다. 기분이 좋다. ✐

가벼워진 짐

마음이 통하는 사람들이 나온다. 도움이 절실한 상황에 그들이 나타난다. 이전의 꿈들과 다르다. 진짜 관계가 등장하는 꿈이다.

내 꿈에는 무거운 짐의 이미지가 자주 나온다. 이번에도 공간은 그리 편안하지 않다. '높은' 얼음 언덕이고, '경사' 때문에 위험하다.

성신여대 부근 언덕이라고 했는데, 내가 본 건 미아리 고개에서 성신여중으로 올라가는 언덕이었다. 성신여중에 다닐 때 매일 오르내리던 언덕이다. 그런데 왜 중학교가 대학으로 바뀌었을까? 나중에는 또 대학을 고등학교로 바꾼다. 내가 사대를 나와서인지, 가끔씩 학생들이 우리 반 아이들인 것 같은 느낌이 들곤 한다. 꿈에서 아이들은 담임선생님을 도와주듯 나를 돕는다. 사실 나는 조교에게도 개인적인 일들은 절대로 시키지 않는다. 짐을 들어 달라는 등 조교 업무로 안내된 내용 이외의 다른 걸 부탁한 적도 없다. 그런데 꿈에서 아이들은 내 짐을 들고 나온다. 나는 다른 사람에게 도움을 받는 게 어색한 사람인데, 꿈에서는 너무 자연스럽게 도움을 받는다. 솔직히 짐이 무거워서 걱정을 했었다. 아이들이 도와주니 짐이 가벼워진다. 꿈은 협업의 힘을 보여주고 있다.

택시 기사님은 도움을 주지 않았고, 학생들은 도움을 준다. 한 사람은 26,000원이라는 무리한 요구를 하고, 다른 사람은 내가 요청하지도 않았는데 나를 돕는다. 이렇게 꿈에는 돕는 사람과 돕지 않는 사람이 나온다. 이 두 그룹을 구분할 수 있어야 한다는 뜻이 아닐까? 그건 진짜 관계와 가짜 관계를 구분할 수 있어야 한다는 뜻인 듯하다. 내 주위에 있는 사람들 중 내가 **진짜 관계를 맺을 수 있는 사람들을 알아볼 수 있어야 한다.** 마술처럼 나타나 내게 도움을 준 그 학생들이 마음에 남는다.

전화벨

2021년 12월 9일 목요일 오후

전화벨이 울린다. 오른쪽에서 들리는데, 정확히 어디에서 소리가 나는지 모르겠다. 화장실 문을 열어본다. 핸드폰이 보인다. 안심이다. 액정을 보니 L 교수님 이름이 떠 있다. 통화를 한번 하고 싶었는데 잘됐다. 통화버튼을 눌렀는데 전화벨이 계속 울린다. "여보세요, 여보세요…." 아무리 말을 해도 통화가 안 되고 계속 전화벨이 울린다. 예닐곱 번 계속하다가 오른쪽을 보니 알람시계다. 🌙

응답하라 2021

꿈은 소통을 종용한다. 전화벨이 울리는 이유다. 나는 응답하려고 노력하고 있지만 아직은 소통도 대화도 하지 못한다. 누군가와 연결되지 않았다. 그러나 방향성이 명확하다. 핸드폰을 보고 안심을 한다는 건 핸드폰 너머에 사람이 있기 때문이다.

12월 6일부터 지금까지 보고서 300장을 읽고 있다. 12월 8일 아침에는 무릎 통증이 심해졌다. 아버지 진료가 있는 날인데 조금 늦으셔서 모셔다드리고 왔다. 집 소독을 하다 손등 살이 조금 떨어져 나갔다. 어머니는 발을 다치셨고 옷을 걸다 넘어지셨다. 나는 압력솥을 이상한 각도로 들다가 팔을 다치고, 다시 송곳으로 찌르는 듯한 난소통이 시작됐다. 점심과 저녁 사이에는 이마트 배송을 받고 식재료를 손질했다. 하루가 고되다.

아마 내 안에 타인과의 소통에 대한 열망이 있는 모양이다. 우리 모두 이 힘든 코로나 시기를 거치며 관계에 대한 열망, 일상에 대한 그리움이 커졌다. 어느 때보다 관계가 절실히 필요한 시기다. 다시 대면 강의를 시작하면 예전과는 사뭇 다른 느낌일 듯하다. 학생들을 마주하는 모든 순간에 감사할 것 같다. 어떤 것도 당연한 건 없다. 당연하게 여겼던 모든 대상들이 우리가 잃어버릴 수 있는 것들이었다.

알람이라는 것 역시 중요한 꿈의 세부이다. 알람은 자는 사람을 깨우는 장치다. 꿈은 내가 너무 오래 잠을 자고 있었다고 말한다. 그리고 꿈속에서 나를 깨운다. **잠들어 있는 사람은 다른 사람을 만날 수 없다.** 나는 큰소리로 꿈에 응답한다: "여보세요!"

셰필드

2021년 12월 23일 목요일 아침

어떤 도시다. 학생들이 많은 도시인데 내가 밤에 그곳에 도착한다. 기차역에 내려서 좀 걷는다. 나쁘지 않다. 택시 기사님도 친절하시다. ✎

학위 다시 받기

꿈속 장소는 내가 석·박사 공부를 했던 영국 셰필드 같았다. 꿈에서도 내가 그곳에 간 이유가 공부를 하기 위해서라고 생각하고 있다. 꿈이 나를 다시 이 도시로 보낸다. 밤이고, 기차역이다. 늘 그랬듯이 이동 수단이 나온다. 어디론가 가고 있는 것이다. 나와 친밀한 관계를 맺는 사람은 나오지 않는다. 내가 아직 관계에 대해 공부하지 않았기 때문일 것이다. 뭔가 새롭게 시작해야 한다는 뜻인 듯하다.

21일 화요일에 종강을 하고, 22일 연구년 첫날이 시작되었다. 아침 9시 반에 어머니 병원 정기 검사가 있었고, 부모님께서 부탁하신 소포 두 개를 부쳤다. 오후에는 아버지께서 보이스피싱을 당하셔서 112에 신고한 후 설치하셨던 어플을 삭제했다. 다행히 마지막 단계까지 진행되지는 않았다. 삼성 서비스 센터에 가서 핸드폰을 검사

받고, 집으로 돌아와 저녁을 차리고 먹고 나니 녹초가 되었다. 그리고 이 꿈을 꾸었다.

무릎과 종아리는 부어 있고, 하루 종일 정신이 없었는데, 꿈은 내가 기본적으로 안정되어 있다고 말하는 듯하다. 이럴 때가 좋다. 꿈이 현실과는 다르게 전개되는 마음의 이야기를 들려줄 때, 시야가 넓어진다. 현실과 꿈이 함께 내 삶을 풍요롭게 만들고 있다. **꿈이 있기에 현실에 갇히지 않는다.**

25일 크리스마스에 문학치료학회가 있는데, 가고 싶다. 학술대회 발표들이 듣고 싶다. 많이 배울 수 있는 곳이다. 매달 열리는 학술대회가 항상 알차게 구성되어 있다. 여력이 있을 때 꼭 나도 참여하고 싶다. 전체적으로 느낌이 좋다. 연구년 동안 새롭게 뭔가를 시작할 수 있을 것 같다. 꿈은 다시 한번 기회를 준다. 이번에는 삶도 일도 조금 더 정밀하게, 치열하게, 용감하게 경험할 수 있을 것 같다. '삶'이 없는 학위는 허학이다. 많은 관계들 속에서 사람들과 함께 내 삶을 가꾸며 그 가운데 공부할 수 있어야 한다. 그 시작을 알리는 꿈이다.

중간 맵기의 꼬치

2022년 1월 1일 토요일 아침

친구들과 함께 있다. 다음 장면에서는 혼자 가게들이 늘어서 있는 곳을 걷다가 한 가게에 들어간다. 내가 뭔가를 물어보는데, 옆에 꼬치가 있다. 먹어볼까 생각하며 맵냐고 물었더니 그렇다고 한다. 그래서 중간 맛으로 두 개를 부탁한다. 혼자 먹는 게 별로 어색하진 않지만 그래도 좀 그렇다.

이번에는 친구들을 데리고 가서 둘러앉아 있다. 지금까지 소원한 관계에 있던 친구와 오해를 푼다. 그 아이는 기분이 좀 나빠 보였는데 내가 설명을 잘한다. 좋은 친구들과 함께 앉아서 약간 기분 나빴던 부분을 특유의 유머로 다듬으며 마음이 상했던 것도 푼다.

상황이 좀 안 좋은 친구가 있다. 한번 가서 집 청소를 해줘야겠다고 생각한다. 꿈 마지막에는 내가 그곳을 청소한 후 목욕도 할 거라고 말하며 옷을 어디다 걸쳐둔다. 이제 집을 어떻게 치울까 가만히 생각하다가, 이렇게 치우면 되겠다고 계획한다.

식당 아주머니께서 우리 뒤로 자꾸 왔다 갔다 하셔서 앉아 있는 사람 중 두 명이 계속 불편한 느낌을 받는다. 애초에 좀 편한 자리를 주시지…. 상의 없이 내가 혼자 장소를 여기로 정했다는 것 때문에 친구가 삐쳤던 것 같은데 잘 풀었다.

내가 청소를 시작한다. 그 친구와 이야기도 주고받는다. ☽

관계 풀이

꿈은 나 혼자 있는 장면으로 시작해서 친구와 이야기를 주고받는 모습으로 끝난다. 혼자 음식을 먹다가 바로 다음 장면에서는 친구들을 그 식당으로 데리고 가서 함께 음식을 먹는다. 둘러앉은 모습이 화기애애하다. 분위기 때문인지 친구와 쉽게 오해를 풀고, 다른 사람과 새로운 관계도 맺는다. 좋은 친구들이라고 묘사되어 있고, 그들과 함께 문제 되었던 과거의 이야기들을 성숙한 방식으로 풀어내고 있다. 지금까지 내 집에 침입한 낯선 이들에 대해서는 어떤 개별적인 특성도 언급되지 않았는데, 이 꿈에서는 친구들의 사연과 이야기가 부각된다. 나는 그중 상황이 안 좋은 어려운 친구를 도우려 한다. 친구가 너무 치쳐서 집이 엉망이었던 모양인데, 내가 그 친구의 집을 치워준다. 중간에 다시 식당 장면이 나오고, 이번에는 좀 불편한 곳으로 묘사된다. 상의 없이 내가 혼자 장소를 정해서 친구가 마음이 상했던 모양인데, 이 역시 잘 풀어간다. 이 꿈속에서 나는 몇 명의 친구들과 문제들을 잘 풀어가고 있다. 두 번이나 잘 풀어냈다면 이제부터는 다 수월하게 할 수 있겠다. '푼다', '풀었다'라는 말이 좋아 보인다. 그리고 청소를 시작한다.

아, 어제 내가 했던 일 때문에 이런 꿈이 나왔을까? 오랫동안 만나지 못한 친구들에게 문자, 톡, 메일로 새해 인사를 보냈다. 그러다 작년에 힘들었다는 이야기도 듣고, 지난 일들에 대해 꼭 하고 싶었던 이야기도 했다. 오늘까지 기다리지 않고, 2021년 마지막 날에 다 풀고 싶어서 새해 인사들을 보냈다가 톡 리스트가 몇십 개 늘었다.

혼자였던 꿈속 공간에 사람들이 가득 차고 있다. 둘러앉아 함께 식사를 하며 이야기도 하고 회포도 푼다. 심지어 내가 유머도 있는 사람이다. 우리는 함께 중간 정도 맵기의 꼬치를 먹고 있다. 수다를 떠는 장면이 많다. 좀 불편해도, 내가 실수를 해도, 친구가 서운하게 해도 이 자리에서는 다 풀린다. 축제이기 때문이다. 끝과 시작이 만나는 지점에서 우리가 다시 모여 새롭게 시작한다. 그래서 내가 '청소'를 하고 있는 거구나.

상황이 좀 안 좋은 친구를 돕는 장면에서 꿈은 내 안에 있는 두 인물들을 보여준다. 한 명은 정리되지 않은 방 속에 갇혀 있고, 다른 한 명은 문을 열고 들어가 방을 치운다. 내가 나를 돕는 장면이다. 들어가 방을 치우고 주저앉아 있는 나 자신을 일으켜 세운다. 꿈에서 본 내 모습이 좋다. 뭔가 개성도 있고 여유도 있고, 또 내가 하고 싶은 일들을 할 수 있는 사람이다. 청소는 억지로 부과된 의무가 아니다. 나는 지금 관계에 정성을 들이고 있다. 관계가 돈독하기 때문에 자리가 좀 불편해도, 오해가 생겨도 다 괜찮다. 내게는 문제를 풀어갈 힘이 있다.

내 삶에 다시 사람들이 들어왔다. 내가 좋아하는 사람들과 나눈 통화가 치유적이었다. 오랜만에 깔깔 웃으며 이야기하고, 안부를 교환하다 상상도 못 한 이야기와 사연을 들었다. 나도 마음속 이야기를 하면서 후련한 느낌을 받았다. 나는 혼자가 아니다. **현실에서도 그리고 꿈에서도 나는 사람들과 함께 있다.** 올 한 해도 이렇게 사람들과 함께하는 삶 속에서 내 시간이 흘러갔으면 좋겠다.

축 성탄

2022년 1월 8일 토요일 아침

늘 하던 '실수'를 또 했다. 셰필드인지 어딘지 어느 외국 도서관에서
내가 "메리 크리스마스 투 유"라고 말했는데 J가 나를 따라 나온다.
그러나 나는 그 사람과 편안하게 이야기를 나누지 못한다. 나는 책
을 빌리며 직원에게도 똑같이 다정하게 인사를 건네는데, J가 그 모
습을 보더니 그냥 돌아서 가버린다.

　크리스마스여서 문을 연 곳이 없다. 집에 가는 길이 적막하다. 대
낮에 외롭게 아무도 없는 쓸쓸한 학교를 터덜터덜 걷고 있다. 오해
도 안 풀렸고, 너무 외롭고, 속상하다. 이야기를 했으면 무슨 일인지
오해를 풀 수 있었을 텐데 이야기도 못 했다. 이것도 내 태도의 문제
다. 거리는 쓸쓸하고 마음은 씁쓸하다. 　ⵜ

의사표현의 문제

지난번 영화관 꿈처럼 이 꿈에서도 나는 남자에게 말을 걸지 못한
다. 아예 이야기를 나누지도 못한다. 사람을 만날 때면 항상 내가 어
떤 매우 튼튼한 벽 안에 갇혀 있는 듯한 느낌이 든다. 아무리 노력
해도 삶 속으로 뛰어드는 게 힘들다. 애써 노력해야만 개인적인 이
야기들을 시작할 수 있는데, 일단 이야기를 시작만 하면 그다음에는

꿈의 조언을 들으며

친구가 되는 것이 어렵지 않다. 그러나 늘 시작이 문제다. 시작하는 데 백만 년이 걸린다.

꿈에서 '실수'라고 부르는 건, 의사표현을 정확히 하지 않은 내 태도를 말한다. 항상 제일 힘든 건, 표현을 만들어내는 것이다. 내 세상은 뭔가 어그러져 있다. 내가 쓰는 언어도 정상적이지 않다. 내 불합리한 세상의 언어를 정상적인 세상의 언어로 번역하고, 그걸 말로 실어 나르는 과정 자체가 너무 힘들다. 정상적인 언어 전달 과정에 참여하는 것이 거의 불가능하게 느껴지기도 한다. 내가 안녕한 순간은 거의 없는데도 밝게 웃으며 "안녕하세요? 잘 지내셨어요?", "그럼요, 잘 지냈죠" 하고 말하는 게 견딜 수 없이 가볍게 느껴진다. 그 일상성의 가식이 너무 끔찍하다. "매운 음식은 별로 안 좋아해요", "저는 라테를 좋아해요"라는 일상적인 말도 우스울 만큼 터무니없게 느껴진다. 너무 멀리 있는 세상의 이야기들을 내가 흉내 내고 있는 것 같이 느껴지기 때문이다. 그런 흉내는 끔찍하다. 내 상태가 이렇다 보니 정상적인 소통이 어렵다.

꿈에서 나는 기계적으로 성탄 인사를 하고 있다. 그리고 진심으로 안부를 묻는 사람을 밀어낸다. 이미 마음속에서 이야기를 나눌 필요가 없다고 판단한 것이다. 내 삶이 편안하지 않기 때문이다. 이런 구조라면 나는 외롭게 아무도 없는 쓸쓸한 거리를 걸을 수밖에 없다.

꿈속의 이 장면은 실제로 성탄절에 내가 경험한 도시의 모습이었다. 보통 이 기간에는 대부분의 학생들이 집으로 돌아가거나 여행을 떠나는데, 나는 디스크가 심해서 움직일 수가 없었다. 비바람이 몹시 불던 어느 겨울밤, 다른 학생들이 모두 떠난 후 혼자 집에 남아 있었는데, 창문으로 내다보니 불 켜진 집이 보이지 않았다. 밖으로 나가보니 나무가 부러질 듯 바람이 불고, 그 거리 전체에 불이 켜진 방은 내 방 하나였다. 무서운 마음에 대문을 잠근 후 부엌에서 식칼 하나를 가지고 2층 내 방으로 올라가 배게 아래에 두고 불을 끈 채 밤을 보냈다. 그게 대단한 경험이 아니었던 이유는 어릴 때부터 내 마음이 늘 딱 그 만큼의 불안으로 가득했었기 때문이다. 그건 익숙한 느낌이었다. 여유롭게 마시는 커피 한잔은 너무 정상적인 세상의 이야기다.

당연히 거리는 쓸쓸하고 내 마음도 쓸쓸하다. 과연 너무나 다른 세상들이 만나서 어떤 이야기를 나누게 될 수 있을까? 내가 다른 세상을 만날 수나 있을까? 이런 내게 꿈은 어떤 이야기를 들려줄 수 있을까? 꿈의 전략이 궁금해지는 순간이다. 그러나 나는 나 자신을 포기해도 **내 꿈은 결코 나를 포기하지 않을 것이라 믿는다.** 꿈은 내가 사실은 그 사람과 이야기를 하고 싶었다는 걸 보여준다. 꿈은 관계에 미숙한 내가 조금 더 용기를 내, 성숙한 방식으로 사람과 세상을 만나게 되기를 진심으로 바라고 있다.

가면

방 안에서 누군가와 뭔가를 하고 있다. 창밖에도 누가 있는데 가면을 쓰고 있다. 가면 자체가 그의 정체성이다. 그의 이름은 P다. 추운데 계속 거기 서 있다. 들어왔으면 하는 마음이다. 내가 장난을 치다가 문을 열어준다. 많이 떨다가 따뜻한 방 안으로 들어와서인지 그가 안심하는 느낌이다. 어머니께서 면역억제제를 드시고 계셔서 마스크를 쓰고 있어야 한다고 말한다. 그에게 주려고 마스크를 찾는데 새 마스크가 없다.

　방 안에서 까르르 웃으면서 K가 이 모습을 보고 있는데, 사실 K가 바로 가면을 쓰고 P를 연기하는 사람이다. 즉 이 사람도 가면을 쓴 저 사람과 같은 사람이다. 방 안에도 있고, 방 밖에도 있었던 것이다. 그런데 저쪽에서 누군가 K를 P라고 부른다. 우리는 K가 사실은 P라는 걸 알면서도 모르는 척해준다. 그가 둘로 나뉘어 있다. 마스크를 찾는데 새 마스크가 없다. P가 "여기 있잖아요"라고 말하는데 마스크가 밖에 있다. 그걸 그냥 쓰면 되겠네. 멍하게 서 있다가 함께 웃는다. ✎

인사의 의미

한 사람이 P와 K로 나뉘어져 있다. 무슨 뜻일까? 가면을 쓴 P와 P를 연기하는 K는 같은 사람이다.

나 역시 연기를 하고 있다. 집 안에 있는 나와 밝고 거침없고 쾌활한 바깥세상의 나는 전혀 다른 사람이다. 늘 웃으며 사람들에게 다가가지만, 집 안의 나는 창 없는 건물 속에 혼자 앉아 있다. 엄청난 괴리감이다.

꿈에서 나는 방 안에 있다. 나중에 보니 K와 함께 있는데, 그 사람이 P의 모습으로 밖에도 있다. 데이비드 린치의 영화 〈로스트 하이웨이〉를 보면 한 인물이 이곳에도 있고, 저곳에도 있다. 주인공이 밖에서 초인종을 누르는데, 집 안에서 인터폰으로 누군지 물어보는 사람 역시 그 자신이다.

꿈에서 나는 '밖'에 있는 사람을 '안'으로 불러들인다. 장난도 친다. 그리고 마스크를 써달라고 부탁한다. 어떻게 보면 좋은 꿈이다. 예전에는 내 허락 없이 내 집에서 자기들 마음대로 내 물건을 쓰고 있지 않았나? 그렇지만 이 꿈에서는 내가 주도적으로 결정한다. '내가' 허락하고, '내가' 그를 집 안으로 초대한다. 내가 초대하지 않으면 그는 내 집에 들어올 수 없다. 그는 정상적인 손님이다. 마스크도 쓰지 않고, 우리에 대한 배려도 없이 내 집에 오래 머물던 낯선 사람들과는 많이 다르다.

꿈이 변하고 있다. 내가 P에게 안전을 위한 규칙들을 이야기하고, 그가 기꺼이 협조한다. 방 안에 있던 K도 나도, 그리고 방으로 들어온 P도 위트가 있다. 모두 웃고 있다. 누군가의 실수로 그의 정체가 탄로나는데 우리는 모르는 척해준다. 그건 예의다. 한 사람의 모든 이야기를 그의 동의 없이 다 드러내는 건 폭력이다. 그가 말하고 싶지 않을 수도 있지 않나? 우리 모두 그가 누군지 알고 있지만 그건 중요하지 않다. 그냥 내 앞에 있는 이 사람에게만 집중하면 된다.

이런 생각도 든다. 그 사람이 누군지 진정으로 아는 사람만이 그에게 말을 걸 수 있는 게 아닐까? 그가 누군지 내가 알고 있다는 걸 그에게 알리는 게 관건이 아니다. 내가 이 사실을 알고 있다는 것 자체가 중요하다. 내가 누군지 진정으로 이해하는 사람만이 나에게 말을 걸 수 있다. 물론 그도, 나도 정체를 드러내지 않을 것이다. 서로의 정체를 알면서도 그 사실을 모르는 척하는 건, 서로에 대한 예의와 존중의 표현이다. 〈다크나이트 라이즈〉에 등장하는 모든 인물들이 가면을 쓰고 있었다는 게 기억난다. 서로의 가면을 이해할 때, 그들은 진정한 대화를 할 수 있게 된다. 자신의 가면을 이해할 때, 그는 비로소 자신을 이해할 수 있게 된다.

꿈에서 내가 그와 진정한 대화를 할 수 있는 이유는 내가 그의 진실을 알고 있기 때문이다. 우리가 하는 모든 말과 행동은 그 사실을 감안한 후 나오게 되는 결과물들이다. 내 가면을 이해하는 사람이라면 나와 쉽게 이야기를 나눌 수 있다. 그는 내가 "안녕하세요?"라고 물었을 때, 그게 "삶이 참 안녕하죠? 나도 늘 안녕한데, 당신도 그렇겠죠?"라는 말이 아니라는 걸 이미 이해하고 있다. 그 말은 사실 "삶이 힘들어요. 당신은 어때요? 괜찮은가요?"라는 질문을 뜻한다. 그가 내게 "안녕하세요?"라고 물을 때, 그건 "견딜만해요?

숨은 잘 쉬어져요? 지금 불편하진 않아요? 지금 어디가 제일 아파요?"라는 뜻이다. 이렇게 되면 진짜 대화가 시작된다. **가면을 쓰고 있어도 나는 나 자신이 될 수 있다.** 그래서 그와 내가 마주 보고 웃을 수 있는 것이다.

그가 따뜻한 곳에 들어와 안심하는 모습이 좋았다. 창밖의 추위는 온기가 없는 삶을 뜻한다. 꿈은 가면 쓴 사람을 따뜻한 방 안으로 초대하여 자신의 진짜 모습을 만나게 도와준다. 이것은 진정한 대극의 합일이며 내가 나를 만나는 시간이기도 하다.

소속

시간 순서가 조금 뒤섞여 있는 꿈이다. 처음에 한 남자가 어떤 사람이 너무 좋다고 말한다. 그다음 장면을 보면 그 사람이 한 여자와 함께 있다. 그녀는 이미 그의 마음을 안다. 어떤 학교 같아 보인다.

한 사람이 자기가 바보짓을 했다는 생각에 낙심한 상태인데, 옆에 있는 사람이 사실은 그렇지 않다고 이야기해 준다. 다 괜찮다고도 말한다. 누가 누구에게 이야기하는 건지는 모르겠다.

어떤 단체가 보인다. 화기애애하다. K 교수님과 한 남자가 있다. 내가 그 단체에 소속되어 있고, 뭔가를 같이 하고 있다. 배려받는 느낌이 좋다. 나를 인정하는 사람들이다. 따뜻하다. ✎

세상 속으로

좋은 꿈이다. 위로와 단합과 나눔과 협동이 있는 꿈이다. 좋아하는 사람들과 함께 있고, 누군가 바보짓을 해도, 괜찮다는 위로가 뒤따른다. 낙심한 사람의 기운을 북돋아 주고. 서로를 배려한다. 누가 누구에게 먼저라고 할 것 없이 모두 서로를 인정하고 단합한다. 어떤 문제가 있는 것도 같았는데, 이들이 함께라면 뭐든 다 해결할 수 있겠다는 생각이 든다. 전체적으로 따뜻하고 든든하다. 소속이 분명하고 각자의 역할이 있다. 사람들이 모두 다정하다.

그런데 시간 순서에 대해 이야기하는 부분은 무슨 의미일까? 시간이 뒤섞여 있다고 말했다. 요즘 한창 논문을 구상하고 있는데, 그 이야기를 하는 것일까? 프로이트 전집과 전기 8,300쪽에서 하나의 이야기를 만들어야 하다 보니 어떤 순서로 생각을 펼쳐야 할지 계속 고민하게 된다. 프로이트 전집에 대해 조금 큰 작업을 하고 싶다. 좋은 논문이 나올 것 같다. 꿈속에서 '바보짓'은 내 모든 행동을 말한다. 내 세상은 뭔가 늘 이상하다. 그게 내겐 정상적인 것들이다.

여기 있는 이 사람들은 그런 내 이야기를 알고 있다. 이 사람들과 함께 있으면 나도 더 이상 누군가의 흉내를 낼 필요가 없다. 어쩌면 더 나아가 그냥 편안하게 세상의 규칙대로 말하고 행동할 수도 있지 않을까 하는 희망도 생긴다. 따뜻한 꿈이다. 어딘가에 소속되어 있다는 느낌이 좋다. 꿈의 끈질긴 노력이 빛을 발하는 순간이다. **내가 사람들 속에서 온기를 느낀다.**

싫어하는 사람

2022년 6월 20일 월요일 아침

내가 싫어하는 사람이 나오는데, 내가 그 사람과 잘 지내며 뭘 함께 하기도 한다.

협동

이제 싫어하는 사람과도 협업을 한다. 그 사람이 좋아졌다는 게 아니다. 나와는 다른 사람이지만, 그 차이를 인정하고 함께 일을 도모할 수 있다. 내가 그에게 뭔가를 준 것도 같고, 그도 반감이 없었던 것 같다. 그냥 편안하다. 그 사람이 여자였던 것도 같고, 남자였던 것도 같다. 중요한 건 내 태도의 문제를 해결하는 것이다. 관계 속에서 늘 같은 반복이 되풀이되는 걸 보면, "나를 이용했어, 나를 착취했어"라며 분노하기보다 왜 모든 관계가 그렇게 끝나는지 분석해볼 필요가 있다.

6월 중순부터 마음이 좀 더 안정된 느낌이다. 산책도 매일 하고, 삶의 계획들도 세우고 있다. 에너지가 느껴진다. 다리는 아프지만 통증은 견딜만하다. 프로이트를 풀어내고 싶은 마음이 가득하다. 대중서를 다시 시작해야겠다. 책 작업을 너무 오래 쉬었다.

내 마음속에는 늘 원망과 미움, 증오가 가득했다. 그러나 이제는 마음이 조금 편안하다. 나 자신에게 집중하자. 날카롭던 감정이 좀 무뎌졌다. 이와 함께 **내 스타일이 조금씩 다듬어지고 있다.** 내가 좋아하는 것들의 목록이 늘어나고, 하고 싶은 일들, 만나고 싶은 사람의 리스트가 길어진다. 나쁘지 않다. 차분히 한 걸음씩 내 장단으로 걸어보자. 프로이트는 늘 말한다: "우리를 움직이는 유일한 것은 소원이다." 내 소원과 관련된 대상들을 모으고, 소원의 길 위에서 만나는 사람들과 협업을 하자. 그러다 보면 진짜 관계들을 선물받게 될 것이다.

김밥과 라면

2022년 8월 17일 수요일 아침

뭔가를 너무 잘하는 한 여자가 있다. '중심'에 있는 사람이다. 그녀는 모든 것들을 다 너무 잘 안다. 다른 여자 두 명도 함께 있다. 여기는 우리의 일터다. 건축과 관련된 일을 하고 있다. 학교 같기도 하다. 중심에 있는 그 여자는 능력자다. 엘리베이터는 반쪽만 수리를 한다. 한번 타봤더니 반은 수리를 하고, 나머지 반은 제대로 기능을 하고 있다.

우리가 식당으로 가는데, 내가 김밥을 싸 왔다. 지갑을 안 가져와서 내가 그녀에게 라면을 사달라고 말한다. 이건 평상시에 내가 못하는 일이다. 다른 때 같으면 아주 비효율적인 동선으로 움직였을 것이다. 예를 들면, 먼저 드시라고 한 다음 어떤 핑계를 대고 빠져나와 다시 내 방으로 가서 돈을 가져왔을 것이다. 그런데 아주 해맑게 그녀에게 라면을 사달라며 나중에 갚겠다고 한다.

그녀가 줄을 서기 위해 가고 있다. 내 라면도 사 올 것이다. 그런데 정작 김밥을 안 가져왔다. 그래서 가져오려고 일어서며 과자도 가져와야겠다고 생각한다. 아까 분명히 올라갔었는데, 또 비효율적으로 일을 하는구나 싶어 좀 속상하다. 아까는 올라가서 아무것도 안 가져왔다. 김밥이랑 과자를 챙겼으면 라면이랑 바로 맛있게 먹었을 텐데. 여자 두 명은 내게 별로 우호적이지 않다. 그렇지만 중심에 있는 그녀는 나를 믿는다.

집짓기

절차가 조금 번거롭지만 나는 사람들과 함께 있고, 친한 사람도 있다. 예전 꿈들처럼 캐릭터가 전혀 보이지 않는 어떤 사람이 나를 돕고 있거나 잠시 등장하는 인물의 도움을 받는 상황이 아니다. 중심인물에 대한 이야기가 조금 더 구체화되고, 전적으로 도움을 받기보다는 내가 움직이고 있다.

모든 걸 다 멋지게 해내는 한 사람이 나와 함께 있다. 나는 그녀를 인정하고 그녀도 나를 믿는다. 나는 조금 덤벙대지만, 그녀는 계획이 있고 모든 면에서 준비가 되어 있는 듯 보인다. 리더지만 권위적이거나 강압적이지 않다. 다른 두 사람의 이야기는 자세히 나오지 않는데, 그들과의 관계에 대한 묘사에서 내가 이제는 타인에게 그리 큰 영향을 받지 않는다는 걸 알 수 있다. 그들이 처음에 언급될 때는 아무 말도 하지 않다가 나중에 잠깐 우호적이지 않은 사람들이라고만 말한다. 그럼에도 불구하고 나는 별 문제 없이 그들과 함께 일할 수 있다. 그리 괴로운 일도 아니다. 중요한 건, 내가 이곳에서 멋진 사람을 만났고, 그와 내가 어떤 일을 함께한다는 것이다. 나는 그에게 라면을 사달라는 부탁까지 편하게 한다. 꿈에서 말한 바와 같이 이것은 내가 쉽게 하지 못하는 일이다. 또 '맛있는 음식'과 같은 표현은 사실 내게는 그리 익숙한 게 아니다. 그보다는 공부를 위한 연료로 밥을 밀어 넣는 경우가 많았다. 그런데 이제 사람들과 함께 맛있는 음식을 먹는다. 그것만으로도 좋아 보인다.

건축은 집을 짓는 일이다. 내 집을 호텔로 이용하는 사람들을 다 내보내고, 집을 청소하는 꿈을 꾼 적이 있다. 그런데 이제 나는 집을 새로 짓는다. 엘리베이터도 수리 중인데 반은 수리가 끝났다. 나머지 반만 수리하면 된다. 그래서 식사 역시 아직 완성되지 않은 것이다. 내가 김밥과 과자를 가져오면 라면과 함께 식사가 완성된다.

사람도 우호적인 사람과 그렇지 않은 사람이 함께 있다. 물론 어쩔 수 없는 일이지만, 목표는 마음이 맞는 사람들과 함께 어떤 일을 하는 것이다. 능력 있는 사람, 멘토와 같은 인물을 볼 수 있어서 기분이 좋다. 어제 지난 계획표를 보면서 '와, 정말 초인이네'라고 생각했었던 게 기억난다. 매 순간 모든 게 너무 힘든데, 그렇게 시간이 지나 어느 순간 뒤돌아보고 놀라게 되는 경우가 있다. 하루에 다섯 페이지씩 프로이트 전집과 프로이트 전기를 다시 정독했는데, 5년 정도가 지났을 때 마지막 줄을 읽고 있었다. 그렇다면 뭔가를 너무 잘하는 여자는 나였을 수도 있다. 엘리베이터가 수리되는 날 그 여자를 만나게 될 수 있을 것 같다.

꿈은 내가 사람과 함께 있고, 맛있는 식사를 계획할 수 있도록 이끌어 주었다. **예전의 나보다 훨씬 편안해 보인다.** 조금 아쉬운 건 내 고통에 공감할 수 있는 그런 사람이 아직 나오지 않는다는 점이다. 꿈이 언젠가 내게 그런 관계도 선물해 줄 것이라 믿는다. 꿈보다 현실이 먼저 이 꿈을 이루어 줄 수도 있다. 중요한 건, 이제 내가 준비된 상태라는 것이다.

옛 친구들

2023년 1월 23일 월요일 아침

백화점이다. 처음에는 고등학교 친구랑 같이 걷는다. 사람도 많다. 그녀는 백화점에서 오래 일을 했었다. 우리가 엄청 친하다. 그녀의 당당함과 활기가 무척 반갑다. 다음에는 스물한 살에 만난 동아리 친구가 내 옆에 있다. 장소는 성당이다.

아침 9시 반이다. 백화점인 줄 알고 내가 맛있는 걸 사준다며 올라갔는데 성당 위층 뷔페식당이다. 사람들이 엄청 많다. 그래도 아직 미사가 끝나기 전이어서 본 미사 후 사람들이 많이 오기 전에 먼저 먹을 수 있겠다고 생각한다. 계단을 올라가며 그에게 "무릎 연골이 파열됐었어"라고 말하자, 내 무릎을 보는 듯한 제스처를 취한다. 내가 말을 꺼내자마자 너무 빨리 무릎을 쳐다보며 반응해서 좀 놀랐다. 안 그래도 되는데…. 그가 잠깐 멈춰 있어서 다시 걸음을 옮기려고 발을 올리니 상처가 눈에 뚜렷이 보인다. 내가 웃으며 좀 많이 힘들었다고 가볍게 말하는데, 그가 미동 없이 가만히 있다. 걸음을 멈춘 채 움직이지 않아서 들여다보니 그의 눈시울이 붉다. 그가 눈물을 훔친다. 이 짧은 순간에 그가 내 상처를 통해 내 모든 지난 시간들을 똑같이 체험한 것이다. 나는 이 반응이 잘 이해되지 않는다. 낯설다. 그가 내 이야기에 전적으로 공감하며 내 고통을 그대로 느끼고 있다.

샐러드가 종류별로 있고, 음식이 많다. 내가 발랄한 태도로 먹자

고 하니 그가 다정하게 "음식값을 지불하고 먹어야지"라고 말하며 나를 아이 대하듯 한다. ✐

진심 어린 공감

꿈속에서 공간은 백화점, 성당, 뷔페식당으로 이어진다. 모두 사람들이 많은 곳이다. 과거가 현재 속에서 살아난다. 고등학교 친구, 대학 동아리 친구와 함께 있다. 두 친구 모두 내가 믿을 수 있는 사람들이다. 개성이 넘치는 인물들이고, 정말 좋은 사람들이다. 멋진 어른으로 잘 컸다.

백화점에서 오래 일한 친구는 강단 있고, 지혜롭고, 똑똑하다. 그녀의 당당함과 활기가 반가운 이유는 그것이 내게 필요한 요소들이기 때문이다. 동아리 친구는 주위에 친구들이 많은 사람이었다. 백화점인 줄 알았던 공간이 성당으로 바뀌며 한 사람을 위한 미사가 시작된다. 친구는 내가 말을 꺼내자마자 내 상황을 간파한다. 내가 겪은 시간을 그대로 느끼고 있다. 나는 장난처럼 말을 시작했는데, 그는 내가 가볍게 건네는 이야기 속에서 내 모든 경험을 전적으로 이해할 수 있는 사람이다. 마치 그 시간들을 모두 내 옆에서 함께 경험한 듯 자못 그의 표정이 심각해진다. 그리고 미동이 없다. 예전에는 이 표현을 미동 없이 죽은 듯 보이던 동물들과 관련해서 썼었는데 지금은 완전히 다른 맥락이다. 미동이 없는 이 시간 동안 그가 망자로 살았던 내 지난 삶을 바라보고 있다. 그래서 보통은 외관으로 보이지 않는 상처가 내 무릎 위로 뚜렷이 드러나는 것이다. 그가 내 상처를 보고 있다.

그가 운다. 전적인 공감을 의미하는 표현이다. 내 고통과 절망을 아무도 알아차리지 못했었고, 내가 말한다 해도 존중받지 못했는데, 지금 그가 내 고통에 공감하고 있다. 내가 애를 쓰지 않아도 누군가 이 모든 걸 이해하고 있다니, 이런 경험은 처음이다. 당황스러울 정도다. 이렇게까지 공감해 주지는 않아도 되는데…. 나는 이내 보살핌을 받아야 하는 어린아이가 된다. 성당 내부가 아니었는데도 이 과정이 마치 나를 위한 기도처럼 느껴진다.

이것은 내가 나 자신을 진심으로 이해하고 위로하는 모습이다. 사실 내 절망을 존중하지 않은 건 나 자신이었다. 그저 참고 넘기며 버티고 견뎠다. 그런데 **이 꿈에서 나는 상처를 눈으로 확인하고, 나 자신을 보듬고 있다. 내가 나를 위해 울어주고 있다.** 안심이 된다. 좋은 풍경이다.

에버랜드

2023년 2월 23일 목요일 아침

친근한 사람들과 함께 있다. 다양한 나이대의 사람들이다. 할아버지도 계시고, 내 또래의 사람들도 있다. 내가 호텔 9층으로 가야 하는데, 올라가서 바꿔 타겠다고 생각하며 다른 쪽 엘리베이터를 탄다. 그런데 문이 열렸을 때 완전히 다른 공간이 나타난다. 놀이기구들이 보이는데 에버랜드 같다. 가이드가 내게 이쪽으로 올 거냐고 묻는데, "아뇨"라고 말하고 다시 내려온다. 원래 타야 하는 엘리베이터를 다시 타고 올라가니 내가 원래 가려던 식사 장소가 나온다. 가족 같은 편안한 분위기다. 사람이 많은데 내가 아는 사람은 없다. 다들 좋은 사람들이다. 이 사람들과 함께 있다는 사실에 마음이 설렌다. 어떤 사람들은 서로 경쟁하거나 겨루고 있지만, 친근감이 바탕이 된 유쾌한 경쟁 구도다.

앞에 앉으신 할아버지께서 내 음식을 한번 맛보시며 미소를 지으신다. 다들 허물이 없다. 〈스타워즈〉의 한 장면처럼 아까 봤던 그 놀이기구들이 하늘을 날아다니고 있다. 꼭 미래 사회 같은 느낌이다. 할아버지가 가족처럼 다정하게 다가오시더니 다시 내 접시의 음식을 조금 덜어가 맛보신다. 유머가 있고 다정하신 분이다. 아들이 두 명인데 내가 그들과도 편하게 이야기를 주고받는다. 가족 같은 분위기다. 여기 있는 모든 사람들을 알게 될 것 같은 느낌이 든다. ♫

가족

좋은 꿈이다. 사람들이 내게 다가오고 있다. 꿈에서 나는 다른 어떤 꿈에서보다 더 많은 사람들과 대화를 나눈다. 그냥 시간을 보내기 위한 것도 아니고, 일과 관련된 대화도 아니다. 내가 그 시간을 진정으로 즐기고 있다. 사람들과 나누는 대화에서 진심이 느껴졌다. 친밀한 관계들이 꿈을 채워가고 있다.

꿈은 '미래'라는 단어를 썼다. 소원의 길 위에서 만들어지는 내 미래를 뜻한다. 꿈의 분위기는 마치 정겨운 마을 축제 같은 느낌이다. 많은 사람들과 함께 같은 방향을 바라보고 있다. 일이 놀이가 되는 삶이 가능해질 것 같다. 함께 웃고 좋은 것을 나누며 서로에게 힘이 되는 관계들, 그것이 미래를 향한 삶이다.

꿈을 보면 **나는 새로운 곳을 두려워하지 않는다.** 여기저기 들어가서 모험도 즐기고, 그러면서 사람들도 만난다. 이제는 자리를 찾을 필요도 없다. 그냥 어디든 편하게 앉을 수 있다. 꼭 내 자리가 정해져 있어야 하는 것도 아니다. 사람들을 만나고 즐거운 시간을 보낸다. 맛있는 음식을 나누어 먹고, 사람들과 소통한다. 사람들도 나를 편하게 대한다. 그렇다고 모든 것이 다 좋지만은 않다. 경쟁도 하고, 서로에게 감정이 있는 사람들도 있지만, 별 문제가 되지 않는다. 서로 믿고 있기 때문이다. 모두 좋은 어른들이고, 서로를 잘 아는 사람들이다. 나 역시 그들 속에 있다.

아직 아는 사람은 없지만 내가 그들 속에 있는 건 분명하다. 이 좋은 사람들과 함께 있다는 사실이 기쁘다. 꿈은 내가 거기 있는 모든 사람들을 알게 될 것이라고 말한다. 기대되고 설렌다. 작년 꿈에 할아버지께서 차려주신 정성 가득한 음식들을 먹었던 기억이 있는데, 다시 뵐 수 없어서 서운했었다. 이번 꿈에서 할아버지는 당신께서 내 가족이 되실 것이라고 말씀하신다.

Part 3

나만의 길을 찾아서

꿈의 조언을 들으며

소원의 길을 걷다

꿈의 조언에 응답하는 시간

꿈의 조언에 응답하지 않으면 꿈도 현실도 변화하지 않는다. 꿈이 들려주는 이야기를 경청하고, 꿈이 그리는 나 자신의 모습을 있는 그대로 바라보는 과정은 그리 유쾌한 작업이 아니다. 용기 있는 사람만이 꿈의 이야기를 들을 수 있다. 꿈이 보여주는 마음속 폐허를 대면할 때, 비로소 꿈은 대책을 강구하기 시작한다. 이제 꿈은 내게 필요한 인물들을 보여주고, 내가 알아야 하는 정보들을 말해 주며 어디로 가야 하는지, 뭘 해야 하는지, 누구를 만나야 하는지 조언한다. 내가 할 일은 꿈의 이야기에 응답하는 것이다. 그것은 현실 속에서의 변화를 뜻한다. 현실의 세부를 조금씩 바꾸어가면 꿈이 더 큰 에너지로 더 많은 이야기를 들려준다. 그것은 모두 나에 대한 이야기다. 이 이야기들 속에서 나는 나 자신을 만나게 된다. 내 꿈에 응답할 때 나는 비로소 내가 누구인지, 내가 뭘 좋아하는지, 내가 어디로 가야 하는지, 내가 누굴 만나야 하는지 알게 된다. 편안한 호흡으로 가볍게 한 걸음을 떼본다. 이제 나는 소원의 길을 걷고 있다.

찬란한 그림자의 기록

2부에 소개된 다섯 장의 꿈 일기는 창문 없는 건물 속에 고립되었던 내가 '빛'으로 나아가 삶의 중심에서 사람들을 만나고 소통하고 마음을 나누게 되는 찬란한 그림자의 기록이다. 그것은 엉성한 목재 다리 위를 불안하게 건너던 내가 방향을 찾고 사람을 만나고, 함께 삶을 나누게 되는 이야기이며, 죽음이 머물던 공간에 갇혀 있던 내가 삶을 선택하는 과정이고, 아무도 알지 못하는 소녀가 수많은 사람들과 마음을 나누게 되는, 관계의 전개이기도 하다. 또한 그것은 분노와 증오 속에서 아무 말도 못 한 채 복종하던 내가 당당하게 말하고, 소리 지르며 나 자신을 보호할 수 있게 변화하는 여정이다.

거짓 삶에서 진짜 삶으로 나아가고, 수동적인 수용에서 적극적인 선택으로 삶이 변화해 나간다. 죽음이 가득한 물이 놀이가 가능한 물로 바뀌며, 닫히고 갇히고 묻혔던 삶이 솟아오르고, 열리고, 피어나게 된다. 죽은 동물들은 살아나고 조급하던 마음은 여유로워진다. 어둠은 빛이 되고, 위태롭던 사람들은 그들 스스로 치유자가 되며, 이름 없던 사람은 주인공이 된다.

잃어버린 보석을 되찾고 삶의 세부들이 환상 공간을 이루며 삶의 태도가 전환된다. 생명이 없는 거리가 사람과 자연으로 가득한 공간이 되고, 혼자 남겨졌던 사람은 보호자를 만난다. 방법을 모르는 사람들은 멘토를 만나 교육을 받고 새로운 삶을 배우게 된다. 누구도 보살피지 않았던 이들 앞에 할아버지가 나타나 정성 가득한 음식을 만들어주신다. 스타일을 모르던 사람들이 개성을 찾고 멋있는 옷을 입게 된다.

꿈은 상담자를 보내 직접적인 조언을 하기도 하고, 풍요로운 식사로 마음을 풍성하게 살찌우기도 한다. 사라진 것을 되찾고, 고장 난 것을 고치고, 병든 것을 치유하고, 갇힌 사람을 구출한다. 포기하려던 사람이 결투를 결심하게 만들고, 자리가 없는 사람에게 그만의 공간을 선물한다. 적막하던 곳에 음악이 흐르고, 미동이 없던 곳에 춤이 넘실거린다. 친구들이 나타나고 조력자가 달려오며 든든한 내 편이 나를 둘러싼다. 2013년에 무서운 여자가 있던 그 건물은 머리 위로 놀이기구가 날아다니는 소통의 공간이 되고, 거대한 동물들이 죽어 있던 그 검은 물은 빛나는 푸른 바다가 된다.

꿈은 끝까지 나를 포기하지 않는다

코로나19가 시작되고 무릎 연골이 파열되며 꿈들이 어두워지기도 했지만, 일상을 잃은 상태에서도 꿈은 포기하지 않았고, 꾸준히 삶의 에너지를 불어넣어 주었다. 그 정적인 기간 동안에도 꿈은 내게 꼭 필요한 훈련을 시키며 말하는 법, 생각하는 법, 살아가는 법에 대해 끊임없이 이야기해 주었다. 그러다 2022년 4월 5일 '거꾸로 달리는 말' 꿈을 꾸게 된다. 그리고 모든 것이 달라진다. 2022년 5월 16일에는 내 집을 유스호스텔로 쓰는 사람들을 몰아내고 집 청소를 했으며, 드디어 2023년 2월 22일 내가 가장 좋아하는 '바닷가 여행' 꿈을 꾸게 된다. 그것은 내 소원이 담긴 꿈의 이야기였다. 다음 장에서는 이 멋진 꿈을 소개하고자 한다.

나는 멈춘 시간 속에 갇히기도 하고, 상황에 압도되거나, 어떤 가능성도 생각하지 못한 채 무너지기도 했지만, 내 꿈은 이 모든 시간 동안 아주 치밀하게, 그리고 아주 정교하게 출구를 만들고 있었다. 그리고 현실의 나와 소통하려고 노력했다. 내가 포기할 때도 내 꿈은 나를 포기하지 않았고, 내가 과거로 돌아갈 때 내 꿈은 내 소원의 이미지를 보여주며 '가능한 미래'에 대한 이야기를 들려주었다. 정신분석에 회의를 느끼고 있을 때, 꿈은 내가 프로이트와 겨룰 수 있는 에너지를 불어넣어 주었고, 이 결투에서 나만의 프로이트를 만나게 되길 응원했다. 그렇게 조금씩 나는 삶의 힘을 회복해 나갔다. 그리고 매우 의미 있는 꿈을 꾸게 된다. 세 개의 벽에서 황금이 쏟아져 내리는 꿈이다.

바닷가 여행

닫는 꿈

2023년 2월 22일 수요일 아침

내가 외국에 있다. 식사를 하다가 옆 테이블 손님들에게 여기가 어디냐고 영어로 묻는다. 한 사람이 'O'라고 답한다. 만약 그렇다면, 꼭 가고 싶었던 A에 방문해야겠다고 말한다. 그런데 사실 나는 그곳에 갈 생각이 없다. 내 목적지를 알리지 않기 위해 첩보영화처럼 위장을 한 거다.

나는 바닷가로 가서 시간을 보내고 싶다. 여유가 생겼다. 시간도 넉넉하니 일단 목욕탕에 갈까 생각하다가 아직은 코로나 감염을 조심해야 한다고 판단하고, 그냥 지금 바다로 가려 한다. 엄청나게 높은 세 개의 벽에서 황금의 물이 쏟아져 내린다. 위층에서 쏟아붓는 듯 콸콸 쏟아진다. 부자가 되려나?

병원에서 일어나는 어떤 일이다. 다 좋은 사람들이다. 나는 약간 아웃사이더지만 그들과 무엇인가를 같이 한다. 내가 의사는 아니다. 우리가 어떤 좋은 일들을 한다. 내가 행선지를 알리면 안 된다고 생각한 그 사람들은 누구일까? 뭘 복잡하게 생각할 필요는 없다. 그냥 방해받고 싶지 않았다. '그럴 필요가 없어. 나는 자유로워. 내 마음대로 하면 돼. 어디든 갈 수 있지'라고 생각하며 바닷가로 간다. 아, 좋다.

놀이로서의 정신분석

나는 해석학회 선생님들께 철학을 배웠다. 그래서 해석학자 가다머가 내겐 중요한 철학자다. 가다머에게는 '놀이'가 개념인데, 그는 내가 마음대로 놀이를 할 수 있는 것이 아니라고 말한다. 그보다 우리는 놀이가 진행되고 있을 때, 그 속에 참여하게 된다. 꿈 분석도 마찬가지다. 내가 원하는 방향으로 해석을 몰고 갈 수는 없으며, 그 냥 꿈과의 놀이에 참여할 수 있을 뿐이다.

꿈은 내 의지와 무관하게 나를 찾는다. 꿈이 나를 방문할 때, 꿈 분석 놀이에 동참하여 꿈을 이해하면 된다. 나를 분석의 여정에 맡기고, 어떻게 분석되어 나가는지를 지켜보는 것이다. 무서운 여자를 만날 수도 있는데, 만약 내가 아직 준비되어 있지 않다면 그녀가 있는 창문 없는 건물 속으로 들어갈 수도 없고, 그녀를 만나 마음대로 말을 걸 수도 없을 것이다. 내 현실의 태도에 따라 꿈이 각 단계를 결정하여 보여주면, 그 상황에 몰입하여 꿈의 조언에 응답하고 상황을 분석하면 된다. 그렇게 한 걸음씩 꿈을 따라가면 된다. 내가 원한다고 한 번에 문제가 해결되지는 않는다. 창문이 없는 어두운 건물은 아주 천천히 여러 단계를 거치며 변하기 시작한다.

긴 여정 끝에 이제 나는 세 개의 벽에서 황금이 쏟아지는 공간 속에 있다. 갇혀 있거나 혼자 있거나 고립되어 있었는데, 이 꿈에서 나는 자유롭고, 사람들과 어떤 일을 함께 도모하고 있다. 어두운 조명은 밝게 바뀌고, 닫힌 공간은 바닷가로 변한다. 뭘 좋아하는지 자신의 소원을 알지 못했던 내가 어떤 일에 전문가가 되어 있는 듯하다. 나는 내가 하는 일을 '좋은 일'이라고 부른다. 망자로서의 삶이 익숙하던 내가 이제는 소원과 자유와 미래에 대해 이야기한다. **늘 주변에만 머물던 과거와 달리, 이제는 내 삶의 중심에 있다.** 사람들과 어울리지 못하던 수많은 꿈의 장면들을 거쳐 이 꿈에서는 이제 '우리'라는 말이 익숙하다.

지금까지 내 꿈에 나온 물의 이미지를 생각해보면 한쪽 끝에는 검은 물, 오리가 부리를 박고 있는 물이 있고, 다른 쪽 끝에는 놀이와 휴식이 있는 바닷가가 있었다. 또, '가고 싶은 곳'이 아니라 어쩔 수 없이 '가야만 하는 곳'을 선택하거나, 여유 없이 동동대며 조급하게 움직이거나, 누구와도 소통하지 못한 채 갇혀 있거나, 내 자리를 찾지 못해 협업이 불가능한 상태를 보여주는 꿈들이 있었던 반면, 닫힌 문을 열고 밖으로 나가 사람을 만나고, 내 자리를 찾고, 삶을 공유하는 멋진 꿈들도 있었다. 이 꿈은 후자에 속하는 선물 같은 꿈이다.

나는 시작부터 여행을 하고 있다. 식당에 들러 밥도 먹는다. 그리고 옆 테이블 사람들과 자연스럽게 이야기를 주고받는데, 외국이지만 긴장하거나 낯설어하는 느낌은 없다. 나는 자주 아무 계획 없이 살다 일을 그르쳤고, 선의가 오히려 내게 독이 되어 돌아오는 순간들도 꽤 많이 경험했었는데, 이 꿈에서 나는 명민하게 계획을 짜고 있다. 내 휴식을 방해하지 못하도록 목적지를 알리지 않은 채, 바닷가로 가서 쉬어야겠다고 생각한다. 내 마음대로 시간을 보낼 작정인 것이다. 이 여유가 좋고, 마음대로 시간을 쓸 수 있다는 것도 멋지다. 시간은 넉넉하고 나는 여유롭다. 따뜻한 물에서 목욕을 하고 싶어 하지만, 면역저하자인 어머니가 걱정되어 계획을 수정하고 바닷가로 직행한다. 어머니와의 관계가 조금 수정된 듯하다. 내가 편안해 보인다. 나는 더 이상 어머니 걱정으로 동동거리며 조급해하지 않는다. 어머니를 믿고 있는 것 같다. 이 꿈의 주인공은 나 자신이다. 여전히 최선을 다해 어머니를 돌봐드리지만, 동시에 나만의 여유로운 여행을 즐기기도 한다.

몸도 마음도 편안한 가운데, 엄청나게 높은 세 개의 벽에서 황금이 쏟아져 내린다. 물을 쏟아붓는 듯 황금의 물이 콸콸 쏟아지는데 정말 장관이다. 그 장면에 감탄하며 꿈에서도 나는 '이거 부자 되는 꿈 아닌가?' 하고 생각한다.

다시 무대가 바뀐다. 이번에는 병원이다. 병원에서 일어나는 어떤 일인데, 내가 사람들과 함께 있다. 다 좋은 사람들이라고 한다. 나는 그 집단에 속해 있지 않지만 내가 그들과 협업한다. 의사는 아니라고 하는데, 마치 스무고개 같다. 그럼 나는 누구일까? 꿈은 우리가 힘을 합쳐 어떤 좋은 일들을 한다는 팁을 준다. 물론 여기서 좋은 일이란 '치유'다. 사람의 몸과 마음을 낫게 하는 일을 뜻한다. 그 속에서 나는 정신분석을 맡았다. 나는 내 삶이 있고, 소원이 있고, 놀이가 있고, 가족이 있으며, 사람들과도 함께 있다. 그리고 좋은 일을 한다.

나는 조급하지 않다. '그럴 필요가 없어. 나는 자유로워. 내 마음대로 하면 돼. 어디든 갈 수 있지'라고 생각하며 여유롭게 내가 좋아하는 바닷가로 가려 한다. 누구에게도 방해받지 않기 위해 지혜롭게 내 시간을 확보한다. 그리고 '아, 좋다'는 말로 꿈이 끝난다. 방해받지 않는 시간은 물리적인 시간과 공간을 뜻하지 않는다. 바다는 내 마음속 고요함 자체를 뜻하는 단어다. 그 고요함이 확보되면 나 자신이 될 수 있다.

이제는 식당도 병원도 바닷가도 모두 내 환상 공간이 될 수 있다. 내가 가는 모든 곳이 환상 공간으로 변한다. 목욕탕도 그중 하나지만, 집착하지 않고 상황을 보고 판단한다. 나는 자주 전략 없이 말하고, 계산 없이 행동하다 일을 그르쳤는데, 이제는 노련하게 행동한다. 순진하게 모든 사람을 믿거나, 내 에너지와 정성을 헛되이 낭비하지도 않는다. 꼭 필요한 곳에 가고, 내가 행복한 일을 하고, 내 환상 공간이 지켜지는 관계를 가꾼다. 그렇게 **온전한 나 자신으로서 내 소원의 길을 걷는다.**

정신분석은 아직 아웃사이더다. 남근선망이나 거세공포와 같은 개념들 때문에 실천적 이론으로 받아들여지지 않는 경우가 많다. 지팡이를 성기로 해석하는 프로이트의 전형적 상징들이 더 잘 알려져 있는 상황이기도 하다. 그러나 꿈에서도 나는 정신분석의 힘을 믿고 있다. 좋은 일들을 할 수 있는 이론이라고 확신한다. 꿈의 해석이 멈춘 시간을 흐르게 만들고, 닫힌 공간을 열어젖히고, 고립된 사람에게 친구를 선물할 수 있다고 믿기 때문이다. 정신분석적 꿈 분석은 한 사람의 콤플렉스를 풀어내고, 익숙한 습관들을 바꾸고, 태도를 수정하며 변신이 가능한 미래로 이끈다. 정신분석은 우리가 더 건강한 삶, 더 행복한 삶으로 나아갈 수 있도록 우리를 돕는다. 꿈 분석은 프로이트의 정신분석학 중심에 있는 실천이며, 그것은 마음이 치유되는 과정이기도 하다.

물난리가 난 공간에서 시작된 어두운 꿈이 바닷가라는 환상 공간에서 끝난다. 황금이 세 개의 벽에서 쏟아지고, 내 소원의 길에서 일어나는 모든 일들이 필연적 계기가 된다. 사람과의 만남이 기대되고, 내 작업들도 기다려진다. 좋은 사람들과 함께 있고, 내 몸과 마음을 보살피는 꿈의 지혜도 구비한 상태이다. 내면의 힘이 커지며, 이제 나는 내 소원의 길에서 누군가에게 이 환상 공간을 선물하는 꿈을 꾸고 있다.

소원의 길 위에서

에필로그

이 책에 수록된 꿈의 기록은 아주 사소하고 보잘것없는 개인의 이야기일 뿐입니다. 4·16 세월호 참사, 10·29 이태원 참사, 그리고 2023년 7월 15일에 발생한 오송 지하차도 참사까지, 우리가 함께 슬퍼하고 분노했던 인재 앞에서 이런 작은 꿈 이야기를 하고 있다는 것 자체가 죄송한 마음입니다. 실천적인 일들을 해야 하는데, 그대신 어젯밤 꿈을 적고 분석하는 이야기로 책을 가득 채우며 뭔가 무력한 느낌이 들기도 합니다. 귀한 생명들이 희생될 때, 저는 아무것도 하지 못했어요. 제가 그동안 최선을 다해 한 일들이 다 부질없게 보이기도 합니다. 꿈 분석이라는 게 너무 사소하고 작은 일이기 때문입니다.

그런데 가만히 생각해보면, 꿈 분석은 좋은 어른들이 세상의 폭력과 전투를 벌이는 데 사용할 수 있는 무기이기도 합니다. 그것은 자기애와의 전투이자 이기심과의 전투이며 남이 어떻게 되든 상관하지 않는 무심함과의 전투이기도 합니다. 그것은 사람의 마음이 없는 좀비들과의 전투입니다. 소원의 길을 걷는 좋은 어른들이 이 전투를 벌일 때, 세상의 구조가 바뀔 수 있는 게 아닐까요? 사람을 귀하게 생각하고, 작은 세부들을 챙기고, 모든 염려들에 손을 뻗을 수 있는 좋은 어른들이 온전한 그 자신으로서 온 마음을 다해 자신과 타인과 세상을 가꾸어간다면 많은 것들이 변할 수 있지 않을까요?

정신분석은 나 자신이 꿈꿀 수 있는 세상, 우리 아이들이 꿈을 가질 수 있는 세상이 되도록 만드는 데 기여할 수 있습니다. 소원의 길 위에서 우리가 사람과 사물과 세상을 살피고 보듬을 때, 제대로 된 세상을 만들 수 있지 않을까 생각해 봅니다. 그렇게 언젠가 우리가 함께 이 세상을 우리의 환상 공간으로 만들 수 있게 되길 간절히 소망해 봅니다. 그 시작은 내가 온전한 나로서 내 소원의 길을 걷는 것입니다.

삶의 에너지가 고갈되었을 때, 의식의 확신에 속으시면 안 됩니다. 이제 아무것도 할 수 없다는 자아의 말에 넘어가시면 안 됩니다. 내가 주저앉아 있을 때도 꿈은 최선을 다해 답을 구하고 있다는 걸 믿으셔야 합니다. 꿈과의 대화 속에서 언젠가 우리가 누군가의 꿈에 신화적 인물로 등장하게 되었으면 좋겠습니다. 꿈은 나를 존중하고 나를 사랑하며 나를 믿고 있다는 걸 꼭 기억해 주세요.

꿈을 기록하고 분석하는 법

부록1

꿈 일기는 하나의 파일에 이어서 작성하시는 것이 더 좋습니다. 키워드 하나로 한 번에 전체 문서를 훑으실 수 있도록 모든 꿈을 하나의 파일 속에 담으세요. 가끔씩 나와 관련된 중요한 단어나 주제어를 중심으로 꿈을 모으실 수도 있어요. 이 책에서 제가 '물'이라는 세부로 꿈을 정렬했던 것처럼, 특정 주제어를 중심으로 검색하고 꿈을 모으시면, 시간이 흐르며 하나의 대상이 어떻게 변하는지 아실 수 있게 된답니다.

그럼 꿈은 어떻게 기록해야 하는 걸까요? 저는 꿈이 기억날 때 빨리 핸드폰 녹음기 어플에 일단 녹음을 해둡니다. 그리고 하루 중 짬이 날 때 받아 적은 후 분석을 해요. 분석은 어렵지 않습니다. 그냥 꿈의 세부 중 하나를 선택하여 자유롭게 연상해 나가시면 됩니다.

단, 기록하실 때 기억하셔야 하는 사항이 있습니다. 녹음하시는 내용을 그대로 적으세요. 두 문장을 하나로 합치거나, 한 문장을 두 개로 나누면 안 됩니다. 두 가지 이야기가 한 문장 속에 나온다면 어떤 관련성 때문에 그렇게 만들어진 거예요. 반복은 중요합니다. 꿈을 받아 적으신 후 모든 반복을 표시하세요. '그리고', '아까', '만', '그럼에도', '내가'도 반복을 만들 수 있습니다. 당연히 모든 꿈 이야기는 내가 하는 이야기인데, 모든 문장이 '내가'로 시작한다면, 이것 역시 분석할 수 있는 부분입니다. 이 부분에 썼다면 아주 자연스러울 어떤 단어가 보이지 않는다면, 그 사라진 단어 역시 특정 반복에 속하는 분석의 대상입니다. 깔끔하게 꿈을 다듬으시면 꿈의 내용은 왜곡됩니다. 의식이 개입하고, 무의식의 메시지는 사라지죠.

제 찬 커피 꿈 기억하시죠? 그런 꿈이 나왔다면, 어떤 대상에서부터 연상을 시작하시겠어요? 제일 마음에 다가오는 부분부터 시작하시면 돼요. 저는 덩어리가 둥둥 뜬 찬 커피의 이미지가 조금 강렬하게 보이네요. 그리고 그 못지않게 저를 투명인간 취급하는 낯선 사람들도 선명하게 보여요. 찬 커피를 내가 어떻게 생각하는지, 둥둥 떠 있는 커피 덩어리에서 어떤 느낌을 받는지, 그 낯선 사람들의 모습이 어떻게 보였는지 적어가시면 되겠죠. 지금 우리는 이 꿈이 여러분들의 꿈이라고 가정해보는 거예요.

가만히 생각해보면, 늘 그런 식이었다는 생각이 듭니다. 반복이 보이죠. 밥은 늘 허겁지겁 먹고, 여유롭게 커피 한잔 하는 일도 너무 힘들었어요. 다른 사람에게 그렇게 한다는 건 상상할 수도 없는데, 나에 관한 한 나는 다 별 상관이 없었죠. 나는 그런 커피를 마셔도 되고 그런 시선을 받아도 됩니다. 꿈은 어김없이 늘 내가 하는 일들, 늘 내가 참는 것들, 늘 내게 문제 되는 것들을 보여줍니다. 자유연상의 끝에서 내 이야기를 되돌려 받으실 수 있어야 해요.

조금 더 분석해볼까요? 그냥 생각을 계속 이어가시면 돼요. '찬 커피'에서 저는 '찬밥'이 연상되네요. 그건 '아무렇게나'라는 말과도 통하는 것 같아요. 나는 나를 아무렇게나 대하죠. 남이 나를 그렇게 대할 때 아무 말도 못하는 이유는 내가 나를 그렇게 대하기 때문이에요.

찬물에 둥둥 뜬 커피 덩어리는 커피 알갱이가 잘 녹아 있는 따뜻한 커피와 반대되는 이미지죠. 사람들 사이에서 마치 기름처럼 둥둥 떠 있는 제 모습 같네요. '섞이지 않는', '분리된'이라는 말들이 연상되잖아요. 그건 내 삶의 모습을 이야기해 주는 것일 수도 있습니다.

꿈은 내 생각을 마음 아픈 방식으로 너무나 적나라하게 표현해 주기도 하지만, 동시에 그 때문에 일어나는 관계의 어긋남도 보여줘요. 낯선 사람들이 나를 어떻게 대하는지도 보여주잖아요. 내 집인데, 내 집에서 자고 내 부엌에서 따뜻한 커피를 여유롭게 마시며 나를 본 척도 안 해요. 그런 대우를 받고 있는데 나는 한마디도 못 하죠. 뭔가 잘못됐잖아요? 나를 존중하지 않고, 예의 없는 태도로 말도 안 되는 짓을 하는데 나는 아무 말도 못해요. 꿈은 그 모습을 그대로 보여줍니다.

분석은 명상이에요. 아주 집요하게, 가능한 한 오래 모든 세부에 대해 용기 있게 명상을 하다보면 내 문제와 그 문제에 대한 대책까지 그려집니다. 그게 해석이죠. 한 번에 해결되지는 않아요. 시간이 걸리죠. 그러나 이런 방식으로 꿈과의 대화를 이어가시면 꿈은 기어이 내가 나 자신이 될 때까지 나를 도와줍니다. 언젠가 거꾸로 달리던 말이 앞을 바라보고 전력 질주하게 되고, 세 개의 벽에서 황금이 쏟아져 내리죠. 내가 뭘 좋아하는지, 언제 '아, 좋다!'라고 감탄하는지 알게 되고, 주위에 사람들이 많아져요. 내가 소원의 길을 걷고 있기 때문입니다.

소원은 내가 편안하게 느끼는 모든 대상들을 가리키는 단어예요. 내가 좋아하는 아이스크림이 있고 별로 좋아하지 않는 과자가 있어요. 좋아하는 장소가 있고 싫어하는 음식이 있죠. 좋아하는 사람이 있고, 나가기 싫은 모임이 있습니다. 내가 좋아하는 것들의 목록이 소원이에요. 그 대상들이 모이면 내 환상 공간을 만들겠죠. 시간이 길어지면 공간이 확장되며 내 소원의 길이 생깁니다. 내 소원의 길 위에서는 꿈과의 대화가 더 다채로워집니다. 사람도 많아지고, 이야기도 풍성해지죠.

꿈 분석은 내가 뭘 원하는지, 내가 지금 왜 힘든지, 내가 뭘 봐야 하는지, 어떻게 내면의 에너지를 되찾을 수 있는지, 어떻게 건강하고 성숙하고 지혜롭고 따뜻한 어른이 될 수 있는지, 어떻게 우리의 상실을 애도하고 우리가 상실한 대상을 마음속에 품을 수 있는지 고민하며 그 답을 찾아가는 여정입니다.

꿈을 꾸신 후 주제어를 적어두시는 것도 좋은 방법입니다. 저는 '물', '바다', '죽음', '감금', '멘토' 등의 주제어로 제 꿈들을 다시 읽으며 이 책을 만들었습니다. 몇백 페이지가 넘어가면 주제별로 분류하지 않는 한, 구체적인 변화의 모습을 파악하는 게 쉽지 않게 된답니다.

주기적으로 꿈 일기를 분석하면 내 삶의 변화들과 진행 방향을 알 수 있습니다. 또한 당시에는 몰랐지만, 시간이 흐른 후 꿈이 무슨 이야기를 하기 위해 나를 찾았던 것인지 깨닫게 될 때도 있습니다. 제일 중요한 건 키워드에 표시를 해두시는 거예요. 인상적인 꿈이 나왔을 때는 꿈의 제목을 써 두셔도 좋죠. 가장 기억에 남는 꿈, 멋진 이미지, 인상 깊은 장면, 신화적 인물 등에 하이라이트로 표시를 해두세요. '다급함', '조급함', '눈치', '두려움' 등으로 꿈을 모으시면 어두운 내용들이 나올 확률이 높고 '에너지', '멋진', '아름다운' 등의 단어들은 좋은 꿈으로 안내하겠네요. 이전 꿈들과 꿈의 배경 설명을 참조하여 언제 그런 꿈들이 나왔는지 분석해보셔도 좋습니다. 한 해 동안의 꿈 일기는 꼭 다양한 방식으로 정리해보세요. 많은 새로운 이야기들을 듣게 되실 거예요. 매년 꿈이 어떻게 변해왔는지 확인하실 수 있게 되실 테고요. 5년 후, 10년 후에는 정리된 기록들만 따로 비교하실 수도 있습니다. 별표를 붙였던 부분만 따로 모으시거나 인물들의 지도를 그려 한 해 동안 내 꿈을 찾은 사람들을 정리하실 수도 있습니다. 그들이 어떻게 연결되는지, 어떻게 서로 다른지, 내 삶의 어디쯤 배치되는지 생각해보실 수도 있습니다.

그 중 반드시 간직해야 하는 인물들은 멘토들이죠. 멘토들의 리스트는 꼭 따로 모아두세요. 스승, 멘토, 조력자, 가이드, 안내자 등 나를 돕고 가르치고 보호하고 이끌어주는 사람들은 선물 같은 에너지 창고입니다.

환상 공간 역시, 언제든 펼쳐놓고 그 속으로 들어가 휴식을 취하실 수 있도록, 멘토들의 모음 가까이에 따로 모아두세요. 바닷가, 황금이 흘러내리는 식당, 따뜻한 사람들과 함께 식사를 나누는 공간, 아름다운 해양생물이 보이는 바다 등 꿈속에 나온 내 환상 공간을 모아두시면 두고두고 힘이 됩니다. 이 멋진 공간 속에서 내 스타일을 찾으실 수 있을 거예요. 좋은 기억과 사람의 온기가 담겨 있는 이 공간은 언제나 우리에게 힘을 실어줍니다. 그 속에 있으면 에너지가 생기죠.

꿈은 내 과거를 감싸고 현재를 이해하며 미래를 응원합니다. 꿈을 움직이는 건 내 소원입니다. 꿈은 내 마음이 향하는 곳을 보여주며, 내가 꿈꾸는 이야기들을 들려줍니다. 꿈과의 대화 속에서 나를 만나고, 가장 나다운 내 모습을 만들어가는 이 여정에 여러분들을 초대합니다.

내 꿈을 분석하는 법

① 기억이 사라지기 전에 꿈의 내용을 녹음기 어플에 녹음하거나 수첩에 기록한다.

② 꿈 내용을 그대로 받아적는다.

③ 꿈 기록에서 반복을 찾는다.

④ 반복되는 부분, 가장 강렬한 감정이 느껴지는 세부, 눈에 띄는 부분을 중심으로 자유연상을 시작한다.

⑤ 꿈이 내게 전하는 메시지가 무엇인지 명상한다.

⑥ 현실 속에서 어떤 변화를 시도할 수 있는지 생각해본다.

⑦ 꿈 아카이브가 구축되면, 반복되었던 주제어를 중심으로 꿈을 정리하고, 그 속에 나타난 변화의 이야기를 관찰한다.

소원의 편지

부록 3

제게는 딸이 없습니다. 그런데 이상하게 내게 딸이 있다면 이런 이야기를 해주고 싶다는 생각이 들었어요. 그래서 제 딸에게 보내는 편지를 한 통 써 봤습니다.

내 사랑하는 딸에게

사랑하는 아이야, 엄마는 늘 너와 함께 있단다. 넌 그걸 믿어야 해. 내가 매 순간 너를 바라보고 있어. 내가 네 모든 순간을 응원하고 있단다. 네가 혼자라고 느낄 때도 나는 네 옆에 있어. 네가 절망할 때 나도 함께 울고 있단다. 네가 기뻐할 때 나도 손뼉을 치며 기뻐해. 네가 나를 그리워할 때 나도 사무친 그리움으로 너를 안아본단다. 네가 나를 바라보고 만지고 느낄 수는 없겠지만, 네 모든 하루 속에 내가 너와 함께 있다는 걸 잊지 마. 넌 늘 씩씩하게 잘살고 있어. 엄마는 너무 뿌듯해. 가끔씩 주저앉고, 소리 내어 울고, 화를 내지만, 엄마는 하나도 불안하지 않아. 넌 다시 돌아오거든. 얼마 지나지 않아 다시 든든한 네 얼굴로 돌아오지. 그런데 요즘은 걱정되는 혼잣말들을 너무 자주 하더구나. 죽고 싶다는 말, 더 못 하겠다는 말, 다 끝났으면 좋겠다는 말을 들으며 마음이 많이 아팠어. 다 나 때문이구나 싶어. 내가 용기를 내지 못해서, 내가 너를 보호하지 못해서, 그래서 네가 힘들게 된 거라는 생각에 마음이 너무 아파.

우리 딸, 내가 어떻게 도와주어야 하나 생각해 봤어. 그리고 그냥 이 사실을 알려주면 되는 게 아닐까 싶었단다. 내가 늘 너와 함께 있어. 넌 혼자가 아니야. 그리고 너는 앞으로 너무나 많은 소중한 사람들을 만나게 될 거란다. 그들과 많은 일들을 함께하게 될 거야. 넌 엄마를 믿어야 해. 엄마는 네 미래가 보여.

내 아가, 내 귀한 아이야, 넌 귀한 사람이야. 내가 사랑하는 아이야, 이 세상에서 가장 아름다운 아이야, 엄마가 널 정말 사랑해. 절대 이 사실을 잊어선 안 된단다. 엄마에게도 사랑한다고 말해 주렴.

내 사랑하는 아이야,

만약 누군가 너를 존중하지 않는다면, 그리고 매우 오래 그 폭력이 지속된다면 그곳에 있어서는 안 돼. 중요한 약속을 지키지 않고, 네 환상 공간을 파괴하고, 너를 고통 속에 방치한다면 뒤도 돌아보지 말고 떠나라. 어떤 이유를 대도 너를 존중하지 않는 것에 대해 용서받을 수는 없단다. 너를 해치는 사람이라면 두 번 생각하지 말고 떠나라. 용기를 내야 해.

내 사랑하는 아이야, 네 옆에 아무도 없이 너 혼자 남겨진 상황에서도 너는 엄마를 기억해야 해. 네 눈에는 내가 보이지 않겠지만 나는 네 모든 순간 너와 함께 있단다.

시어머니가 하는 행동이 네 마음을 아프게 하거든, 이렇게 스스로에게 물어보렴. 엄마가 내게 그렇게 했을까? 그 사람도 어머니라고 불리는 사람이란다. 어머니라는 이름으로 불리면서 내가 절대로 네게 하지 않을 짓을 한다면 그는 네 어머니가 아니야.

　물론 사람이 변하기도 하지. 그러나 네 몸과 마음에 계속 생채기가 나고, 아무도 다친 너를 돌봐주지 않는다면, 그곳에서 네 몸과 마음이 조금씩 죽어가게 된단다. 세상에는 정말 많은 사람들이 있어. 너를 학대하는 사람들 속에 있어야 할 필요는 없단다. 100가지 이유를 대며 네가 꼼짝하지 않을 때 엄마는 정말 많이 속상했어. 네가 용기를 내지 못하고 주저앉을 때 엄마는 많이 실망했단다. 그건 네가 아니거든.

　아이야, 넌 많이 웃고, 목소리도 크고, 꿈도 많았어. 내 사랑하는 아이야, 그게 너라는 걸 잊지 마. 무슨 대단한 일이 일어나겠니? 겁내지 마. 제일 중요한 건 너를 고통 받는 상황 속에 방치하지 않는 거야. 넌 너를 보살펴야 해. 네 안에 내가 있단다. 내가 너를 보살폈듯이, 그렇게 너 자신을 돌봐야 해. 네가 너를 버리는 순간, 누구도 너를 존중하지 않게 돼.

　내 사랑하는 딸아, 용기를 내. 가장 지혜로운 길이 무엇인지 넌 이미 알고 있어. 네 안에는 네가 생각하는 것보다 훨씬 큰 힘이 들어 있단다. 세상 무엇과도 바꿀 수 없는 내 소중한 딸아, 너를 큰 사랑으로 감싸 안을 사람들이 있어. 그들을 만나야지. 그리고 너로서 살아가야지. 난 요즘 네가 보이지 않아. 네 모습이 사라져가고 있어. 내 딸아, 네 안에 있는 사랑을 다시 기억해 내야 한다. 내가 너를 사랑했듯, 그렇게 너 자신을 사랑해야 해. 엄마가 많이 사랑해. 알지?

내 사랑하는 아이야.

후회하지 말거라. 이렇게 하지 말걸, 저렇게 하지 말걸, 다 나 때문이야 하고 생각하지 마라. 돌부리에 걸려 넘어질 때 몸이 생각을 하고 반응을 하지는 않지. 몸이 스스로를 보호하기 위해 꼭 해야 하는 걸 순간적으로 판단해서 실행한 것이란다. 네 모든 결정들도 마찬가지야. 더 나빠지려고, 더 다치려고 한 결정들이 아니란다. 그 순간에 그 상황 속에서 네가 해야 하는 그 결정을 한 거야. 네겐 이유가 있었고, 그건 후회하거나, 미안해하거나, 반성할 일이 아니란다. 그 순간의 너는 네게 남은 유일한 결정을 했던 거야.

엄마가 이렇게 말한다고 서운해 하지 말거라. 넌 그때 유치했고, 어렸고, 미숙했어. 사람들은 그걸 실수라고 부르지만, 우린 다시 돌아간다 해도 같은 결정을 하게 된단다. 네겐 이유가 있었어. 넌 어린 네가 했던 그 결정들을 보듬어 주어야 해. 내가 너를 감싸 안듯이, 너 역시 네 모든 과거를 어루만져 감싸 안아야 해.

그 결정들 때문에 이 순간의 네가 있고, 이 순간의 선택들이 생긴 거야. 지금 네가 덜 유치하고, 덜 어리고, 덜 미숙하면 그것으로 충분한단다. 엄마가 보기에 네가 후회한다는 건 좋은 일이란다. 그때의 너보다 네가 자랐다는 거거든. 엄마는 네가 너무 대견해. 네가 한 일을 실수라고 부르는 것도 대견하고, 네가 후회할 수 있는 사람이라는 것도 너무 다행이야. 이제 다르게 선택하면 된단다.

몸도 마음도 모두 망가졌다고 속상해하지 마. 다 괜찮아. 상처는 표창장이야. 네가 그 시련들을 견디고 살아남았다는 증거지. 내 강한 딸아, 몸이 망가졌어도 괜찮다. 마음이 망가졌어도 괜찮아. 네가 지금 할 수 있는 가장 좋은 선택을 한다면 다른 건, 다 괜찮아. 병원에 다녀야 하면, 치료를 시작해. 할 수 있는 것부터 시작해서 지금부터는 몸과 마음을 돌보자. 그게 최선의 선택이야. 그 선택을 네가 할 수 있다면 엄마는 너무 기쁠 거야.

아가, 다 괜찮아. 어제보다 나은 오늘이면 되고, 오늘보다 나은 내일이면 된단다. 다른 사람과 비교하지 마. 그들은 네 시련을 몰라. 그 시련은 네 이야기란다. 옛날이야기 속 인물들은 다 시련을 겪잖니. 그리고 영웅이 되지. 넌 엄마의 영웅이야. 힘을 내. 아무것도 후회하지 말거라. 지금 이 순간만 생각하렴. 네가 너를 보살피고 있다면 그것으로 충분하단다. 어떤 것도 후회하지 마라. 대신 지금부터 모든 순간을 후회 없이 살겠다고 결심하면 돼. 우리 딸 잘할 수 있지? 엄마는 네가 뿌듯해. 네가 자랑스럽고 대견해.

내 영웅, 내 아가, 내 사랑,

엄마가 너를 많이 사랑한다는 걸 늘 기억해야 해. 늘 그랬듯이 너는 모든 걸 혼자 해야 해. 그러나 내가 네 모든 순간 너와 함께 있다는 걸 잊지 마. 내 목소리가 네 안에 있고, 내 사랑이 늘 너를 감싸 안고 있단다.

내 사랑하는 딸아, 늘 네 몸과 마음을 아끼고 돌보며 네 소원의 길을 걸어가라.

멀리서 엄마가

꿈은, 내가 나를 포기할 때도
결코, 나를 포기하지 않았다.

내 그림자에 빛이 들어오기 시작했다

초판 1쇄 인쇄 2024년 03월 10일
초판 1쇄 발행 2024년 03월 20일

지은이 │ 김서영

펴낸이 │ 성미옥
펴낸곳 │ 생각속의집

출판등록 2010년 5월 18일 제300-2010-66호
주소 │ 서울시 종로구 혜화동 53-9, 1층
전화 │ (02)318-6818 팩스 │ (02)318-6613

전자우편 │ houseinmind@gmail.com
블로그 │ naver.com/houseinmind
페이스북 │ facebook.com/healingcafe
인스타그램 │ instagram.com/houseinmind

ISBN 979-11-86118-75-7 (03180)

값은 뒤표지에 있습니다.
잘못된 책은 구입하신 서점에서 교환해 드립니다